Fidel e a religião

FREI BETTO

FIDEL E A RELIGIÃO

Conversas com Frei Betto

Copyright © 2016 by Frei Betto

*Grafia atualizada segundo o Acordo Ortográfico
da Língua Portuguesa de 1990, que entrou em vigor
no Brasil em 2009.*

O selo Fontanar foi licenciado pela Editora Schwarcz S.A.

CAPA Claudia Espínola de Carvalho
FOTO DE CAPA Jean-Pierre Bonnotte/ Getty Images
IMAGENS DE MIOLO p. 10: acervo pessoal do autor
pp. 11-2: © Alex Castro/ acervo pessoal do autor
REVISÃO DOS ORIGINAIS Maria Helena Guimarães Pereira
REVISÃO DA TRANSCRIÇÃO DAS FITAS Fidel Castro Ruz
PREPARAÇÃO Andressa Bezerra Corrêa
REVISÃO Renato Potenza Rodrigues e Larissa Lino Barbosa

Dados Internacionais de Catalogação na Publicação (CIP)
(Câmara Brasileira do Livro, SP, Brasil)

Betto, Frei
   Fidel e a religião : conversas com Frei Betto / Frei Betto.
— 1ª ed. — São Paulo : Fontanar, 2016.

   ISBN 978-85-8439-031-1

   1. Castro, Fidel, 1926 — Entrevistas 2. Cuba — Política
e governo 3. Igreja Católica — Cuba 4. Religião e política
I. Título.

16-03178   CDD-322.1097291

Índice para catálogo sistemático:
1. Fidel e religião : Entrevistas : Ciência política 322.1097291

1ª reimpressão

Todos os direitos desta edição reservados à
EDITORA SCHWARCZ S.A.
Rua Bandeira Paulista, 702, cj. 32
04532-002 — São Paulo — SP
Telefone: (11) 3707-3500
facebook.com/Fontanar.br
instagram.com/editorafontanar

A Leonardo Boff, sacerdote, doutor e, sobretudo, profeta.

Em memória de frei Mateus Rocha, que me ensinou a dimensão libertadora da fé cristã e, como provincial dos dominicanos brasileiros, estimulou essa missão.

A todos os cristãos latino-americanos que — entre incompreensões e na bem-aventurança da sede de justiça — preparam, a exemplo de João Batista, os caminhos do Senhor no socialismo.

Sumário

PRÓLOGO — Caminhos de um encontro 13

PARTE UM
Visita a Cuba com meus pais 31
Encontro com Fidel 36
Sistema eleitoral 41
Mães-enfermeiras 42
À espera da entrevista 44
Espiritualidade de Jesus 46
Projeto de vida em Jesus 57
Rádio José Martí 63

PARTE DOIS
Família de Fidel 69
Batizado 80
Infância em Santiago de Cuba 86
Festas dos Reis Magos 93
Primeira escola 95
Férias e festas 99
Colégio dos jesuítas 103
Formação religiosa 109
Sistema escolar 112
Ensino médio 117

Retiros espirituais 124
Compromisso com os pobres 129
Marx e Martí 133
Preparação política da Revolução 138

PARTE TRÊS

Ataque ao quartel Moncada 151
Prisão 159
Padre Sardiñas 165
Primeiras leis revolucionárias 169
Discriminação racial 173
Renúncia de Fidel 177
Conflitos com a Igreja 181
Religiosidade do povo 185
Igreja e processos revolucionários 191
Caráter socialista da Revolução 198
Combate ao sectarismo 204
Invasão da Baía dos Porcos 210
Cristãos e o Partido Comunista 214
Discriminação aos cristãos 219

PARTE QUATRO

Encontro dos estudantes cristãos 225
Visita dos bispos estadunidenses 228
Missionários ou internacionalistas 234
Religiosas cubanas 238
Presos contrarrevolucionários 242
Cristãos latino-americanos 245
Relações Igreja-Estado 250
Cristãos e esquerda na América Latina 254
Religião como dominação 257
Papa João XXIII 264
Relação entre cristianismo e marxismo 268

Igreja e controle da natalidade 275

PARTE CINCO
Visita do papa 283
Figura de Jesus 290
Mártires cristãos e comunistas 295
Religião é ópio do povo? 299
Amor como exigência revolucionária 302
Ódio de classe... 305
Democracia cubana 312
Eleições em Cuba 317
Cuba exporta revolução?... 320
Relações com o Brasil 323
Ernesto Che Guevara 324
Camilo Cienfuegos.. 329

Obras de Frei Betto 333

Frei Betto conversa com Fidel durante o período da entrevista (Havana, 1985).

Fidel e Frei Betto no gabinete presidencial, no Palácio da Revolução (Havana, 1985).

Fidel e Frei Betto na porta da casa do líder cubano (Havana, 2013).

Fidel presenteia o papa Francisco com um exemplar da edição cubana de Fidel e a religião. Ao fundo, Dalia Soto del Valle, esposa de Fidel (Havana, setembro de 2015).

Fidel autografa um exemplar da edição cubana de Fidel e a religião para presentear o papa Francisco (Havana, setembro de 2015).

PRÓLOGO
Caminhos de um encontro

O projeto desta obra brotou em mim em 1979. Havia proposto ao meu querido compadre Ênio Silveira — fundador da Editora Civilização Brasileira, pela qual publiquei meus primeiros livros — escrever uma obra que tivesse como título *A fé no socialismo*. Realizá-la exigiria que eu viajasse aos países socialistas para entrar em contato com comunidades cristãs sob um regime qualificado de materialista e ateu. Múltiplas tarefas acabaram distanciando-me deste projeto, acrescido o fato de sua consecução ser demasiado cara.

Logo depois do triunfo da Revolução Sandinista, em 1979, os centros pastorais que atuavam na Nicarágua me convidaram a assessorar encontros e treinamentos, especialmente com camponeses. Passei a viajar àquele país duas ou três vezes ao ano, para também animar retiros espirituais, dar cursos de iniciação bíblica e ajudar comunidades cristãs na articulação entre vida de fé e compromisso político.

Patrocinado pelo Centro de Educação e Promoção Agrária (Cepa), cumpri um programa de sete encontros pastorais com camponeses, na montanha de Diriamba, em El Crucero. Essas viagens me aproximaram dos sacerdotes que serviam ao governo popular da Nicarágua, entre os quais Miguel d'Escoto* e os irmãos Fernando e Ernesto Cardenal.**

---

* Padre Miguel d'Escoto (1933-), da Ordem de Maryknoll, é nicaraguense e foi ministro das Relações Exteriores de seu país sob governos presididos por Daniel Ortega. Em 2008, foi eleito presidente da Assembleia Geral da Organização das Nações Unidas (ONU).

** Fernando Cardenal (1934-2016), sacerdote jesuíta nicaraguense, foi ministro da Educação do governo sandinista. Ernesto Cardenal (1925-), sacerdote, poeta e místico nicaraguense, foi ministro da Cultura do primeiro governo sandinista. Hoje é dissidente

Em 19 de julho de 1980, participei como convidado oficial das comemorações do primeiro aniversário da Revolução Sandinista. Na noite daquela data, padre Miguel d'Escoto, ministro das Relações Exteriores, levou-me à casa do escritor Sergio Ramírez, então vice-presidente da República.* Foi então que, pela primeira vez, conversei com Fidel Castro, a quem vira na concentração popular daquela manhã, onde ele discursara.

COM OS CRISTÃOS NO CHILE

Recordei a Fidel o impacto que me causaram suas declarações — lidas quando eu estava no cárcere político de São Paulo, cumprindo sentença de quatro anos "por razões de segurança nacional" — aos sacerdotes que visitara no Chile, em novembro de 1971. Naquela ocasião, ele afirmou: "Numa revolução há uma série de fatores morais que são decisivos. Nossos países são muito pobres para poder dar ao homem riquezas materiais, mas não para lhe dar um sentido de igualdade, um senso de dignidade humana". Contou que, na visita protocolar ao cardeal Silva Henríquez,** de Santiago do Chile, dissera-lhe sobre as "necessidades que nossos povos tinham de objetivamente libertar-se e da necessidade de unir os cristãos e os revolucionários nesses propósitos. Isso não era um interesse específico de Cuba, pois não tínhamos problemas dessa índole em nosso país, mas, considerando o contexto da América Latina, era dever e interesse de revolucionários e cristãos, muitos deles homens e mulheres humildes do povo, estreitar laços num processo de libertação que era inevitável".

---

sandinista e contundente crítico do governo Daniel Ortega. Recebeu vários prêmios por sua obra literária.

* Sergio Ramírez (1942-), romancista e político nicaraguense, foi vice-presidente da Nicarágua sandinista entre 1986 e 1990. Hoje é um contundente crítico da política do presidente Daniel Ortega.

** Raúl Silva Henríquez (1907-99) foi arcebispo de Santiago do Chile entre 1961 e 1983. Sob a ditadura de Pinochet, o cardeal atuou em defesa dos direitos humanos.

O cardeal presenteou o dirigente cubano com um exemplar da Bíblia e perguntou-lhe se não o incomodava. "Por que me incomodaria?", respondeu Fidel, "se este é um grande livro que li e estudei quando criança. Agora vou relembrar muitas coisas que me interessam."

Um dos padres indagou o que pensava da presença de sacerdotes na política. "Nenhum guia espiritual de uma coletividade humana" — respondeu Fidel — "pode ignorar seus problemas materiais, seus problemas humanos, seus problemas vitais. Por acaso esses problemas materiais, humanos, são independentes do processo histórico? São independentes dos fenômenos sociais? Temos vivido tudo isso. Sempre recordo da escravidão primitiva. Inclusive o cristianismo surgiu naquela época." Observou que os cristãos "passaram de uma fase em que foram os perseguidos a outras em que foram perseguidores" e que "a Inquisição foi uma fase de obscurantismo, quando se chegou a queimar homens". Agora, o cristianismo poderia ser "uma doutrina não utópica, mas real, e não um consolo espiritual para o homem que sofre. Pode produzir-se o desaparecimento das classes e surgir a sociedade comunista. Onde está a contradição com o cristianismo? Ao contrário, se produziria um reencontro com o cristianismo dos primeiros tempos em seus aspectos mais justos, mais humanos, mais morais".

Junto ao clero chileno, Fidel relembrou seus tempos de aluno de colégios católicos: "O que ocorria com a religião católica? Um relaxamento muito grande. Era meramente formal. Não havia nenhum conteúdo. E quase toda a educação estava permeada disso. Eu estudei com os jesuítas. Eram homens retos, disciplinados, rigorosos, inteligentes e de caráter. Sempre afirmo isso. Porém, conheci também a irracionalidade daquela educação. Mas, para vocês, aqui entre nós, digo-lhes que há um grande ponto de contato entre os objetivos que o cristianismo preconiza e os que nós, comunistas, buscamos; entre a pregação cristã da humildade, da austeridade, do espírito de sacrifício, do amor ao próximo, e tudo o que se pode chamar conteúdo de vida e conduta de um revolucionário. Afinal, o que estamos pregando ao povo? Que mate? Que roube? Que seja egoísta? Que explore os demais? É exatamente o contrário. Ainda que por motivações diferentes, as atitudes e a conduta que propugnamos frente à vida são muito semelhantes. Vivemos em uma época em que a política entrou em um terreno quase religioso em relação ao homem e à sua conduta. Acredito que, talvez, tenhamos chegado a uma época em que a religião pode entrar no terreno político em relação ao homem e às suas necessidades materiais. Poderíamos subscrever quase todos os preceitos do catecismo: não matarás, não roubarás...".

Depois de criticar o capitalismo, Fidel afirmou que há "10 mil vezes mais coincidências entre o cristianismo e o comunismo do que as que poderia haver com o capitalismo... Não vamos criar divisões entre os homens. Vamos respeitar as convicções, as crenças, as explicações. Cada um que tenha sua posição, que tenha sua crença. Contudo, no terreno dos problemas humanos, que interessam a todos e são dever de todos, é precisamente nesse terreno que temos de trabalhar". Ao referir-se às religiosas cubanas que trabalham em hospitais, acentuou: "Fazem as coisas que se espera que um comunista faça. Cuidando de hansenianos, de tuberculosos e de outros tipos de doentes contagiosos, fazem o que queremos que faça um comunista. Uma pessoa que se consagra a uma ideia, ao trabalho, que é capaz de sacrificar-se pelos demais, faz o que queremos que faça um comunista. Afirmo isso francamente".

CRISTIANISMO EM CUBA

Ali na biblioteca de Sergio Ramírez, em Manágua, toda essa conversa entre o revolucionário de Sierra Maestra e os sacerdotes chilenos, cujo registro agora consulto, estava presente em minha memória e servia de base à nossa troca de ideias sobre a questão religiosa em Cuba e na América Latina.

Naquela ocasião, no Chile, um dos presentes lhe perguntou se a sua crise de fé fora antes ou durante a Revolução. Ele respondeu que nunca lhe haviam inculcado a fé: "Poderia dizer que jamais a tive. Foi mecânico, não racional". Evocando sua experiência na guerrilha, comentou que "não se construíra uma única igreja na montanha. Mas chegou um missionário presbiteriano e outros de algumas chamadas seitas e conquistaram alguns adeptos. Essas pessoas nos diziam: não se pode comer gordura animal. Ouçam-me: não comiam gordura! Não havia óleo vegetal, e o mês inteiro não comiam banha de porco. Era preceito e o cumpriam. Todos esses pequenos grupos eram muito mais consequentes. Penso que o católico americano é também um pouco mais prático em matéria de religião. Socialmente, não. Porque quando eles organizam a invasão de Girón* e as guerras do Vietnã** e coisas do gênero, não podem ser consequentes. Então eu diria que as classes ricas mistificaram a religião, puseram-na a seu serviço. Entretanto, o que é um sacerdote? É por acaso um latifundiário? É por acaso um industrial? Sempre li aquelas polêmicas entre o comunista e o sacerdote Dom Camilo, aquele padre famoso da literatura italiana.*** Diria que foi um dos primeiros passos para romper esse clima...".

A respeito de Cuba, um padre lhe perguntou em que medida os cristãos foram freio ou motor na Revolução. "Ninguém pode dizer que os cristãos foram freio", reagiu ele. "Houve alguma participação cristã na luta, ao final, como cristãos; houve, inclusive, alguns mártires. Do Colégio Belém assassinaram três ou quatro rapazes, ao norte de Pinar del Río. Houve sacerdotes que, por iniciativa própria, se somaram a nós, como ocorreu no caso do padre Sardiñas.**** Como freio, o que surgiu nos primeiros momentos foi um problema de classes. Não tinha nada a ver com religião. Foi a religião dos latifundiários e dos ricos. E quando se

* Fidel se refere à invasão usamericana de Cuba, através da Baía dos Porcos, em abril de 1961, promovida pelo presidente dos Estados Unidos, John Kennedy, que se dizia católico.

** No século xx, o povo vietnamita derrotou, depois de nove anos de guerra (1965--73), as tropas dos Estados Unidos. Morreram 58 mil soldados usamericanos e cerca de 4 milhões de vietnamitas entre militares e civis, além das baixas de outros países.

*** Referência ao célebre romance de Giovanni Guareschi, *Don Camillo e o seu pequeno mundo* (Lisboa: Europa-América, 1989).

**** Ver, na terceira parte, o capítulo "Padre Sardiñas".

produz o conflito socioeconômico, procuram usar a religião contra a Revolução. Foi o fenômeno que ocorreu, a causa dos conflitos. Havia um clero espanhol bastante reacionário."

Ao final da longa conversa com os sacerdotes chilenos, Fidel sublinhou que a aliança entre cristãos e marxistas não era meramente tática. "Gostaríamos de ser aliados estratégicos, ou seja, aliados definitivos."

COM OS CRISTÃOS NA JAMAICA

Quase seis anos depois da viagem ao Chile de Allende,* o primeiro secretário do Partido Comunista de Cuba voltou ao tema religioso, dessa vez no decorrer de sua visita à Jamaica, em outubro de 1977. A diferença é que, nessa época, falou a um auditório majoritariamente protestante. Reafirmou que "em nenhum momento a Revolução Cubana estava inspirada em sentimentos antirreligiosos. Partíamos da mais profunda convicção de que não tinha que existir contradição entre a revolução social e as ideias religiosas da população. Houve em nossa luta ampla participação de todo o povo, inclusive de homens religiosos". Revelou que a Revolução havia tomado especial cuidado para não parecer, perante o povo e os povos, inimiga da religião. "Pois, se isso ocorresse", acrescentou, "estaríamos realmente prestando um serviço à reação, um serviço aos exploradores, não só em Cuba, mas, sobretudo, na América Latina." Acrescentou que, muitas vezes, se perguntava: "Por que as ideias de justiça social têm que se chocar com as convicções religiosas? Por que têm que se chocar com o cristianismo? Conheço bastante os princípios cristãos e as pregações de Cristo. Tenho minha convicção de que Cristo foi um grande revolucionário. Essa é a minha convicção. Era um homem cuja doutrina está toda consagrada aos humildes, aos pobres, a combater os abusos, a injustiça e a humilhação

---

* Salvador Allende (1908-73), socialista, governou o Chile entre 1970 e 1973, quando foi derrubado pelo golpe militar liderado pelo general Augusto Pinochet e assassinado no Palácio de la Moneda.

do ser humano. Eu diria que há muito em comum entre o espírito, a essência de sua pregação, e o socialismo".

Voltou também ao tema da aliança entre cristãos e revolucionários, declarando que "não existem contradições entre os propósitos da religião e os propósitos do socialismo". E afirmou que "devíamos fazer uma aliança, mas não uma aliança tática", disse, relembrando sua viagem ao Chile. "Eles me perguntaram se era uma aliança tática ou estratégica. Eu falo: uma aliança estratégica entre a religião e o socialismo, entre a religião e a Revolução."

Com base na memória desses pronunciamentos, contei a Fidel sobre a evolução das Comunidades Eclesiais de Base,* e de como o povo sofrido e crente encontrava em sua própria fé, na meditação da Palavra de Deus, na participação nos sacramentos, a energia necessária à luta por uma vida melhor. A meu ver, a América Latina não estava dividida entre cristãos e marxistas, mas entre revolucionários e aliados das forças da opressão. Muitos partidos comunistas haviam falhado por professarem um ateísmo academicista, que os afastava dos pobres impregnados de fé. Nenhuma aliança se daria caso fosse estabelecida em torno de princípios teóricos ou de discussões livrescas. Era a prática libertadora o terreno no qual haveria ou não o encontro entre militantes cristãos e marxistas, pois assim como há muitos cristãos que defendem os interesses do capital, também há muitos que jamais se divorciam da burguesia entre os que se dizem comunistas. Como homem de Igreja, eu estava particularmente interessado na Igreja Católica em Cuba. O que falamos de específico sobre isso está reproduzido aqui.

---

* As Comunidades Eclesiais de Base surgiram no Brasil no início da década de 1960 e logo foram adotadas como modelo pastoral em quase toda a América Latina e em países da África e da Ásia. Congregam fiéis de baixa renda, em geral na zona rural e na periferia urbana, e utilizam o método Ver-Julgar-Agir em suas atividades. Tiveram grande expansão no Brasil e na América Latina entre as décadas de 1970 e 1990, refluindo devido à falta de apoio dos pontificados de João Paulo II e Bento XVI. Fomentadoras de movimentos sociais, foi da reflexão de seus militantes, ao cotejar fatos da vida com fatos da Bíblia, que nasceu a Teologia da Libertação. O papa Francisco representa, agora, um novo alento às CEBS.

COM OS CRISTÃOS NA NICARÁGUA

Da conversa em Manágua, muitos temas são retomados nesta entrevista. Desde então, ficou em mim a impressão de que Fidel é uma pessoa aberta, sensível, a quem se pode fazer qualquer tipo de pergunta e, inclusive, questionar. Ainda que assegurasse jamais ter tido uma fé religiosa autêntica, ele não ficara de todo imune à formação em colégios católicos, precedida por sua origem em uma família cristã.

Cinco dias depois desse nosso diálogo na casa de Sergio Ramírez, ele repetiria — em um encontro com vários padres e religiosas da Nicarágua, ao qual compareci — as ideias básicas que defendera no Chile e tornara a sublinhar na Jamaica. Aquele grupo de cristãos expressava um avanço que o próprio Fidel não previra. A Revolução Sandinista fora obra de um povo tradicionalmente religioso e contara com as bênçãos do episcopado. Era a primeira vez na história que os cristãos participavam ativamente de um processo insurrecional, motivados por sua própria fé, apoiados por seus pastores. Ali não se tratara de aliança estratégica, frisavam os religiosos nicaraguenses. Houvera uma unidade entre cristãos e marxistas, entre todo o povo.

Por sua vez, o comandante da Revolução Cubana confessava ter a "impressão de que o conteúdo da Bíblia é altamente revolucionário; acredito que os ensinamentos de Cristo são altamente revolucionários e coincidem totalmente com o objetivo de um socialista, de um marxista-leninista". Em atitude autocrítica, reconhecia que "há muitos marxistas que são doutrinários. E acredito que ser doutrinário nesse problema dificulta essa questão. Creio que devemos pensar no reino deste mundo, vocês e nós, e devemos evitar precisamente os conflitos nas questões que se referem ao reino do outro mundo. Vejo que ainda há doutrinários, para nós não é fácil.

"Porém, nossas relações com a Igreja são de progressiva melhoria, apesar de tantos fatores, como aquele princípio de antagonismo. Estamos passando de uma situação de antagonismo a relações absolutamente normais. Em Cuba, não há uma só igreja fechada. Inclusive colocamos a ideia de colaborar com as Igrejas, colaboração material, de construção, de recursos, ou seja, de uma ajuda material a elas, como se faz com outras instituições sociais. Mas não somos o país-modelo disso mesmo que eu dizia. Porém, acredito que se está produzindo essa condição. E se está produzindo essa condição muito mais ainda na Nicarágua, e muito melhor em El Salvador. De modo que essas mesmas coisas que temos colocado estão começando a ser levadas à prática na vida e na realidade da história. Acredito que as Igrejas terão muito mais influência nesses países do que tiveram em Cuba, porque elas têm sido fatores importantíssimos na luta pela libertação do povo, pela independência da nossa nação e pela justiça social."

Antes de nos despedir, o dirigente cubano me convidou a visitar seu país.

PRIMEIRA VIAGEM A CUBA

Estive em Cuba pela primeira vez, em setembro de 1981, integrando a numerosa delegação brasileira ao I Encontro de Intelectuais pela Soberania dos Povos de Nossa América. À margem do evento, o Centro de Estudos sobre a América (CEA) e a atual Oficina de Assuntos Religiosos, então dirigida pelo dr. Carneado,* convidaram-me para uma série de conversas a respeito de religião e Igreja na América Latina.

Antes de deixar Cuba, propuseram-me regressar em outras oportunidades, a fim de dar continuidade ao diálogo iniciado. Ficara em mim a impressão de que, em questões teológicas e pastorais, tanto o Partido Comunista de Cuba, quanto a Igreja Católica ainda eram tributários dos conflitos surgidos entre eles no início da Revolução, o que dificultava uma visão mais aberta e em consonância com os significativos avanços ocorridos, desde o Concílio Vaticano II (1962-5), na Igreja latino-americana.

* José Felipe Carneado (1915-93).

Apresentei uma condição ao convite que recebera: poder também estar a serviço da comunidade católica cubana. Não houve resistência e, em fevereiro de 1983, compareci como convidado especial à reunião da Conferência Episcopal de Cuba, em El Cobre, no Santuário da Virgem da Caridade, padroeira nacional. Os bispos apoiaram, então, minha atividade pastoral naquele país.

EMPENHO PARA ENTREVISTAR FIDEL

Desde que eu entregara ao editor Caio Graco Prado* os originais do meu livro *O que é Comunidade Eclesial de Base*, editado na Coleção Primeiros Passos, e lhe falara das viagens a Cuba, ele sugerira uma entrevista com Fidel Castro sobre questões religiosas. De setembro de 1981 ao momento desta entrevista, retornei doze vezes à ilha, graças ao apoio de católicos do Canadá e, posteriormente, da Alemanha e da Holanda, que me ofertaram as passagens, exceto quando se tratou de algum evento cultural patrocinado pelo governo cubano. Em uma das viagens encaminhei, por escrito, o projeto da entrevista e do livro, sem que houvesse resposta.

Em fevereiro de 1985, voltei a Havana como jurado do prêmio literário da Casa das Américas. Fui, então, convidado a uma audiência privada com Fidel. Era a primeira vez que conversávamos em Cuba. Falamos novamente sobre o tema abordado em Manágua, acrescido da polêmica em torno da Teologia da Libertação.** O interesse despertado no dirigente cubano permitiu que o diálogo prosseguisse nos dias seguintes. Foram nove horas de conversas dedicadas à questão religiosa em Cuba e na

---

* Caio Graco da Silva Prado (1931-92), editor da Brasiliense.
** É o movimento que congrega todos os cristãos que miram os dados da revelação cristã pela ótica dos pobres e dos direitos dos oprimidos. Desenvolveu-se a partir da América Latina na década de 1960, destacando-se como seus pioneiros os teólogos Gustavo Gutiérrez (1928-), frade dominicano peruano, e Leonardo Boff (1938-), brasileiro, hoje especialista em ecoteologia. Jamais condenada pela Igreja Católica, a Teologia da Libertação sofreu censuras sob o pontificado de João Paulo II.

América Latina. Retomei o projeto desta entrevista, aceito por ele, para data posterior.

O editor Caio Graco Prado não mediu esforços e recursos para efetivá-lo. Em maio de 1985 retornei à ilha. Sobre o tema "religião", foram 23 horas de conversas entre mim e Fidel, cuja transcrição está reproduzida nas páginas seguintes.

De modo especial, deixo aqui meus agradecimentos à preciosa colaboração de Chomy Miyar,* que cuidou da gravação e da transcrição das fitas, e ao então ministro da Cultura, Armando Hart,** que estimulou o diálogo.

APÓS A PUBLICAÇÃO DE *FIDEL E A RELIGIÃO*

Agora, quando a Fontanar, do Grupo Companhia das Letras, oferece esta nova edição aos leitores, vale relembrar o que ocorreu há trinta anos, quando o livro veio a lume. A primeira edição, da editora Brasiliense, chegou ao público em outubro de 1985 e causou grande impacto, figurando meses nas listas dos livros mais vendidos e merecendo destaque em páginas de jornais e revistas. A Brasiliense chegou a tirar 65 reimpressões.

Em Cuba, o livro mereceu lançamento solene na noite de 29 de novembro de 1985, na abertura do II Encontro de Intelectuais pela Soberania dos Povos de Nossa América, no Palácio das Convenções, em Havana. À mesa, Fidel, Gabriel García Márquez, Mario Benedetti, Ernesto Cardenal, Armando Hart, Mariano Rodríguez, Juan Bosch, José Antonio Portuondo, Pablo González Casanova, George Lamming, Chico Buarque e

---

* José Miguel Miyar Barruecos (1932-), médico, foi reitor da Universidade de Havana, secretário particular de Fidel e, como ministro, ocupou várias pastas em Cuba.
** Armando Hart (1930-) lutou, como dirigente estudantil, contra a ditadura de Batista, sob a qual esteve preso. Advogado e intelectual, foi ministro da Cultura de Cuba entre 1976 e 1997 e atualmente dirige o Centro de Estudos Martianos. Presenciou a entrevista que Fidel me concedeu e assinou o prefácio da edição cubana.

eu.* Presentes também o arcebispo de Havana, Jaime Ortega** e os padres Carlos Manuel de Céspedes*** e Pepe Félix, reitor do seminário de Havana.

Ao ocupar seus lugares no grande auditório, intelectuais e representantes do corpo diplomático encontraram, em cada assento, um exemplar, em capa dura, de *Fidel e a religião*, autografado por mim.

Avisaram-me, pela manhã, que naquela noite eu deveria discursar.

Na tarde daquele dia, fui tomado por forte diarreia diante da perspectiva de enfrentar uma plateia tão seleta. Ainda assim, procurei vencer meu pânico cênico e decidi falar de improviso à noite, sem me sentir envergonhado pelo meu portunhol nem me deixar inibir pela presença de Fidel e tantos intelectuais eruditos. Fui apresentado por Roberto Fernández Retamar,**** vice-presidente da Casa das Américas, que evocou meu confrade, Bartolomeu de las Casas,***** "o mais justo e o mais comovente

---

* Gabriel García Márquez (1927-2014), romancista colombiano radicado no México, era amigo íntimo de Fidel e, com frequência, se refugiava em Havana para escrever. Mario Benedetti (1920-2009), escritor uruguaio, poeta, romancista e ensaísta. Mariano Rodríguez (1912-90), artista plástico cubano, presidiu a Casa das Américas. Juan Bosch (1909-2001), escritor e educador nascido na República Dominicana, foi eleito presidente da República e governou o país de janeiro a setembro de 1963, quando foi derrubado por um golpe de Estado monitorado pela Casa Branca. José Antonio Portuondo (1911-96), crítico literário e historiador cubano. Pablo González Casanova (1922-), cientista social mexicano e escritor. George Lamming (1927-), poeta e escritor nascido na ilha caribenha de Barbados.

** Jaime Lucas Ortega y Alamino (1936-), cubano, é cardeal-arcebispo de Havana desde 1981.

*** Carlos Manuel de Céspedes y García-Menocal (1936-2014), sacerdote e intelectual cubano, doutor em filosofia e teologia, era tataraneto de Carlos Manuel de Céspedes, considerado em Cuba o "Pai da Pátria" por ter iniciado, em 1868, as guerras de independência. Figura destacada da Igreja Católica de Cuba, mantinha excelentes relações com os líderes revolucionários, que o respeitavam por sua vasta erudição.

**** Roberto Fernández Retamar (1930-), poeta cubano, atual presidente da Casa das Américas.

***** Bartolomeu de las Casas (1474-1566), sacerdote espanhol, veio para a América Latina na segunda viagem de Cristóvão Colombo, onde se tornou cúmplice da exploração da mão de obra indígena. Em 21 de dezembro de 1511 ouviu, na catedral de Santo Domingo, o célebre *Sermão do Advento*, de frei Antonio de Montesinos, o que o fez mudar de vida. Tornou-se frade dominicano e defensor intransigente da dignidade dos índios. Escritor, foi nomeado bispo de Chiapas, no México. Viveu também em Cuba, Peru e Nicarágua.

dominicano que viveu na América", sobre quem José Martí* registrou em *La Edad de Oro*: "Assim passou a vida: defendendo os índios".

Iniciei por destacar a importância da unidade entre cristãos e comunistas na Revolução Sandinista, como fator de inspiração da obra, e ressaltei:

— Eu diria, porém, que este livro tem raízes mais profundas. A primeira, nas lutas de libertação da América Latina e do Caribe, nas lutas dos indígenas e dos escravos negros, nas lutas de independência. Em Cuba, esta obra tem raízes especialmente na figura maior do padre Félix Varela,** conhecido neste país como "o pai dos pobres", e na figura mais importante, o inspirador máximo da Revolução Cubana, que é José Martí. Enfim, tem suas raízes, por uma feliz coincidência da história, na própria vida de Fidel, que teve formação cristã, logrou entender a importância da teoria marxista para a mudança da sociedade e conseguiu fazer uma síntese martiana na prática revolucionária, o que permitiu a Cuba transformar-se no primeiro território livre do nosso continente. Na apresentação deste livro, o companheiro e ministro da Cultura, Armando Hart, cita uma afirmação de Fidel nos primeiros anos da Revolução: "Nos casaram com a mentira e nos obrigaram a viver com ela, e por isso parece que o mundo se acaba quando ouvimos a verdade". Eu diria que, neste século, uma das mentiras foi a de que não havia possibilidade de encontro e de unidade entre revolucionários cristãos e marxistas. Creio que há nisso uma vitória da burguesia, que conseguiu dividir-nos, criando uma caricatura do marxismo e fazendo uma manipulação do cristianismo. A burguesia fez da religião uma ideologia legitimadora de sua opressão, negando o que a religião tem de mais essencial, que é a sua transcendência, a revelação de Jesus como Filho de Deus e a possibilidade humana de comunhão com a própria experiência de Deus; e fazendo do

---

* José Martí (1853-95) divide com Fidel o pódio das duas mais importantes personalidades da história de Cuba. Intelectual e escritor, morreu em combate, de armas nas mãos, lutando pela independência de seu país.

** Félix Varela (1788-1853), sacerdote cubano, filósofo e intelectual renomado. Dele, os cubanos dizem: "Nos ensinou a pensar". Seu processo de canonização foi aberto em Roma.

marxismo uma religião, negando sua essência dialética, crítica. Dizia-me no último domingo, no Brasil, um bispo chileno: "Este livro fará bem a dois tipos de pessoas: aos cristãos, que são sectariamente anticomunistas; e aos comunistas, que são sectariamente anticristãos". A novidade é que não se trata de um diálogo acadêmico. Não são dois intelectuais da nova filosofia francesa que chegaram à conclusão de que o marxismo está inteiramente superado e o cristianismo é uma lenda do passado.

Depois de elencar as condições sociais da América Latina e do Caribe, prossegui:

— Nossa causa é comum. Os problemas do Caribe e da América Latina ameaçam crentes e não crentes, cristãos e marxistas. A dívida externa, a agressão imperialista, a opressão, a ditadura militar, a falta de moradia, saúde e educação ameaçam indistintamente todos nós, e a única solução para mudar esse estado de coisas é ter na prática libertadora o critério fundamental de nosso encontro e de nossa unidade.

Citei uma frase de Fidel ("Quem trai o pobre trai Cristo"), discorri sobre a teologia da libertação e continuei:

— Um bispo do Brasil, Pedro Casaldáliga,* diz em um poema que: "No ventre de Maria/ Deus se fez homem./ Na oficina de José, Deus se fez classe".** Jesus, de fato, esteve comprometido com a causa dos pobres, e para nós não basta ter nos lábios o nome de Deus; é necessário ter no coração este que habita o coração da matéria, que é o próprio Deus, num impulso definitivo e desinteressado de compromisso com os pobres.

Encerrei com estas palavras:

— Os verdadeiros autores deste livro são todos esses mártires latino-americanos e caribenhos, comunistas e cristãos, crentes e ateus, que derramaram seu sangue para um tempo de justiça e paz neste mundo. Os verdadeiros inspiradores deste livro são três figuras importantes em

---

* Pedro Casaldáliga (1928-), sacerdote e poeta catalão, radicado no Brasil desde 1968, foi bispo de São Félix do Araguaia (MT). É um dos principais expoentes da Teologia da Libertação.

** "E o Verbo se fez classe". In: *Versos adversos: antologia*. São Paulo: Fundação Perseu Abramo, 2006. p. 43.

nossa cultura e em nossa vida: Jesus, Marx e Martí. Enfim, o verdadeiro destinatário deste livro é a juventude do Caribe e do continente latino-americano, essa juventude que agora cria o Homem Novo de nosso futuro, que será um homem, por sua vez, profundamente místico e profundamente revolucionário. Muito obrigado.

Fidel preferiu não discursar.

Na manhã seguinte, longas filas se formaram à porta das livrarias de Havana. Muitos faltaram ao trabalho para obter seu exemplar. O governo se viu obrigado a limitar a venda a apenas um livro por comprador, para evitar o câmbio negro. O fato é que a edição se esgotou em poucas horas. Inconformado, o público quebrou vitrines e promoveu protestos que exigiram a presença da polícia.

Chomy Miyar, secretário particular de Fidel, confidenciou-me:

— Ainda bem que insisti para que rodassem 300 mil exemplares! Havia no Conselho de Estado quem quisesse imprimir apenas 30 mil.

Em 9 de dezembro de 1985, lancei *Fidel e a religião* em Santiago de Cuba, na abertura da Feira do Livro. Os 10 mil exemplares disponíveis não foram suficientes para o público que lotava a praça principal da cidade. Para evitar tendinite, não autografei mais do que duzentos.

Até 2015, o livro vendeu 1,3 milhão de exemplares em Cuba — considerando as edições do Conselho de Estado (em espanhol) e da editora Ocean Press (em espanhol e inglês). Foi editado em 32 países e vinte idiomas. Em 2014, assinei contrato para a edição turca. Em 1986, a cineasta cubana Rebeca Chávez concluiu um documentário sobre a entrevista e o livro, intitulado *Esa invencible esperanza*.

Nos países socialistas, a obra foi lida com interesse e apreensão. Interesse, por se tratar da palavra de Fidel. Apreensão, por ele abordar positivamente o fenômeno religioso. Na Rússia, apenas os dirigentes do partido tiveram acesso ao livro. Na antiga Tchecoslováquia, o governo comunista fez uma edição em inglês, e a edição em tcheco coube à iniciativa de uma instituição ecumênica que mudou o título para *Caminhar ao lado dos pobres*. A obra não foi vendida ao público, apenas distribuída nos círculos religiosos.

A edição italiana, dos padres paulinos, também preferiu intitular o livro *Fidel: A minha fé*, com suficientes alterações no texto para dar aos leitores a impressão de que Fidel retornara à fé cristã... Edições piratas foram feitas em vários países.

Depois do lançamento do livro em Cuba, mudanças significativas ocorreram na ilha: a Constituição foi mudada e o caráter ateu do país cedeu lugar ao caráter laico. Também o estatuto do Partido Comunista sofreu modificação, eliminando-se a exigência de convicção ateia de seus militantes e permitindo a adesão de pessoas com fé religiosa. Ao indagar do dr. Carneado se tal mudança havia atraído cristãos como novos militantes, ele me respondeu, surpreso, que muitos companheiros de partido agora revelavam que sempre tiveram fé...

Também as Igrejas e demais instituições religiosas se beneficiaram do clima de tolerância e ausência de discriminação provocado pelo livro. Em especial a Igreja Católica, cujos bispos retomaram o diálogo com a Revolução e colheram, como frutos, as visitas a Cuba de três papas em menos de vinte anos: João Paulo II, em janeiro 1998; Bento XVI, em março de 2012; e Francisco, em setembro de 2015 e fevereiro de 2016.

Em 30 de março de 2010, a Oficina de Assuntos Religiosos do governo cubano, dirigida por Caridad Diego, promoveu no Memorial José Martí — na Praça da Revolução, em Havana — solenidade de comemoração pelos 25 anos do lançamento do livro, com a presença do presidente de Cuba, Raúl Castro.

Uma breve solenidade em Havana marcou o trigésimo aniversário do lançamento da obra, em abril de 2015. A cerimônia foi televisionada para toda a Cuba. No dia seguinte, Fidel me recebeu em sua casa e disse que estava relendo o livro, "impressionado com a sua atualidade".

Espero que os leitores concordem.

Frei Betto
São Paulo, 8 de outubro de 2015

PARTE UM

Visita a Cuba com meus pais

Sexta-feira, 10 de maio de 1985. Chegava em visita a Cuba o presidente da Argélia, Chadli Bendjedid.* Fidel Castro oferecia-lhe, na mesma noite, uma recepção no Palácio da Revolução. Entre os convidados, uma pequena comitiva brasileira que chegara à ilha no dia anterior: o jornalista Joelmir Beting,** Antônio Carlos Vieira Christo, meu pai,*** Maria Stella Libanio Christo, minha mãe**** e eu. Era a primeira vez que Joelmir Beting e meus pais pisavam o território cubano. Eu já estivera lá outras vezes, a serviço da Igreja ou como participante de eventos culturais. Agora retornava com um único propósito: entrevistar Fidel.

Um assessor do governo cubano me avisou que era preciso gravata na recepção. Há dezessete anos meu pescoço não era enrolado em uma gravata. Nem terno possuía. Em Porto Alegre, quando visitei Mafalda e Erico Verissimo em 1975, o autor de *O tempo e o vento* disse-me que havia anos queimara todas as suas gravatas. Eu fizera o mesmo virtualmente. De repente, em Havana, hesito! Deveria quebrar o protocolo e comparecer com uma das calças jeans que trouxera? Em protesto às formalidades socialistas, deveria declinar do convite? Que diabo de costume é esse

---

* Chadli Bendjedid (1929-2012), político e militar, governou a Argélia de 9 de fevereiro de 1979 a 11 de janeiro de 1992.
** Joelmir Beting (1936-2012), jornalista especializado em temas econômicos.
*** Falecido em 2002, aos 89 anos, era jornalista, advogado e magistrado.
**** Falecida em 2011, aos 93 anos, era especialista em culinária e autora de livros de receitas, entre os quais o clássico *Fogão de Lenha: 300 anos de cozinha mineira* (Rio de Janeiro: Garamond, 2006).

que, tanto no Congresso Nacional, em Brasília, quanto no Palácio da Revolução, em Cuba, considera um trapo de pano estampado, dobrado em volta do pescoço, sinal de bem-vestir? Apesar de minhas elucubrações, de mil protestos imaginários em concorrida passeata em minha cabeça, vacilei e aceitei emprestados a gravata e o terno de Jorge Ferrera, um amigo cubano. Caíram-me sob medida. Lá fui eu, todo empacotado, sob gozação de Joelmir.

O Palácio da Revolução, situado na praça do mesmo nome, atrás do monumento a José Martí, é uma solene construção da época de Batista, que lembra a arquitetura fascista do primeiro governo de Vargas, no Brasil. A escadaria infindável se parece com as arquibancadas do Maracanã.

À porta, protegida por guardas de honra, apresentamos nossos convites. Paramos logo ao entrar, até que terminassem os hinos nacionais de Cuba e da Argélia. No imenso salão, todo em mármore e pedra, adornado de plantas naturais, vitrais coloridos e murais abstratos, os convidados escutavam os discursos em espanhol e árabe, que precederam o momento em que Fidel condecorou Chadli Bendjedid com a Medalha José Martí, a mais importante do país. Presentes, além da delegação visitante, o corpo diplomático e dirigentes cubanos — membros do Birô Político, do Comitê Central e ministros.

Encerradas as laudatórias formalidades, entre rodas informais circulavam bandejas com mojitos, daiquiris e sucos. Aproximei-me de Armando Hart, ministro da Cultura, homem que não sabe separar raciocínio e emoção, qualidade rara. Lamentamos a morte em combate de Ali Gómez García, 33 anos, venezuelano, que caíra no dia anterior defendendo a Nicarágua dos mercenários de Reagan. Em fevereiro passado, eu participara do júri que premiara, como o melhor testemunho em língua espanhola, o texto que Ali enviara ao concurso literário da Casa de las Américas: *Falsas, Maliciosas y Escandalosas Reflexiones de um Ñangara*. Raúl Castro, irmão mais jovem de Fidel e ministro da Defesa, caminhou em nossa direção e Hart nos apresentou. Ao saber que sou religioso, comentou:

— Passei tantos anos em colégios internos, que assisti a missas por toda a minha vida. Fui aluno dos lassalistas e dos jesuítas. Imagina que eu havia estudado em Santiago de Cuba e, ao participar do ataque ao quartel Moncada, em 1953, me dei conta de que não conhecia a cidade... Não permaneci na Igreja, mas abracei os princípios de Cristo. Não abro mão desses princípios. Eles me dão a esperança de salvação, pois a Revolução realiza-os na medida em que despede os ricos com as mãos vazias e dá pão aos famintos. Aqui todos podem se salvar, pois não há ricos, e Cristo disse que é mais fácil um camelo passar no fundo de uma agulha...

Raúl disse isso com muito bom humor. Trata-se de um ser afável e que, no entanto, tem fama de duro fora de Cuba. Caprichos do imperialismo. Através de seus poderosos meios de comunicação este desenha, em nossa cabeça, a caricatura de seus inimigos. Pinta Raúl de sectário e John Kennedy* de bom mocinho. Mas quem planejou, organizou, patrocinou e financiou a invasão da Baía dos Porcos — em 1961, em flagrante desrespeito à soberania do povo cubano — foi o jovem, sorridente, democrata e católico marido de Jacqueline. No contato pessoal, Raúl Castro é descontraído e fala sorrindo, o que é raro nos políticos capitalistas, sempre sisudos. E como pode ser duro o companheiro de uma mulher tão doce como Vilma Espín?**

Pensei que seria impossível cumprimentar Fidel, tão cercado de convivas, cinegrafistas e fotógrafos. Logo nos convidaram a um pequeno salão, mais familiar. Estávamos à entrada, quando o comandante, em uniforme de gala, passou com Chadli Bendjedid. Ao ver-nos, aproximou-se. Marcava-lhe a timidez. Sim, um homem daquele tamanho, que vocifera o diabo às barbas do Tio Sam e faz discursos de quatro horas, quase pedia licença por ser quem é. Apresentei-lhe Joelmir Beting e meus pais. Disse:

* John Kennedy (1917-63) presidiu os Estados Unidos entre 1960 e 1963, quando foi assassinado em Dallas, em 22 de novembro, em circunstâncias ainda não totalmente esclarecidas. Foi quem decretou o rompimento de relações de seu país com Cuba, reatadas pelo presidente Obama, em 2015, e decretou o bloqueio comercial imposto à ilha socialista por mais de cinquenta anos.
** Vilma Espín (1930-2007), engenheira química formada em Boston (EUA) pelo Massachusetts Institute of Technology (MIT) revolucionária de Sierra Maestra, se casou com Raúl Castro em janeiro de 1959, logo depois da vitória da Revolução. Tiveram quatro filhos. Ela fundou e presidiu a Federação de Mulheres Cubanas.

— O senhor conseguiu fazer duas revoluções. A primeira, a cubana; a segunda, conseguir que meu pai saísse pela primeira vez do Brasil e em avião!

— Não se preocupe, farei com que regresse de trem — ironizou Fidel.

Em fevereiro, eu estivera com o líder cubano em casa de Chomy Miyar, médico e fotógrafo. Passara-lhe minha receita de bobó de camarão. Porém, faltava em Cuba o azeite de dendê, no qual devem ser cozidos os temperos. Só em março tive portador para fazer chegar-lhe o dendê.

— Fiz sua receita de camarões — disse ele. — Ficaram bons, não direi que ótimos, pois não havia o dendê. Depois me chegou o famoso azeite. Todavia, introduzi algumas modificações e quero discuti-las com você.

Minha mãe comentou que, entre mim e ela, há discordância quanto ao bobó de camarão. Embora eu a considere, também edipianamente, a melhor cozinheira do mundo, graças à qual estou vivo e com saúde, sua receita de bobó (no *Quentes e Frios*. Rio de Janeiro: José Olympio, 2006) não coincide com a que aprendi em Vitória.* O segredo dos capixabas é bater no liquidificador a mandioca cozida na água que cozinhou os camarões. Assim, reduz-se o gosto da mandioca em favor do sabor dos camarões.

Enquanto nos envolvemos na polêmica culinária, Fidel cortesmente pediu licença para acompanhar o presidente da Argélia, que o esperava. Ficamos a um canto, e logo que o mandatário argelino se acomodou, o comandante tornou a se aproximar de nós. Indagou quanto tempo ficaríamos em Cuba. Lamentou que Joelmir tivesse de embarcar na quarta-feira, chegar ao Brasil na quinta e tomar o voo para a Alemanha Federal na sexta. Fidel estaria ocupado com Chadli Bendjedid até segunda e, na terça, participaria das comemorações do quadragésimo aniversário dos aliados na Segunda Guerra. Pensativo, pequeno charuto entre os dedos,

---

* Entre 1974 e 1979 instalei-me em Vitória para me dedicar ao trabalho pastoral com Comunidades Eclesiais de Base. Morei na favela do Morro de Santa Maria em companhia de outros agentes pastorais.

o polegar direito roçando os lábios quase sumidos entre fios grisalhos de barba, a cabeça oscilando como quem diz não, logo se decidiu:

— Darei um jeito. Não é o Joelmir quem quer falar comigo, eu é que quero falar com ele. Podemos nos ver na segunda à noite e, certamente, em outra hora na terça. Tenho que dividir e subdividir meu tempo.

Depois de posar para uma foto cercado por meus pais, perguntou-lhes:

— O que acham da recepção? Recepção é sempre um lugar de boa comida onde, no entanto, nunca provo nada para poder atender os visitantes e, mais tarde, fazer um pouco de ginástica.

Virou-se para o assessor cubano e indagou sobre nossa programação na ilha: visita ao Museu Hemingway, ao Hospital Centro-Havana, ao bairro de Alamar etc. Fidel reagiu:

— Coisas de turistas. O hospital é importante, mas eles precisam conhecer melhor este país. Ir à Ilha da Juventude, ver como estudam ali mais de dez mil bolsistas estrangeiros, procedentes da África e de outros continentes. Ir a Cienfuegos, ver a construção da central eletronuclear. Visitar uma pequena comunidade camponesa e saber como ela está preparada, inclusive para a defesa militar. Porei meu avião à disposição de vocês. Não é confortável, mas é seguro.

Chamou seu fiel escudeiro, Chomy, e pediu-lhe para anotar toda a programação que propôs.

Encontro com Fidel

Na noite de segunda-feira, 13 de maio de 1985, a pequena comitiva brasileira foi recebida por Fidel Castro em seu gabinete de trabalho, no Palácio da Revolução. Em torno da mesa de trabalho, estantes repletas de livros, fitas cassetes, um transistor. Sobre a mesa, papéis, um vidro cheio de balas, uma caixa redonda com charutos Cohiba curtos e finos, os preferidos do comandante. Sob uma grande tela, com o rosto de Camilo Cienfuegos* pintado em traços suaves, poltronas de couro e uma mesa de mármore da Ilha da Juventude. Ao fundo, uma comprida mesa de reuniões, com quatro cadeiras de cada lado e duas em cada ponta. Outro óleo, enorme, registra o trabalho agrícola de jovens estudantes.

O gabinete era amplo, confortável, refrigerado, sem luxo. Fidel nos recebeu em seu uniforme verde-oliva e convidou-nos a sentar à longa mesa. Estava interessado em conversar especialmente com Joelmir Beting, que devia regressar antes ao Brasil. Indagou sobre o trabalho do jornalista, como dividia seu dia, que tempo dispunha para estudar, o que fazia para registrar, em sua cabeça, tantas informações econômicas. Perguntou também a respeito da viagem que fizemos à Ilha da Juventude e a Cienfuegos e comentou:

— A central nuclear de Cienfuegos está sendo construída dentro de

---

* Camilo Cienfuegos (1932-59), revolucionário cubano, destacou-se na luta comandada por Fidel Castro. Desapareceu durante um voo em Cuba, em 28 de outubro de 1959.

exigências de segurança absoluta, para resistir a maremotos, a terremotos, até mesmo à queda de um avião de passageiros.*

Minha mãe elogiou a culinária cubana, especialmente os frutos do mar. O cozinheiro que reside em Fidel acordou:

— O melhor é não cozinhar camarões e lagostas, pois a fervura da água reduz substância e sabor e endurece um pouco a carne. Prefiro assá-los ao forno ou no espeto. Para o camarão, bastam cinco minutos ao espeto. A lagosta, onze minutos se é ao forno ou seis ao espeto, sobre brasas. De tempero, só manteiga, alho e limão. A boa comida deve ser simples. Considero os cozinheiros internacionais esbanjadores de recursos. Um consomê desperdiça a maior parte dos subprodutos ao incluir a casca do ovo; deve-se usar apenas a clara, para poder aproveitar depois, em uma torta ou em outra coisa, o que restar de carnes e vegetais. Um dos cozinheiros mais famosos é cubano. Outro dia, por ocasião da visita de uma delegação, ele preparou pescado ao rum e outros ingredientes. Só apreciei o consomê de tartaruga, mas com os desperdícios assinalados.

Voltou-se para Joelmir Beting:

— Como é seu ritmo diário de trabalho?

— Uma hora e meia de programa de rádio todas as manhãs. Meia hora de televisão à noite. E redijo uma coluna de comentário econômico editada, diariamente, em 28 jornais brasileiros.

Fidel retomou:

— E como ainda encontra tempo para ler e se informar? Todos os dias dedico uma hora e meia à leitura dos telegramas internacionais, de quase todas as agências. Chegam-me datilografados numa pasta, com um índice do conteúdo. Os telegramas são agrupados de acordo com uma ordem temática: tudo o que diz respeito a Cuba; em seguida a questão do açúcar, fundamental em nossas exportações; a política norte-americana etc. Se leio que se descobriu em algum país um novo medicamento ou equipamento médico inovador, de grande utilidade, solicito uma rápida

---

* Financiada pelos russos, a obra foi abandonada depois da queda do Muro de Berlim e o desaparecimento da União Soviética (1989).

informação sobre os mesmos. Não aguardo as revistas médicas especializadas, que demoram de seis meses a um ano para sair com a informação pertinente. Esta semana eu soube que se aperfeiçoou, na França, um novo equipamento para destruir as pedras dos rins com ultrassom, muito mais econômico do que o produzido na Alemanha Ocidental. Dois dias depois um companheiro embarcou para Paris para colher informações. Também pedimos informações sobre um novo medicamento que interrompe o infarto e acaba de ser descoberto nos Estados Unidos. A saúde pública é um dos setores que acompanho com muito interesse. As pesquisas científicas dentro e fora de Cuba, os problemas econômicos nacionais e internacionais, também. Infelizmente, não há tempo para obter e analisar todas as informações interessantes. Queria atualizar-me melhor para essa conversa com você; mandei buscar todas as notícias econômicas internacionais importantes dos últimos dois meses. Chegaram-me quatro volumes de duzentas páginas cada um! Não é fácil seguir o ritmo dos acontecimentos, as oscilações do dólar e as consequências, na economia mundial, da nefasta política econômica dos Estados Unidos.

Fidel folheou a pasta com a transcrição dos telegramas internacionais da segunda-feira. Observou que se tratava de uma pasta mais fina, já que políticos e jornalistas não costumam trabalhar nos fins de semana.

— Ninguém sabe o computador que o homem tem na cabeça — disse. — Muitas vezes me pergunto por que tanta gente se dedica à política. É uma tarefa árdua. Só vale a pena se voltada para algo útil, se pode realmente resolver algum problema. Em conversas como esta, com visitantes, trato de aprender. Procuro conhecer o que se passa no mundo e, especialmente, na América Latina.

— O senhor, como comandante em chefe, tem sob sua responsabilidade a administração de Cuba e as relações internacionais — observou Joelmir Beting. — Seriam precisos dois comandantes?

— Tudo aqui está descentralizado e obedece a planejamentos bem-feitos. E há um grupo central que facilita a administração. Outrora, era uma verdadeira luta romana, cada organismo, cada ministério em luta com a Junta de Planificação, disputando verbas. Agora tudo é responsabilidade de todos. O ministro da Educação também participa das decisões fundamentais concernentes ao Planejamento, como o da Saúde Pública e os demais organismos de serviços, mesmo os econômicos. E as decisões são rápidas, sem burocracia. Para tomá-las, não precisam falar comigo, só mesmo algo muito importante ou quando se trata de alguma área que acompanho pessoalmente, como é o caso da saúde.

— Ou uma obra de impacto, como a central nuclear? — indagou o jornalista brasileiro.

— Me dei conta de que essa obra se atrasava. Uma questão de método de controle. A equipe responsável tinha suas reuniões trimestrais de avaliação. Fiquei sabendo, por exemplo, que a alimentação, o transporte e outras condições de vida material dos operários não mereciam toda a atenção necessária. Fiz uma visita, acompanhado de uma equipe de colaboradores. Perguntei pelas condições de vida na obra, a qualidade da roupa e do calçado de trabalho, o transporte que os levava para visitar seus familiares, o fornecimento de materiais, o que faltava às equipes de trabalho e outros aspectos. O que me interessa é o cuidado do homem. Um trabalhador sente mais amor por seu ofício se dispõe de condições dignas, se sente o nosso apreço por seu trabalho e a constante preocupação por seus problemas materiais e humanos. Vi que eram transportados em caminhões às suas regiões de origem. Perguntei: quantos ônibus são precisos, trinta? Faremos um esforço para obtê-los. Utilizaremos o que temos de reserva. Fiz sugestões, dei inclusive a ideia de se organizar uma base de campismo, de modo que os familiares pudessem visitá-los e descansar com eles nas proximidades do próprio local de trabalho. Os organismos que cuidam dessa obra necessitavam, imediatamente, de recursos e apoio mais direto; e os receberam.

Fidel acendeu seu pequeno charuto com um isqueiro a gás, prateado. Correu os dedos finos pelos fios grisalhos da barba e prosseguiu:

— Trabalho diretamente com uma equipe de vinte companheiros, dos quais dez são mulheres. Formam um grupo de coordenação e apoio. Cada um deles procura saber o que se passa nos principais centros de trabalho e de serviços do país. Sem choque com os ministérios, essa equipe facilita a agilização das decisões. São pessoas, e não departamentos. Quando visitei a central nuclear e soube das reuniões trimestrais, acentuei que o andamento da obra não podia esperar nem um mês, quanto mais três! As reuniões eram um inventário de dificuldades que exigiam urgência. Agora, diariamente, a obra tem que informar sobre o andamento dos trabalhos ao escritório da equipe, que problemas enfrenta etc. Sistematicamente recebe visitas de um membro da equipe especializada nessa tarefa. Os problemas não podem esperar, devem ser solucionados de imediato. Assim fazemos com outras obras importantes e decisivas.

— Senti em Cienfuegos que, para o pessoal da obra, é uma grande motivação saber que o comandante segue cada passo — interveio Joelmir Beting.

— Não há nenhum escritório no mundo com menos gente do que o meu. Com quantos funcionários você trabalha? — perguntou Fidel a Chomy.

— Com seis pessoas — respondeu o ex-reitor da Universidade de Havana.

O jornalista indagou:

— Quem é a força arbitral na demanda de recursos?

— Antes era a Junta de Planificação. Agora está mais descentralizada. O Poder Popular, por exemplo, administra escolas, hospitais, transporte, comércio, praticamente todos os serviços locais. É o Poder Popular de uma província, como Santiago de Cuba, que elege o diretor do hospital. É claro que ele consulta o Ministério da Saúde, que lhe fornece quadros profissionais e metodologia de trabalho.

— Essa descentralização é um fato novo?

— Não, aqui sempre dividimos funções e atribuições.

— Esse é o modelo cubano?

Sistema eleitoral

— Nesse modelo há muito de cubano. O sistema eleitoral, por exemplo, é totalmente cubano. Cada circunscrição eleitoral, com cerca de 1500 habitantes, elege seu delegado ao Poder Popular. Os vizinhos indicam e votam em candidatos, sem intervenção do partido. São eles que propõem os candidatos, um máximo de oito e um mínimo de dois. O partido não se imiscui nisso, apenas assegura o cumprimento das normas e os procedimentos estabelecidos. No dia das eleições, a cada dois anos e meio, quem obtém mais de 50% dos votos está eleito, caso contrário há novas eleições. Esses delegados eleitos formam a Assembleia Municipal e elegem o Poder Executivo municipal. Em seguida, esses delegados municipais, junto com o partido e as organizações de massa, participam da campanha de candidaturas para a escolha dos delegados à Assembleia Provincial e dos deputados à Assembleia Nacional, integrada por quinhentos parlamentares. Mais da metade dos deputados da Assembleia Nacional vêm do Poder Popular, saem da base. E na circunscrição há reuniões periódicas em que os vizinhos discutem, com a presença dos delegados eleitos, a atuação deles e, inclusive, podem cassá-los.

Mães-enfermeiras

— Visitei um hospital, notei que as mães têm o direito de acompanhar os filhos doentes — observou Joelmir Beting.

— Para uma criança doente — explicou Fidel —, a melhor enfermeira do mundo é a sua mãe. Antes, elas não podiam entrar. Ficavam à porta do hospital, ansiosas, aguardando notícias de seus filhos. Supunha-se que as mães, por não ter conhecimentos especializados, dificultariam o tratamento médico. Há anos adotamos outro sistema, com êxito. Em qualquer hospital pediátrico a mãe tem direito de acompanhar o filho internado, recebe a roupa adequada para ficar no hospital e também alimentação, gratuitamente. No último congresso das mulheres cubanas, celebrado em março deste ano, as mães solicitaram que fosse concedido aos pais o mesmo direito. Muitas vezes uma mulher, ocupada com outros filhos, não pode ficar fora de casa acompanhando aquele que está enfermo. Analisamos essa solicitação, além de outro pedido das mulheres: a possibilidade de filhos, irmãos ou pais acompanharem um familiar hospitalizado. Antes só se permitiam mulheres. Mas alegam que tal prática é árdua, porque as obriga a acumular a permanência no hospital com o trabalho doméstico, limitando suas possibilidades no desempenho das atividades profissionais e dificultando sua promoção social. Atualmente as mulheres constituem 53% da mão de obra especializada do país.

— A burocracia é a enfermidade congênita do socialismo? — perguntou, com sua ponta de ironia, o jornalista brasileiro.

— A burocracia é um mal dos dois sistemas, tanto do socialismo quanto do capitalismo. Como podemos utilizar melhor os recursos humanos, creio que vamos ganhar essa batalha. A meu ver, o mais irracional do capitalismo é a existência do desemprego. O capitalismo desenvolve a tecnologia e subutiliza os recursos humanos. Pode ser que o socialismo ainda não utilize esses recursos de modo exemplar, contudo não submete a pessoa à humilhação do desemprego, e temos avançado cada vez mais em eficiência e produtividade no trabalho.

Passava de uma da madrugada. Fidel levantou-se e começou a caminhar de um lado para o outro, pensando alto como organizaria o seu dia seguinte — o último de Joelmir Beting em Cuba — para conversar mais com o visitante brasileiro. Acertou com ele uma audiência à tarde e outra à noite.

À espera da entrevista

Após o regresso de Joelmir ao Brasil, passei a esperar o momento de ser chamado para entrevistar o comandante. Uma longa e demorada espera — e, como toda espera, ansiosa. Meus pais e eu ocupamos os dias com visitas por Havana: Federação das Mulheres, onde fomos carinhosamente recebidos por Vilma Espín; Círculo Infantil; coordenação nacional dos Comitês de Defesa da Revolução. Passeamos pelo centro, tomamos sorvete na Coppelia, para muitos a melhor sorveteria do mundo, onde se utilizam apenas produtos naturais; fizemos compras nas lojas dos hotéis internacionais, nas quais só ingressa turista e se paga em dólar.

Na visita ao arcebispo de Havana, Jaime Ortega, minha mãe ganhou uma belíssima estampa colorida da imagem da Virgem da Caridade, a padroeira de Cuba — morena como tantas Marias latino-americanas —, e também encontrada, como Nossa Senhora Aparecida, nas águas por pobres pescadores, em 1607.

Descartei a possibilidade de entrevistar Fidel Castro no fim de semana. Na tarde de sábado, meus pais partiriam para a praia de Varadero, considerada a mais bela de Cuba. Não podia acompanhá-los porque, à noite, faria conferência no convento dos dominicanos, aberta ao público, sobre "A espiritualidade de Jesus". Umas setenta pessoas no salão, entre as quais alguns amigos comunistas: o brasileiro Hélio Dutra* e sua

---

*Hélio Dutra (1908-2004), brasileiro, filiado ao Partido Comunista, instalou-se em Cuba em 1945, onde viveu sessenta de seus 96 anos. Participou da luta revolucionária cubana. Durante o período da ditadura militar no Brasil (1964-85), quando o nosso país rompeu relações com Cuba, Hélio era o "nosso homem em Havana". Sempre acolhedor,

esposa, Ella; a chilena Marta Harnecker,* autora de várias obras sobre os fundamentos do marxismo; Jorge Timossi,** da Casa das Américas, a principal instituição cultural de Cuba. Estavam também dois amigos queridos, Fina e Cintio Vitier,*** um dos melhores poetas cubanos. Entre os sacerdotes presentes, destacava-se a figura simpática do padre Carlos Manuel de Céspedes, vigário-geral de Havana e secretário da Conferência Episcopal cubana. Estavam também leigos, jovens e adultos, religiosas e seminaristas. Abordei o tema no salão de conferências do convento, que recorda a memorável presença dos frades dominicanos em Cuba: de Bartolomeu de las Casas, defensor dos índios, aos que fundaram a Universidade de Havana, em 1728. Na ocasião, em toda a ilha havia apenas cinco frades, dois no convento de Vedado.

---

recebia os brasileiros que visitavam a ilha. Entre os livros que traduziu para o espanhol figuram os meus contos reunidos sob o título *Aquário negro* e editados pela Casa das Américas. Viveu quarenta anos com sua terceira esposa, Ella Alvarez Delgado. Escreveu *Querida Ilha*, lançado no Brasil em 1988. Em 2011, foi inaugurado em Havana o Espaço do Brasil em Cuba — Memorial Hélio Dutra.

* Marta Harnecker (1937-), chilena, escritora e intelectual marxista, casou-se em Cuba com o comandante Manuel Piñeiro, chefe do Departamento de América, com quem teve a filha Camila.

** Jorge Timossi, argentino-cubano, faleceu em Havana em 2011, aos 75 anos. Poeta e escritor, fundou a agência Prensa Latina e foi vice-presidente do Instituto Cubano do Livro. Amigo do cartunista argentino Joaquín Salvador Lavado, mais conhecido como Quino, o "pai" da Mafalda, inspirou o personagem Felipito, cujos traços fisionômicos lembram Timossi.

*** Cintio Vitier (1921-2009), renomado poeta e intelectual cubano, era católico e revolucionário. Presidiu o Centro de Estudos Martianos. Era casado com a poeta Fina García Marruz.

Espiritualidade de Jesus

— Ao ouvir falar de espiritualidade, o termo nos evoca retiros espirituais, lugares afastados e tranquilos, santinhos com fotos de crepúsculos no mar ou lagoas que parecem espelhos d'água. Vida espiritual é algo que soa em oposição à vida carnal, material, e que supõe um afastamento do mundo, da rotina diária, um privilégio raro para os pobres mortais que não desfrutam do recolhimento oferecido por mosteiros contemplativos.

"Há, na Igreja, inúmeras espiritualidades: a dominicana, a franciscana, a inaciana, a mariana, a dos cursilhos de cristandade etc. O que significa, teologicamente, adotar uma espiritualidade? Significa adotar um modo de seguir Jesus. Podemos segui-lo à maneira de Francisco de Assis* ou de Teresa de Ávila,** de Tomás de Kempis*** ou de Teilhard

---

* Francisco de Assis (1182-1226), filho de um rico tecelão, tornou-se fiel discípulo de Jesus depois de participar de uma batalha e fez opção pelos pobres. Fundador da Ordem dos Franciscanos, tratava todos os elementos da natureza, como flores e animais, como seus irmãos e irmãs. Reformador da Igreja Católica, foi inspirado em seu exemplo de vida que o cardeal argentino Jorge Mario Bergoglio assumiu o nome Francisco ao ser eleito papa, a 13 de março de 2013.

** Teresa de Ávila (1515-82), mística espanhola, reformou a vida religiosa de monjas enclausuradas. Feminista *avant la lettre*, escreveu várias obras, nas quais ensina o método de união amorosa com Deus. Ver o seu *Livro da vida* (São Paulo: Peguin-Companhia das Letras, 2010).

*** Tomás de Kempis (1380-1471), monge alemão, escreveu vários livros, entre os quais se destaca *Imitação de Cristo*, ainda hoje best-seller. Trata-se de uma obra de iniciação mística segundo uma espiritualidade platônica, de dualidade entre o corpo e o espírito.

de Chardin.* Embora se tenham desenvolvido, entre as classes populares latino-americanas, inúmeras espiritualidades nativas, devocionais, romeiras, em torno de Marias negras e morenas, como Caridade, Guadalupe** e Aparecida, predominaram no âmbito de Igreja institucional as espiritualidades importadas da Europa, inclusive a teologia. Ensinava-se nos colégios religiosos um modo europeu, burguês, de seguir Jesus, distante não apenas da nossa realidade, marcada por flagrantes contradições sociais, mas também das próprias exigências do Evangelho.

"A dificuldade que Roma demonstra em compreender melhor a Teologia da Libertação é resultado de sua incapacidade de admitir outra teologia senão a que se elabora na Europa. Pode haver, em uma mesma Igreja, diferentes abordagens teológicas?

"Quando eu morava no Morro de Santa Maria, em Vitória, um operário, meu vizinho, pediu-me um livro que contasse 'a vida de Jesus'. Dei-lhe um exemplar do Novo Testamento. Quando o encontrava, indagava: 'Como é, seu Antônio, já leu a vida de Jesus?'. Certo dia, ele me disse: 'Betto, li todos aqueles evangelhos e aprendi muito. Mas vou lhe confessar uma coisa: achei as historinhas de Jesus muito repetidas'.

"Esse é um bom exemplo de como, só nos evangelhos, há quatro diferentes teologias: de Mateus, Marcos, Lucas e João. Teologia é a reflexão da fé dentro de determinada realidade. Lucas escreve seu relato evangélico pensando nos pagãos, enquanto Mateus dirige-se aos judeus. Quem faz teologia na Igreja? Todos os cristãos; ela é fruto da reflexão que a comunidade cristã, inserida em uma realidade, faz de sua fé. Assim, todo

---

* Teilhard de Chardin (1881-1955), sacerdote e cientista jesuíta, abraçou a concepção evolucionista do Universo e, durante toda a vida, foi impedido de publicar sua extensa obra, divulgada depois do seu falecimento. Reabilitado pelo papa João Paulo II, é citado pelo papa Francisco na encíclica *Louvado sejas — sobre o cuidado da casa comum*.
** Nossa Senhora de Guadalupe, padroeira do México e da América Latina, teria aparecido, em 1531, para o índio Juan Diego, tendo gravado sua imagem na túnica dele. Feita de fibra de cacto, a estampa não deveria ter durado mais de vinte anos segundo os cientistas, e sua resistência ao tempo é considerada miraculosa.

cristão faz teologia, como toda dona de casa, na feira, faz economia. Mas nem toda dona de casa é economista, como nem todo cristão é teólogo. São teólogos aqueles que dominam as bases científicas da teologia e, ao mesmo tempo, captam a reflexão da fé da comunidade e dão a ela uma elaboração sistemática.

"Depois do Concílio Vaticano II,* a Igreja da América Latina passou a produzir sua própria teologia. Deixou de importá-la da Europa. Antes, todo seminarista devia saber um pouco de francês para estudar teologia nas obras do padre Congar, De Lubac, Guardini ou Rahner.** Essa teologia nascida no interior das Comunidades Eclesiais de Base do continente, fruto dos desafios que o processo de libertação dos oprimidos lança à fé cristã, tem sido sistematizada por homens como Gustavo Gutiérrez e Leonardo Boff. Ela difere da teologia liberal da Europa na própria metodologia. Se a teologia é uma resposta da fé aos desafios da realidade, quais foram os fatos mais marcantes ocorridos na Europa neste século? Sem dúvida, as duas grandes guerras.*** Esses acontecimentos levantaram, na cultura europeia, uma angustiante pergunta a respeito do ser, do valor da pessoa humana, do sentido da vida. Toda a filosofia de Husserl, Heidegger, Sartre e Karl Jaspers;**** a literatura de Albert Camus e de Thomas

---

* O Concílio Vaticano II ocorreu em 1962-5, em Roma, e reuniu quase todos os bispos do mundo. Ali se aprovaram documentos que influíram na renovação da Igreja Católica. O concílio é a segunda mais alta instância católica, superada apenas pela autoridade do papa.

** Todos os quatro figuram entre os principais teólogos católicos do século XX e tiveram grande influência no Concílio Vaticano II. Yves-Marie-Joseph Congar (1904-95) era frade dominicano francês. Um ano antes de falecer, foi nomeado cardeal pelo papa João Paulo II. Henri-Marie de Lubac (1896-1991), jesuíta, foi feito cardeal pelo papa João Paulo II em 1983. Romano Guardini (1885-1968), sacerdote diocesano, era teólogo ítalo-alemão. Karl Rahner (1904-84) era teólogo jesuíta alemão.

*** Considero equivocado qualificar as grandes guerras de 1914-18 e 1939-45 de "mundiais", na medida em que a maioria das nações não se envolveu.

**** Edmund Husserl (1859-1938), matemático e filósofo alemão, criou a escola da fenomenologia. Martin Heidegger (1889-1976), alemão, desenvolveu a filosofia do ser e passou por uma fase de simpatia ao nazismo. Jean-Paul Sartre (1905-80), romancista, dramaturgo e filósofo francês, é considerado o principal expoente do existencialismo. Pensador de esquerda, foi um dos fundadores da revista *Les Temps Modernes*. Recusou o prêmio Nobel de Literatura de 1964, por ser contrário a homenagens e distinções. Karl Jaspers (1883-1969), psiquiatra e filósofo existencialista alemão.

Mann;* o cinema de Buñuel e de Fellini;** são uma tentativa de responder àquela indagação. A teologia não se faz exceção. Em sua articulação com a realidade europeia, busca a mediação da filosofia personalista, cujo eixo é a pessoa humana.

"Ora, qual é o acontecimento marcante da América Latina no século XX? É a existência coletiva, majoritária, de milhões de famintos. É a não pessoa. E, para compreender as razões políticas e estruturais da existência massiva da não pessoa, não basta, à teologia, a mediação da filosofia. É preciso lançar mão das ciências sociais, inclusive da contribuição do marxismo. É essa articulação que institui a metodologia da Teologia da Libertação, adequada à vivência libertadora, evangélica, da fé cristã na América Latina. Temer o marxismo é o mesmo que temer a matemática por suspeita da influência pitagórica... Ninguém hoje pode falar honestamente das contradições sociais sem pagar algum tributo aos conceitos sistematizados por Marx.*** Não importa se são ou não são conceitos marxistas, importa é que traduzam cientificamente a realidade que exprimem. Mesmo o papa João Paulo II,**** ao falar das tensões de classes e das desigualdades sociais, na encíclica *Laborem Exercens* sobre o trabalho humano, está assumindo a contribuição de Marx. Antes de temer o marxismo, porque este se declara ateu, devemos nos perguntar sempre que tipo de sociedade justa temos construído no mundo que se considera cristão.

"A espiritualidade não diz respeito apenas à nossa vida espiritual, mas sim ao homem todo, à mulher toda, em sua unidade espírito-corpo.

---

* Albert Camus (1913-60), nascido na Argélia, lutou na Resistência Francesa durante a Segunda Grande Guerra e se destacou na França como dramaturgo e romancista; foi laureado com o prêmio Nobel de Literatura em 1957. Thomas Mann (1875-1955), romancista alemão, mereceu o prêmio Nobel de Literatura de 1929.

** Luis Buñuel (1900-83), cineasta espanhol, naturalizou-se mexicano. Federico Fellini (1920-93), cineasta italiano.

*** Karl Marx (1818-83), filósofo e economista alemão, em parceria com Friedrich Engels (1820-95) escreveu várias obras, entre as quais se destaca *O capital*, críticas ao capitalismo e em defesa dos direitos dos trabalhadores.

**** João Paulo II (1920-2005), polonês, eleito papa em 1978, ocupou a função até a sua morte. Homem midiático, dotado de grande sensibilidade social, criticou tanto o comunismo quanto o capitalismo.

Para o hebreu, não há essa divisão entre matéria e espírito. São Paulo chega a falar em 'corpo espiritual',* o que nos soa contraditório. O conhecimento espiritual é, na Bíblia, um conhecimento experimental. Só se conhece, de fato, o que se experimenta. Essa divisão espírito-corpo nos chega por meio da filosofia grega, que penetra na teologia cristã a partir do século IV. Para os gregos, somos tanto mais espirituais quanto mais negamos a realidade física, corpórea, material. No Evangelho, a totalidade do ser humano é chamada à vida no Espírito. Portanto, espiritualidade não é um modo de sentir a presença de Deus. Nem uma maneira de crer. 'Não é aquele que diz "Senhor, Senhor", que entrará no Reino dos Céus, mas aquele que faz a vontade de meu Pai que está nos céus', diz Jesus.** A espiritualidade é, pois, um modo de viver. É a vida segundo o Espírito. José Martí, o grande herói e precursor da libertação de Cuba, dizia que 'a melhor maneira de dizer é fazer'. Para o cristão, a melhor maneira de crer é viver. De nada vale a fé sem obras, como afirma são Tiago: 'Irmãos, que adianta alguém dizer que tem fé se não o demonstra com sua maneira de agir? Por acaso, sua fé pode salvá-lo? Se a um irmão ou a uma irmã falta o pão de cada dia, e um de vocês diz: "Passem bem, não sintam frio nem fome", sem dar o que necessitam, o que adianta? Assim ocorre com a fé, se não é comprovada pela maneira de viver, está completamente morta'.***

"Nosso modo de viver é resultado do que cremos. Nossa maneira de ser Igreja é reflexo de nossa concepção de Deus. Para se conhecer uma Igreja, a melhor pergunta é: o que pensam de Deus seus fiéis? É um equívoco imaginar que todos os crentes acreditam no mesmo Deus. Muitas vezes me pergunto que semelhança há entre o Deus no qual creio

---

* A expressão "corpo espiritual", estranha à ideia platônica ou dualista de corpo separado do espírito, aparece na Primeira Carta de Paulo aos Coríntios 15,44. O Credo católico proclama "a ressurreição da carne", e não apenas "do espírito", incorporando a ideia de unidade entre corpo e espírito e de resgate de todo o Universo pela ressurreição de Cristo.
** Evangelho de Mateus 7,21.
*** Tg 2,14-7.

e aquele no qual Reagan* crê. Esquecemos que, no Antigo Testamento, o que preocupava os profetas era a idolatria, os deuses criados segundo os interesses humanos. Ainda hoje há muita idolatria por aí. Em nome de Deus, espanhóis e portugueses invadiram a América Latina e trucidaram milhões de índios. Em nome de Deus, multidões de escravos foram trazidas da África para trabalhar em nossas terras. Em nome de Deus, estabeleceu-se o projeto de dominação burguesa no continente. Será que esse nome invocado por conquistadores, senhores de escravos e opressores capitalistas, é o mesmo Deus dos pobres invocado por Jesus?

"Recordo o drama de Albert Schweitzer,** que era músico, médico e teólogo. Influenciado pelas pesquisas protestantes sobre a historicidade de Jesus, chegou à conclusão de que o jovem de Nazaré não esperava morrer tão cedo e, portanto, fora surpreendido pela conspiração em torno de sua pessoa. Ora, um Deus jamais se equivoca. Se Jesus não foi capaz de prever o momento de sua morte é porque ele não era Deus, concluiu Schweitzer. Há alguns anos, um pastor inglês, Robinson, publicou um livro que virou best-seller, *Honest to God* [Honesto com Deus], traduzido no Brasil por *Um Deus diferente*.*** O autor diz que precisamos ser honestos com Deus e confessar que não o conhecemos. O que conhecemos são caricaturas, como o deus invocado nos protocolos oficiais, nos momentos difíceis da vida, nos discursos políticos. Como se conhece uma pessoa: por aquilo que dela se pensa ou por aquilo que revela? Se o verdadeiro conhecimento deriva da revelação, é em Jesus Cristo, presença histórica de Deus, que melhor podemos conhecê-lo. Embora a teologia medieval defina Deus como onisciente, onipresente, onipotente etc., ao abrir os Evangelhos o que encontramos é um ser frágil, que vive entre os pobres, que chora a morte do amigo, sente fome, discute com seus apóstolos,

---

* Ronald Reagan (1911-2004), ator de cinema e presidente dos Estados Unidos (1981--9), patrocinou o terrorismo contra as forças sandinistas na Nicarágua e reforçou as ações bélicas e terroristas de seu país em todo o mundo.
** Albert Schweitzer (1875-1965), médico, teólogo e músico alemão, dedicou-se aos enfermos mais pobres da África Equatorial.
*** Lisboa: Morais Editora; São Paulo: Herder, 1968.

manifesta raiva dos fariseus, xinga Herodes Antipas,* conhece a tentação e, na agonia, passa pela crise de fé ao experimentar o abandono do Pai.

"Talvez Albert Schweitzer não tivesse perdido a fé se admitisse que a divindade de Jesus não se expressava pelo fato de possuir uma espécie de bola de cristal que lhe permitisse prever tudo. Para o Novo Testamento, o principal atributo de Deus é o amor. Em sua Primeira Carta, o apóstolo João é bastante claro: 'Queridos irmãos, amemo-nos uns aos outros, porque o amor vem de Deus. Quem ama nasceu de Deus e conheceu a Deus. Quem não ama não conheceu a Deus, porque Deus é amor'.** Para os gregos, que influíram na definição medieval de Deus, o amor jamais pode ser atributo de um deus; ao contrário, é uma carência, pois supõe relação com o objeto amado. Nesse sentido, Jesus é Deus porque amou assim como só Deus ama e, por isso, não teve pecado. Era um homem descentrado de si mesmo, centrado no Pai e no povo. Essa concepção de Deus-amor funda uma Igreja baseada na fraternidade, na colegialidade, e não no autoritarismo. É uma concepção que permite aos cristãos desvelar a presença de Deus em todos aqueles que, não tendo fé, são capazes de atitudes de amor. Deus está presente mesmo em quem não tem fé. E se identifica historicamente com todos os que mais necessitam do nosso amor, os oprimidos: 'Tive fome e me deste de comer, tive sede e me deste de beber...', diz Jesus no capítulo 25 do Evangelho de Mateus. O amor é necessariamente libertador.

"Esclarecida essa questão de Deus-amor, que exige justiça e defende os direitos dos pobres, fica mais fácil falar da espiritualidade de Jesus. Se considerarmos os relatos evangélicos, vemos com clareza que a espiritualidade de Jesus não era a da separação do mundo, de quem se afasta do cotidiano para melhor servir a Deus, de quem nega as realidades terrestres. Em João 17,15, ele pede ao Pai que preserve seus discípulos do mal, sem tirá-los do mundo. Toda a existência de Jesus é um mergulho na

---

* Herodes Antipas (20 a.C.-39 d.C), filho do rei Herodes, governou a Galileia e a Pereia. Mandou edificar a cidade de Tiberíades, às margens do lago de Galileia, em homenagem ao imperador Tibério César.

** 1Jo 4,7-8.

conflitividade ideológica, no terreno onde se batiam diferentes concepções e opções a favor ou contra os oprimidos. A espiritualidade de Jesus também não era a do moralismo. Esta era a espiritualidade dos fariseus, que faziam de suas virtudes morais uma espécie de conquista da santidade. Muitos cristãos foram formados nessa linha e perdem vigor em sua fé porque não conseguem corresponder ao moralismo farisaico a que se propõem. Deus parecia habitar o cimo de uma montanha, e a espiritualidade era ensinada como um manual de alpinismo a ser utilizado pelo cristão interessado em galgar as difíceis escarpas. Como somos de natureza frágil, recomeçamos a cada vez a escalada... É a repetição incessante do mito de Sísifo, carregando a pedra montanha acima. Ora, um dos melhores exemplos do não moralismo de Jesus é o relato de seu encontro com a mulher samaritana. Do ponto de vista da moral então vigente, tratava-se de uma marginalizada, por ser mulher, samaritana e amasiada. No entanto, foi a essa mulher que Jesus primeiro revelou o caráter messiânico de sua missão. Houve entre eles um diálogo interessante:

> A mulher lhe disse:
> — Senhor, dê-me desta água para que eu não sofra mais sede, nem tenha que vir aqui para buscá-la.
> Jesus observou:
> — Vá chamar seu marido e volte aqui.
> A mulher respondeu:
> — Não tenho marido.
> Jesus afirmou:
> — É verdade o que dizes, que não tens marido. Tiveste cinco maridos e o que tens agora não é teu marido.
> — Senhor — continuou a mulher —, vejo que és profeta. Nossos pais sempre vieram a esta montanha para adorar a Deus, e vós, os judeus, não dizem que Jerusalém é o único lugar para adorar a Deus?
> Jesus acrescentou:
> — Crê-me, mulher, chegou a hora de adorares o Pai. Mas não será nesta montanha, nem tampouco em Jerusalém. [...] Chega a hora, e já estamos

nela, em que os verdadeiros adoradores adorarão o Pai em espírito e em verdade.*

"Em nenhum momento Jesus a recriminou por ter tido seis homens em sua vida. O que interessava a ele era constatar que ela era verdadeira. Não mentia, não adotava uma postura farisaica e, portanto, estava em condições de adorar 'em espírito e em verdade', na abertura subjetiva a Deus e no compromisso objetivo com a verdade. Assim, Jesus demonstrou que a vida cristã não é um movimento da pessoa para Deus; antes, é o amor de Deus que se dirige à pessoa. Deus nos ama irremediavelmente. Resta saber se nos abrimos mais ou menos a esse amor, pois toda relação de amor exige reciprocidade e supõe inteira liberdade. A moralidade cristã não decorre, pois, de nossa farisaica intenção de não ter nenhum pecado. Ela é uma consequência de nossa relação de amor com Deus. Como entre um casal, o amor impõe a fidelidade. A Parábola do Filho Pródigo é um bom exemplo da gratuidade do amor do Pai. 'Quando ainda estava longe, seu pai o viu, sentiu compaixão, correu e o abraçou.'** O perdão e a alegria do pai se manifestaram no simples fato de o filho retornar, antes mesmo que se explicasse e se desculpasse. Assim é o amor de Deus para conosco, incondicional.

"Vemos, pois, que a espiritualidade de Jesus era a vida no Espírito, dentro da conflitividade histórica, em comunhão de amor com o Pai e com o povo. Uma espiritualidade que decorria de sua abertura ao dom do Pai e de seu compromisso libertador com as aspirações de vida dos oprimidos. Para Jesus, o mundo não se dividia entre puros e impuros, como queriam os fariseus. Dividia-se entre os que estão a favor do partido da vida e os que apoiam o partido da morte. Tudo que gera mais vida, do gesto de amor à revolução social, está na linha do projeto de Deus, da construção do Reino,*** pois a vida é o dom maior que Deus nos dá. Quem nasce, já nasce

---

* Evangelho de João 4,15-23.
** Evangelho de Lucas 15,20.
*** A expressão "Reino de Deus" ou "Reino dos Céus", que se equivalem, aparece mais de cem vezes na boca de Jesus. Significa um projeto civilizatório em que todos os

em Deus por ingressar na esfera da vida. Ao mesmo tempo, a espiritualidade de Jesus contradizia a dos fariseus, feita de ritos, obrigações, asceses e observâncias disciplinares. Na dos fariseus, o centro da vida espiritual era o fiel; na de Jesus, era o Pai. Na dos fariseus, a espiritualidade se media pela prática de normas culturais; na de Jesus, pela abertura filial ao amor e à misericórdia de Deus. Na dos fariseus, a santidade era uma conquista humana; na de Jesus, um dom do Pai aos que se abrem à sua graça. Esse vigor espiritual de Jesus provinha de sua intimidade com Deus, a quem chamava familiarmente *Abba*, 'pai querido'.* Jesus, como todos os crentes, tinha fé. E, para alimentar essa fé, passava longas horas em oração. Lucas registrou esses momentos em que o espírito de Jesus se deixava inundar pelo Espírito do Pai: 'Ele sempre buscava lugares tranquilos e aí se punha a rezar' (5,16); 'foi rezar em um monte e passou toda a noite em oração com Deus' (6,12); 'Jesus havia ido a um lugar afastado para rezar' (9,18). Nessa comunhão com o Pai, ele encontrava forças para lutar pelo projeto da vida, enfrentando as forças da morte representadas, especialmente, pelos fariseus, contra os quais os evangelhos apresentam dois violentos manifestos.** E, nesse sentido, todos que lutam pela vida incluem-se no projeto de Deus, ainda que não tenham fé. 'Então os bons perguntarão: "Senhor, quando te vimos faminto e te demos de comer; sedento e te demos de beber?"[...] O Rei responderá: "Em verdade vos digo que, quando o fizeram a um desses mais pequenos, que são meus irmãos, a mim o fizeram".'*** É no próximo, especialmente no próximo carente de vida, necessitado de justiça, que Deus quer ser servido e amado. Foi com ele que Jesus se identificou. Não há, portanto, contradição entre a luta pela justiça e a realização da vontade de Deus. Esta exige aquela. São considerados irmãos de Jesus todos os que atuam nessa linha do projeto de Deus pela vida.**** Esse é, por excelência,

---

direitos dos pobres estarão assegurados e, portanto, já não haverá desigualdade social. Por pregar o Reino de Deus dentro do reino de César, Jesus foi condenado, por dois poderes políticos, à morte na cruz.

* Evangelho de Marcos 14,36.
** Evangelho de Mateus 23; e Evangelho de Lucas 11,37-57.
*** Evangelho de Mateus 25,37-40.
**** Evangelho de Marcos 3,31-5.

o modo de seguir Jesus, sobretudo na realidade atual da América Latina. Prefiro dizer que Jesus tinha uma espiritualidade do conflito, ou seja, um vigor no compromisso com os pobres e com o Pai que lhe dava imensa paz interior. A verdadeira paz não se obtém com muros, decorre da confiança em Deus. O contrário do medo não é a coragem, é a fé. Essa fé dava a Jesus a disposição necessária à realização do projeto da vida, ainda que sacrificando sua própria vida em confronto com as forças da morte, como a opressão, a injustiça, a religião esclerosada em normas e ritos."

Terminada a palestra, poucas perguntas foram feitas. O auditório parecia inibido. Já se fazia tarde da noite e fui com Marcela e Jorge Timossi tomar um pouco de rum na casa de Marta Harnecker.

Projeto de vida em Jesus

Na tarde de domingo, 19 de maio de 1985, fiz a segunda palestra em nosso convento havanês. Havia umas cinquenta pessoas. O tema era "O projeto de vida em Jesus".

— O modo de Jesus realizar a vontade de Deus era no compromisso com o projeto da vida. Isso fica bem claro neste relato do Evangelho de Marcos:

> Num sábado, Jesus caminhava pelos campos com seus discípulos. Ao passar, começaram a colher espigas. Então, os fariseus lhes disseram: "Vejam o que estão fazendo! Não se pode fazer isso no sábado". Jesus lhes disse: "Nunca leram o que fez Davi, quando ele e seus companheiros passaram necessidade e sentiram fome? Entrou na Casa de Deus, na época do sumo sacerdote Abiatar, e comeu os pães da oferenda que só os sacerdotes podiam comer, e os deu também aos que estavam com ele". E lhes disse: "O sábado foi feito para o homem e não o homem para o sábado. Por isso, o Filho do Homem é também Senhor do sábado".*

"O relato mostra um conflito entre o grupo de Jesus e o grupo dos fariseus. Jesus e seus discípulos colhiam espigas, o que a lei de Deus proibia fazer em dia de sábado, considerado sagrado. Jesus sabia disso e, como era seu costume, não procurou justificar-se. Preferiu apelar para o testemunho de outra pessoa, por quem os fariseus tinham muito res-

---

* Mc 2,23-8.

peito, Davi. Este procedera de modo aparentemente muito pior do que Jesus e seus discípulos: não desrespeitou apenas o sábado, mas a própria Casa de Deus, o templo. Não colheu simples espigas de trigo, mas apanhou os pães da oferenda — as hóstias, diríamos hoje —, comeu-os e deu-os também a seus companheiros. Jesus sabia que o procedimento de Davi estava igualmente em desacordo com as normas religiosas. No entanto, que razão muito forte levava Jesus, não somente a justificar o proceder de Davi, mas também a agir de modo semelhante? A resposta está no versículo 25: 'Nunca leram o que fez Davi, quando ele e seus companheiros passaram necessidade e sentiram fome?'. Ou seja, a necessidade material do homem, base fundamental da vida, era o que havia de mais sagrado para Jesus. A idolatria destitui o ser humano de sacralidade, transferindo-a para as observâncias litúrgicas e o material do culto, como o templo. Para Jesus, não se podia falar em vida espiritual separada das condições materiais de existência. Não havia nada de mais sagrado que o ser humano, imagem e semelhança de Deus. A fome de um homem é uma ofensa ao próprio Criador. De nada vale uma religião que cuida da suposta sacralidade de seus objetos e dá as costas àqueles que são os verdadeiros templos do Espírito. Na cidade onde trabalho com operários, São Bernardo do Campo,* cada vez que há greves e intervenção do governo no sindicato, os padres da igreja matriz abrem as portas para que os metalúrgicos possam realizar suas assembleias. Outros padres se escandalizam, consideram isso uma profanação do templo. Não compreendem que, na linha de Jesus, nada há de mais sagrado do que o direito à vida. E uma greve, uma assembleia sindical, é um esforço coletivo pela conquista de melhores condições de vida. Daí a conclusão de Jesus no relato de Marcos: 'O sábado foi feito para o homem e não o homem para o sábado'. O que há de mais sagrado — como o sábado — deve estar a serviço das exigências da vida humana,

* Município paulista da região conhecida como ABC, ali assessorei a Pastoral Operária, entre 1979 e 2002. Assessorei também o então Sindicato dos Metalúrgicos de São Bernardo do Campo e Diadema, presidido por Luiz Inácio Lula da Silva, que depois foi eleito presidente do Brasil entre 2003 e 2010.

e não o contrário. Uma Igreja que coloca seus interesses patrimoniais acima das exigências de justiça, da vida do povo na qual ela se insere, é certamente uma Igreja que põe o homem abaixo do sábado e, como os fariseus, inverte as prioridades evangélicas.

"Em sua prática, Jesus não separava as necessidades espirituais das exigências materiais da vida humana. Isso aparece de modo muito claro na parábola da multiplicação dos pães.* Uma multidão, '5 mil homens', acabara de ouvir a pregação de Jesus. Os discípulos aproximaram-se do Mestre e sugeriram: 'O lugar é despovoado e já é tarde. Despede-os para que possam ir às aldeias e cidades mais próximas comprar algo para comer'. A fome do povo não seria problema de quem prega a vida espiritual. Porém, Jesus reagiu: 'Deem a eles de comer'. Não se despede uma multidão faminta; isso é também um problema para vocês assumirem. Interessante observar que os discípulos empregam o verbo *comprar*, e o Mestre, *dar*. Ainda assim, os discípulos não captaram a proposta de Jesus: 'Teremos nós de comprar duzentos denários de pão para dar-lhes de comer?'. Há quem pense que o dinheiro é suficiente para resolver as carências do povo. É a teoria do bolo — primeiro fazê-lo crescer, acumular muito capital, para depois reparti-lo com todos... Jesus lhes respondeu: 'Quantos pães têm vocês? Verifiquem'. Ele não indagou quanto dinheiro tinham os discípulos, e sim quanto possuíam de bens, de pães. É muito diferente querer resolver as exigências de vida da coletividade pela distribuição da renda, como pretendem os países da social-democracia, ou pela distribuição de bens, como faz Cuba. Para acumular tantos recursos, países como a Suécia, onde mesmo os trabalhadores dispõem de elevado nível de vida, precisam manter empresas multinacionais explorando os países do Terceiro Mundo. Cuba, para socializar os poucos bens de que dispõe e erradicar a miséria, não necessita explorar nenhum outro povo.

"Marcos prossegue dizendo que os apóstolos verificaram que havia cinco pães e dois peixes. 'Todos se acomodaram em grupos de cem e de cinquenta.' Para resolver seus problemas, o povo se organizou. Jesus to-

---

* Evangelho de Marcos 6,34-44.

mou os pães e os peixes, 'levantou os olhos ao céu, pronunciou a bênção e partiu os pães', para que os discípulos fizessem a distribuição. Em todo o Evangelho, a partilha do pão é sinal da bondade do Pai e da instauração da fraternidade. O alimento está associado à plenitude da vida. É assim no relato das Bodas de Caná e no encontro do Ressuscitado com os discípulos de Emaús.* 'Todos comeram até saciar-se. Recolheram-se doze cestos cheios de restos de pães e de peixes.' Se ao final sobram doze cestos com os restos, quantos cestos não haveria a mais naquela multidão? E o que continham? Ora, em qualquer lugar em que se reúne um grande número de gente, logo aparecem os vendedores de sanduíches, refrigerantes e doces. No tempo de Jesus, o alimento era transportado em cestos. Por outro lado, cinco pães e dois peixes dão sete. E sete, na Bíblia, significa 'muitos', como o nosso oito deitado (∞) significa "infinito". Por isso, se diz que os nossos pecados serão perdoados não apenas sete, mas setenta vezes sete.** Portanto, havia muitos peixes e muitos pães. Quer dizer que não houve milagre? Milagre sim, e não mágica. Mágica seria o espetacular recurso de tomar cinco pães de um lado, dois peixes de outro, cobri-los com um pano, dizer 'abracadabra' e então dispor, de um lado, uma padaria e, de outro, uma peixaria. O que é o milagre? É o poder de Deus de alterar o rumo natural das coisas. Esse poder age, sobretudo, no coração humano. Naquele dia, os que tinham bens partilharam com os que não tinham, deu para saciar a todos e sobrou.

"A fonte da espiritualidade de Jesus, da força que o impelia a lutar decididamente pelo projeto de vida, era a sua intimidade com o Pai, nutrida na oração. O Evangelho refere-se às orações de Jesus e transmite seus ensinamentos a respeito. Ele nos ensinou o *Pai-Nosso* e incentivou orações de petição e de louvor. Contudo, os textos falam dos longos momentos que Jesus passava em oração. A meu ver, aqui está um dos pontos

---

* Defendo que o símbolo do cristianismo deveria ser o pão, que resume os bens da vida e é o mais comum alimento de todos os povos e com o qual Jesus se identificou (João 6,32-5), e não a cruz, símbolo de morte. Vide meu *Fome de Deus: Fé e espiritualidade no mundo atual* (São Paulo: Paralela, 2013).
** Evangelho de Mateus 18,21-35.

críticos da espiritualidade cristã no Ocidente e da superficialidade de nossa fé. Não sabemos orar em profundidade. Sabemos pedir, louvar, meditar. Porém, isso é apenas a porta de entrada da vida de oração. Só mais adiante é possível alcançar o vigor místico que animava Jesus. Nesse aprendizado, o melhor é recorrer às experiências dos cristãos que viveram intensamente a intimidade com Deus e nos transmitiram seu itinerário, os místicos.

"Deus é mais íntimo a nós do que nós a nós mesmos, disse santo Agostinho. Assim, a oração mais profunda é aquela que brota do silêncio dos sentidos e da mente, e dilata o coração para que o Espírito se manifeste. 'O Espírito vem socorrer-nos em nossa debilidade, porque não sabemos o que pedir, nem como pedir em nossas orações. Mas o próprio Espírito reza por nós, com gemidos e súplicas que não se podem expressar. E Deus, que penetra os segredos do coração, escuta as aspirações do Espírito porque, quando o Espírito roga pelos santos, o faz segundo a maneira de Deus', diz Paulo na Carta aos Romanos.* Esse deixar o Espírito rezar em nós requer gratuidade na relação com Deus, assim como se dá na relação de um casal. Momentos de silêncio interior em que experimentamos essa Presença indizível que fertiliza a nossa fé. Daí brota a vida cristã enraizada na experiência teologal. Nesse nível, superamos a vida cristã como mero condicionamento sociológico, como uma espécie de ideologia confessional que, em princípio, se oporia a uma ideologia ateia. Ora, ateus todos nós nascemos. Como diz o Concílio Vaticano II, na *Gaudium et Spes*,** o ateísmo moderno decorre também da falta de testemunho dos cristãos. Não penso que deva nos inquietar tanto como a idolatria vigente em várias expressões de fé que nada têm a ver com o Deus anunciado e encarnado por Jesus, como é o caso dos que professam o nome de Deus em defesa do capital, do colonialismo, da discriminação social e racial, da repressão sobre os trabalhadores. E não é em nível das verdades de fé que se deve estabelecer o diálogo entre cristãos e mar-

---

* Rm 8,26-7.
** Em latim, "Alegria e esperança", a única constituição pastoral do Concílio Vaticano II e trata das relações da Igreja com o mundo contemporâneo.

xistas, mas sim no da prática libertadora, das exigências de justiça, do serviço desinteressado à vida da coletividade. Essa é a exigência do amor, critério fundamental de nossa realização humana e de nossa salvação. Paulo chega a dizer que ainda que tivéssemos fé capaz de transportar montanhas e não tivéssemos o amor, isso de nada serviria, seria como o címbalo que retine ou como o bronze que soa.* É na prática libertadora que se dará a separação entre os que, em nome de Deus, lutam pelo projeto da vida e os que se inscrevem no partido da morte. Essa mesma prática aproxima cristãos e ateus comprometidos com a construção de uma sociedade fraterna, na qual os bens da vida sejam igualmente repartidos. Entretanto, a possível abertura desses ateus ao apelo da fé vai depender, sem dúvida, do testemunho e da coerência dos cristãos, para que o dom de Deus encontre, como a semente, o terreno preparado."

Houve poucas perguntas. Um jovem queixou-se de que não se fizera melhor propaganda da palestra. Um senhor reagiu, dizendo que foram dados muitos avisos. Talvez essa abordagem do cristianismo fosse inusitada para um auditório como aquele. O bloqueio imposto a Cuba pelos Estados Unidos também isolou, de certa forma, os cristãos da ilha. Muitos ficaram ao lado do imperialismo, contra o socialismo e o comunismo que se implantaram, professando o ateísmo. No entanto, nos últimos anos, ventos novos sopravam na Igreja cubana. Ao mobilizar todas as suas forças para rever sua prática pastoral e estabelecer novas linhas à sua ação evangelizadora, a Igreja de Cuba vivia um novo Pentecostes.

---

* 1Cor 13,1-13.

Rádio José Martí

Segunda-feira, 20 de maio de 1985. A ilha acordou sobressaltada, sob o impacto de nova agressão imperialista: começava a funcionar nos Estados Unidos, com capacidade de transmissão em ondas médias, a rádio José Martí. O fato de a transmissora anticubana ostentar o nome do mais venerado herói nacional e inspirador da Revolução fere os sentimentos do povo. A cada dia, durante catorze horas, a emissora divulga notícias e comentários da Voz da América, músicas e discursos exaltando a política de Reagan e agredindo o governo cubano.

A reação do governo cubano foi imediata. Na manhã do mesmo dia, o *Granma*, órgão oficial do Comitê Central do Partido Comunista, trouxe, à primeira página, uma "Informação ao Povo", assinada pelo governo, na qual constava a suspensão do acordo sobre questões migratórias, estabelecido por delegações em ambos os países, a 14 de dezembro passado, em Nova York; o cancelamento de viagens, a Cuba, de cidadãos cubanos residentes nos Estados Unidos, "salvo as que sejam autorizadas por razões estritamente humanitárias"; a adoção de medidas relacionadas com as comunicações entre os dois países; e, entre outras, a decisão de que "o governo de Cuba reserva-se o direito de emitir transmissões radiofônicas para os Estados Unidos, em ondas médias, a fim de informar cabalmente os pontos de vista de Cuba sobre os problemas daquele país e de sua política internacional".

Cheguei a me perguntar se seria possível entrevistar o homem que, mais uma vez, por seu destemor frente às agressões do governo estadunidense, ocupava o centro das atenções. Por via das dúvidas, não saí de casa, à espera de telefonema de sua assessoria. O aparelho não tocava, o dia se arrastava na lenta e áspera ampulheta de minha silenciosa ansiedade, os sinais gráficos dos livros que tentava ler não conseguiam furar o bloqueio das fantasias que me inundavam a mente.

Às dez e meia da noite de terça, 21 de maio de 1985, o telefone tocou. A assessoria do comandante me avisava para não sair de casa. À meia-noite, um Alfa Romeo, dirigido por um soldado do Ministério do Interior,* apanhou-me e saiu em disparada pela Quinta Avenida, depois por Paseo, como se disputasse o desafio de atravessar cada semáforo verde antes que se acendesse a luz vermelha.

Fui recebido pelo comandante Fidel Castro em seu gabinete de trabalho. Com ele, Jesús Montane Oropesa, membro do Comitê Central e um dos mais antigos companheiros de Fidel na luta do Movimento 26 de Julho contra a ditadura de Batista. O odor suave, quase adocicado, dos charutos impregnava a sala. Sentei-me numa poltrona revestida de pele de boi e ouvi, enquanto um travo me apertava a garganta, o comandante explicar que, devido à inauguração da rádio imperialista que injuriosamente levava o nome de José Martí, e a outras tantas tarefas, talvez não fosse possível realizarmos naquele momento a entrevista. Deveria estender minha estada em Cuba ou retornar dentro de poucas semanas. Por minha mente correu a agenda apertada, sufocante, que me aguardava no Brasil. Nenhuma possibilidade de ficar mais tempo na ilha ou de retornar nos meses seguintes, em razão de sérios compromissos de trabalho. Insisti em aproveitarmos a ocasião. Ele resistiu, argumentou que desejava preparar-se melhor para a entrevista em torno de um tema tão delicado e importante como o da religião. Queria ler, antes, *Jesus Cristo libertador* e *Igreja: Carisma e poder*, de Leonardo Boff, e os textos do Vaticano II e de Medellín,** que se encontravam, em espanhol, sobre sua mesa. Queria estudar, também, as obras de Gustavo Gutiérrez. Necessitava de um

---

* Em Cuba, o Ministério do Interior cuida dos serviços de inteligência e segurança.
** Entre agosto e setembro de 1968, a cidade colombiana de Medellín abrigou a II Conferência Geral do Episcopado Latino-Americano, da qual se emitiu o *Documento de Medellín*, considerado um dos mais avançados da história da Igreja Católica em nosso continente.

pouco mais de tempo para ler a íntegra dos discursos da última viagem do papa João Paulo II à América Latina, em fevereiro de 1985. Indaguei a mim mesmo como o dirigente cubano conseguia combinar, dentro de uma apertada agenda de trabalho, as inúmeras tarefas de governo, a voracidade intelectual pelos mais variados temas e o prazer de conversar. Não me lembro de ter encontrado, pela vida afora, outra pessoa com tão aguçada inteligência e tanta predisposição ao diálogo pessoal. Joelmir observara bem ao comentar comigo que Fidel magnifica tudo, imprime a qualquer assunto que se converse — da culinária à dívida externa do Terceiro Mundo — uma importância transcendental.

Diante da resistência de Fidel em conceder-me a entrevista, me veio à lembrança O velho e o mar, de Hemingway. Senti-me como o pescador decidido a se esforçar ao máximo para fisgar o peixe. O tubarão cubano não me podia escapar. Tanto insisti que ele pediu que eu lesse as perguntas que desejava fazer-lhe. Escutou as cinco primeiras e, imediatamente, animou-se. Eram justamente as perguntas que diziam respeito à sua história pessoal e à formação cristã que recebera. Talvez imaginasse um roteiro de questões teológicas ou que requeresse preparação bibliográfica. Solicitou que, ao menos, eu permanecesse mais dois dias em Cuba, para trabalharmos melhor. Sua dificuldade residia, especialmente, em receber uma delegação de visitantes latino-americanos, que chegaria ao país naquela quinta-feira. Mesmo assim, mostrou-se disposto a encontrar brechas para iniciarmos a entrevista.

Na quarta, 22 de maio de 1985, fiquei sabendo que a delegação aguardada suspendera a viagem. A notícia me aliviou. Depois do jantar, recebi o aviso de que seria chamado, ainda naquela noite, para avistar-me com o comandante. Faltavam quinze minutos para a meia-noite quando sua limusine Mercedes-Benz estacionou à porta da casa de protocolo,* na qual me encontrava hospedado.

— Onde estão os velhos? — perguntou Fidel por meus pais.

Informei que haviam ido dormir havia pouco, mas iria acordá-los. Ele

---

* Casas de protocolo são antigas mansões da elite que, após a vitória da Revolução, abandonou Cuba. Abrigam hóspedes do governo de Cuba, como chefes de Estado, ministros, intelectuais e artistas estrangeiros, bem como empresários que visitam o país.

não deixou e me convidou a dar uma volta pela cidade. Acabara de sair de um jantar na Nunciatura Apostólica, em homenagem a monsenhor Cordero Lanza di Montezemolo, núncio em Nicarágua e Honduras, que se encontrava de visita a convite pessoal de Fidel. Conversamos sobre a situação da Igreja na Nicarágua e manifestei-lhe minha opinião de que a falta de uma condenação explícita e direta, por parte dos bispos, à agressão promovida pelo governo dos Estados Unidos estava prejudicando a vida de fé de muitos cristãos nicaraguenses, que não se sentiam apoiados por seus pastores, especialmente entre a juventude. Preconceitos anticomunistas faziam o episcopado calar-se diante das tropas mercenárias que, acampadas em Honduras, ingressavam em território nicaraguense para assassinar camponeses, inclusive crianças. Entre as vítimas, o casal Barreda,* dirigente do cursilho de cristandade, que eu conhecera em Estelí, em um encontro pastoral, em 1981.

Ao longo da história, homens de Igreja cometeram o grave erro de silenciar frente à criminosa eliminação de vidas humanas, em nome da suposta defesa de princípios ortodoxos. No entanto, meu contato com as comunidades cristãs populares da pátria de Sandino mostrava-me que nem tudo estava perdido. A fé renascia fortalecida inclusive por essas provas e na consciência de que a Igreja não é exclusivamente bispos e padres, mas sim todo o povo de Deus em comunhão com seus pastores, e os pastores a serviço desse povo. O comandante escutou-me e, antes que passasse a falar de Cuba, fez apenas um comentário:

— Prefiro não me meter em questões internas da Igreja.

Na volta, tarde da noite, insisti em acordar meus pais. Surpresos, de camisola e pijama, eles cumprimentaram Fidel na copa da casa. Ao saber que passaríamos pelo México, de regresso ao Brasil, pôs-se a recordar os tempos em que viveu na capital daquele país e a comentar, com minha mãe, o preparo, os temperos e o sabor da comida mexicana.

* Em dezembro de 1982, ao participar de um mutirão para a colheita de café na fronteira da Nicarágua com Honduras, o casal Mary e Felipe Barreda, pais de seis filhos, foi sequestrado, torturado e assassinado pelas tropas mercenárias monitoradas pela CIA, a Agência Central de Inteligência dos Estados Unidos. (Ver meu *Paraíso perdido: Viagens ao mundo socialista*. Rio de Janeiro: Rocco, 2015.)

PARTE DOIS

Na quinta, 23 de maio de 1985, cheguei ao Palácio da Revolução pouco depois das nove da noite. Uma forte chuva caía sobre Havana, amenizando o clima seco dos últimos dias. No gabinete do comandante encontrava-se Vilma Espín, presidente da Federação das Mulheres Cubanas, que acabara de se reunir com Fidel.

Tomamos assento à mesa retangular de reuniões. Fidel, sentado à minha frente, vestia uniforme verde-oliva. À sua esquerda, uma caixa de charutos; à direita, uma pequena xícara branca, de chá, com as bordas douradas. Iniciamos a entrevista e, enquanto falava, ele rabiscava as folhas de um bloco, como se isso o ajudasse a sistematizar as ideias.

Família de Fidel

Comandante, estou seguro de que esta é a primeira vez que um chefe de Estado de um país socialista concede uma entrevista exclusiva sobre religião. O único precedente aproximado que há, nesse sentido, é o documento divulgado pela Direção Nacional da Frente Sandinista de Libertação Nacional, em 1980, sobre o tema. Foi a primeira vez que um partido revolucionário no poder produziu um documento a esse respeito. E considerando este momento em que, na América Latina, a problemática da religião joga um papel ideológico fundamental, devido à existência de numerosas Comunidades Eclesiais de Base, de indígenas da Guatemala, de camponeses da Nicarágua, de operários do Brasil e de tantos outros países, tendo em vista também a ofensiva do imperialismo que, a partir do Documento de Santa Fé,* procura combater diretamente a expressão mais teórica dessa Igreja comprometida com os pobres, que é a Teologia da Libertação, encaro como muito importante esta entrevista e a sua posição a respeito dessa temática. Iniciemos pela parte histórica. O senhor vem de uma família cristã, correto?

Bem, antes de começar a responder, já que você fez uma introdução, gostaria de explicar que, sabendo de seu interesse em fazer uma entrevista sobre esse tema complexo e delicado, para mim teria sido melhor dispor de mais tempo para rever alguns documentos e meditar um pouco mais

---

* Documento elaborado, em 1980, por assessores do presidente Reagan, no qual consta que "A política exterior dos Estados Unidos deve começar a afrontar a Teologia da Libertação (e não somente reagir a posteriori)... Na América Latina, o papel da Igreja é vital para o conceito de liberdade política. Infelizmente, as forças marxistas-leninistas utilizaram a Igreja como arma política contra a propriedade privada e o sistema capitalista de produção, infiltrando a comunidade religiosa de ideias mais comunistas que cristãs". O governo de George W. Bush produziu uma segunda versão do documento. Ver Michael Löwy, "Marxismo e cristianismo na América Latina". In: *Lua Nova: Revista de cultura e política*, São Paulo, n. 19, nov. 1989.

sobre a questão. Porém, como coincidiu com um período de muito trabalho de minha parte, também com muito trabalho de sua parte, além da necessidade de regressar logo a seu país, aceitei falar quase de improviso, o que me lembra a situação de um estudante que deve fazer um exame sem ter tido tempo de estudar a matéria, ou de um orador obrigado a discursar sem ter tido oportunidade de familiarizar-se com os temas e aprofundá-los, ou de um professor que inicia uma aula sem dispor de um minuto para repassar a matéria. Em tais circunstâncias, me submeto a esta conversa.

Sei que se trata de um tema que você domina muito bem, com uma vantagem sobre mim: você estudou teologia e também marxismo. Conheço alguma coisa de marxismo e, realmente, muito pouco de teologia. Por isso, sei que suas perguntas e seus questionamentos serão profundos, sérios, e eu, que não sou teólogo, mas político — creio que também sou um político revolucionário, que sempre se manifestou com muita franqueza sobre as coisas —, procurarei responder, com toda a honestidade, às perguntas que me forem feitas.

Você afirma que venho de uma família religiosa. Como responder a essa afirmação? Poderia dizer, em primeiro lugar, que venho de uma nação religiosa e, depois, também de uma família religiosa. Pelo menos minha mãe, muito mais do que meu pai, era muito religiosa, profundamente religiosa.

Sua mãe era de origem camponesa?
Sim.

Cubana?
Cubana, de origem camponesa.

E seu pai?
Meu pai era também de origem camponesa muito pobre, da Galícia, na Espanha. Mas não posso afirmar que minha mãe fosse uma pessoa religiosa, no sentido de que tivesse recebido instrução religiosa.

Tinha fé.
Indiscutivelmente tinha muita fé; e quero acrescentar que minha mãe praticamente aprendeu a ler e escrever quando já era adulta.

Como se chamava?

Lina.

E seu pai?

Ângelo.

Minha mãe era praticamente analfabeta, aprendeu a ler e a escrever sozinha, não me lembro que tenha tido professor, nunca a escutei falar disso, e sim que ela mesma, com grande esforço, procurou aprender. De fato, tampouco ouvi dizer que tivesse ido à escola. Foi autodidata. Portanto, não pôde ir a uma escola, não pôde ir a uma igreja, não pôde receber uma formação religiosa. Penso que sua religiosidade provinha de certa tradição familiar, dos pais dela, sobretudo da mãe, minha avó, que também era muito religiosa.

Era uma religiosidade doméstica ou ela frequentava a igreja?

Bem, não podia ser de frequência à igreja, pois onde nasci, em plena zona rural, não havia igreja.

Em que parte de Cuba?

Nasci no centro-norte da antiga província Oriente,* não longe da Baía de Nipe.

Como se chamava o lugar?

Bem, não era uma cidade, nem havia igreja.

Era uma fazenda?

Sim, uma fazenda.

Que se chamava...

Birán, e tinha algumas construções. Ali morava a família, e havia pequenos escritórios em um prédio construído junto à casa de estilo espanhol. Um estilo espanhol adaptado a Cuba, porque meu pai era espanhol da Galícia, em cujas aldeias havia o costume de cultivar um pedaço de terra e, no inverno, ou quase sempre, os animais se abrigavam debaixo da

---

* Em Cuba, os estados são chamados de províncias.

casa. Minha casa tinha o estilo da Galícia, porque estava construída sobre pilotis. Ali criávamos porcos e vacas.

Pilotis, por quê? Por causa da água?

Não existia problema de água. Curiosamente, muitos anos depois, nos projetos criados em Cuba para as escolas secundárias básicas no campo, de construções muito modernas, muito sólidas, usaram também pequenos pilotis, mas por outras razões, a fim de evitar movimento de terra, para nivelar o terreno. Portanto, com uma série de colunas na base, se o terreno tinha algum declive ou inclinação, poupavam o movimento de terra ao estabelecer o nível adequado sobre pilotis de concreto de diferentes alturas.

Sempre me perguntei por que minha casa tinha pilotis altos, tão altos que alguns mediam mais de um metro e meio. O terreno não era plano. Onde ficava a cozinha, por exemplo, ao fundo, em uma parte ampla, os pilotis eram mais curtos; em uma outra parte, onde havia um pequeno declive, mais altos. Mas não pela razão que expliquei antes, de evitar movimento de terra. Estou certo disso, embora na época, quando criança, não me ocorresse pensar na razão daquelas coisas, de que era estilo da Galícia. Por quê? Recordo que, quando pequeno — eu tinha três, quatro, cinco ou seis anos —, as vacas, um rebanho de vinte a trinta cabeças, dormiam debaixo da casa, recolhiam-se ao anoitecer e ali descansavam. Lá eram ordenhadas, amarradas aos pilotis.

Esqueci de dizer que a casa não era de concreto, nem de cimento ou tijolo, era de madeira. Os pilotis eram de madeira muito dura e, acima deles, se estendia o assoalho. Um primeiro cômodo da casa, que imagino originariamente quadrado, foi depois alargado com um corredor que iniciava em um dos lados e dava acesso aos pequenos quartos. O primeiro tinha estantes, onde se guardavam os medicamentos. Chamavam-no de quarto dos remédios. Depois outro, que servia de banheiro. Em seguida, uma pequena despensa. O corredor desembocava na copa, ao lado da cozinha. Entre a copa e a cozinha havia escadas que davam no quintal. Posteriormente a casa recebeu outra construção adicional: um cômodo que servia de escritório. Era, pois, uma casa sobre pilotis, quadrada, com essas construções adicionais. Quando cheguei à idade da razão, já havia a cozinha. Sobre o corpo da casa havia um segundo andar, menor, chamado miradouro, onde dormiam meus pais e os três primeiros filhos, até que eu completasse quatro ou cinco anos.

Sua mãe tinha imagens religiosas?

Sim, vou falar disso. Antes, termino o tema anterior, sobre a arquitetura camponesa espanhola. Aquela casa foi construída por meu pai segundo os costumes de sua região; ele também não pudera estudar. Aprendeu, por si mesmo e com grandes esforços, a ler e a escrever, como minha mãe. Era filho de um camponês extremamente pobre da Galícia. Por ocasião da Guerra de Independência de Cuba, enviaram-no como soldado para lutar aqui, em fins do século xix, na segunda guerra de libertação, iniciada em 1895. Aqui chegou muito jovem, recrutado pelo serviço militar como soldado do Exército espanhol. Depois da guerra, regressou à Espanha. Porém, havia gostado de Cuba e, como tantos imigrantes, veio para cá nos primeiros anos deste século xx e, sem um centavo e nenhuma referência, começou a trabalhar. Era época de grandes investimentos. Os norte-americanos haviam se apoderado das melhores terras e começaram a destruir bosques, construir usinas açucareiras, semear cana — investimentos importantes para a época —, e meu pai trabalhou em uma daquelas usinas.

Em que data foi a Guerra de Independência?

A última Guerra de Independência começou em 1895 e terminou em 1898. Quando a Espanha estava virtualmente derrotada, ocorreu a intervenção oportunista dos Estados Unidos na guerra: enviam seus soldados, apoderam-se de Porto Rico, das Filipinas e de outras ilhas do Pacífico, e ocupam Cuba. Não puderam apoderar-se definitivamente, porque em Cuba havia tradição de luta; embora fosse uma população pequena, reduzida, havia lutado heroicamente durante muito tempo. Então não se imbuíram da ideia de apoderar-se abertamente de Cuba. Era uma causa que contava com muita simpatia na América Latina e no mundo, pois nós fomos — como já disse outras vezes — o Vietnã do século xix.

Disse-lhe que meu pai regressara a Cuba e começara a trabalhar. Organizou um grupo de trabalhadores, passou a chefiá-lo e a fazer contratos entre a empresa ianque e os homens subordinados a ele; organizou uma espécie de pequena empresa que, segundo me lembro, derrubava florestas para semear cana ou produzia lenha para as usinas. Assim, obteve alguma mais-valia, já como organizador daquela empresa com o grupo de trabalhadores. Indiscutivelmente, era um homem muito ativo, movimentava-se bastante, era empreendedor e tinha capacidade natural de organização.

Não conheço muito da infância dele, pois, quando tive oportunidade de perguntar, não sentia a curiosidade que tenho hoje em saber como foram todos os seus passos, desde que teve uso da razão. O que você agora faz comigo, não pude fazer com ele.

Em que ano ele morreu?

Morreu quando eu tinha 32 anos, em 1956, pouco antes de regressarmos, do México para Cuba, na expedição do *Granma*.* Antes de prosseguir na resposta a esta pergunta, deixe terminar minha primeira conclusão.

Eu supunha que, por ocasião da vitória da Revolução, em janeiro de 1959, o senhor tinha menos de 32 anos, não?

Bem, eu tinha 32, não completara ainda 33; faria 33 em agosto de 1959.

Se ele morreu em 1956, então o senhor tinha menos, tinha trinta anos.

Tem razão, tem toda a razão, de fato me esqueci de contar os anos de guerra. Os anos de guerra revolucionária foram dois, 25 meses, para ser mais exato. Meu pai morreu em 21 de outubro de 1956, dois meses depois de eu completar trinta anos. Quando venho do México com a nossa pequena expedição, em dezembro de 1956, tenho essa idade. Na época do ataque do quartel Moncada,** tinha 26; fiz 27 na prisão.

* Abreviação de *Gran madre* ("avó"), nome do iate capaz de comportar 25 pessoas. Nele, Fidel e mais 81 companheiros fizeram a travessia do México para Cuba, em dezembro de 1956, para deflagrar a guerrilha de Sierra Maestra.
** Em 26 de julho de 1953, Fidel, à frente de 131 jovens combatentes, atacou o quartel

E dona Lina, em que ano morreu?

Morreu a 6 de agosto de 1963, três anos e meio depois do triunfo da Revolução. Vou terminar o ponto anterior, suas perguntas me afastaram um pouco do tema. Falávamos do campo, onde vivíamos, como era, quem eram meus pais, o nível cultural que haviam alcançado, apesar da origem muito pobre. De fato, não me lembro de muitas manifestações religiosas de meu pai, talvez de umas poucas. Sequer eu poderia responder à pergunta se ele tinha realmente uma fé religiosa. Recordo que minha mãe, muita; minha avó, muita.

Por acaso ele ia à missa aos domingos?

Já disse que não havia igreja onde vivíamos.

Como eram os natais em sua casa?

Celebravam-se os natais de modo tradicional, a *Nochebuena*, como diziam. O dia 24 era sempre de festa. Depois, o Ano-Novo: no dia 31 havia festa até depois da meia-noite. Creio que havia também uma festividade religiosa no dia dos Santos Inocentes, a 28 de dezembro. Faziam-se brincadeiras com as pessoas, levando-as a acreditar em algo para, depois, dizer-lhes: "Bem feito, te peguei, ingênuo!".

No Brasil, isso se faz no dia 1º de abril.

Aqui era no fim do ano. Celebravam-se os natais, a Semana Santa também. Mas ainda não respondi à pergunta inicial que você me fez, se era uma família religiosa. Devo lembrar que onde vivíamos não havia cidade, apenas algumas construções. Quando eu era bem novo, embaixo da casa ficava a leiteria; depois, tiraram a leiteria. Embaixo da casa havia ainda um pequeno curral com porcos e aves, como na Galícia. Misturavam-se galinhas, patos, galinhas-d'angola, perus e alguns gansos — todos animais domésticos que ficavam por ali — e porcos. Depois mudaram a leiteria, fizeram outra a trinta ou quarenta metros da casa. Bem próximo a ela havia um pequeno matadouro. Em frente, uma oficina, onde se consertavam instrumentos de trabalho, arados etc. A trinta ou quarenta

---

Moncada, em Santiago de Cuba, e o quartel de Bayamo.

metros da casa, em outra direção, ficava a padaria. Próxima à padaria, a escola primária, uma pequena escola pública. Do lado oposto à padaria, junto ao caminho real — como chamavam o caminho de terra e lama que vinha da capital do município, que continuava para o sul, com uma frondosa árvore defronte —, ficava o armazém, propriedade da família. Diante do armazém, os correios e telégrafos. Eram as principais instalações que havia ali.

O armazém era propriedade de sua família?

Sim, exceto os correios e a escolinha, que eram públicos. O resto era propriedade da família. Quando nasci, meu pai já havia acumulado recursos, possuía certa riqueza.

Em que ano o senhor nasceu?

Em 1926, a 13 de agosto. Se quer saber a hora, penso que às duas da madrugada. Parece que a noite influiu depois em meu espírito guerrilheiro, na atividade revolucionária. A influência da natureza e da hora do nascimento. Haveria agora que verificar mais coisas, não? Como foi aquele dia, e se a natureza tem alguma influência na vida dos homens. Mas creio que nasci de madrugada... Disseram-me uma vez, se não me equivoco. Já nasci guerrilheiro, porque nasci de noite.

Sim, na conspiração.

Um pouco na conspiração.

Ao menos o número 26 tem algumas coincidências em sua vida.

Bem, nasci em 1926, é verdade. Tinha 26 anos quando comecei a luta armada, e havia nascido em um dia 13, que é a metade de 26. Batista deu seu golpe de Estado em 1952: 52, que é o dobro de 26. Pode ser que haja algum mistério em torno de 26.

Tinha 26 anos quando começou a luta. O ataque a Moncada foi dia 26, o que deu origem ao Movimento 26 de Julho.

E desembarcamos em 1956, o que, em números redondos, são trinta anos depois de 26. Bem, deixe-me prosseguir, Betto, para responder à sua pergunta, que ainda não respondi. Falta algo. A cem metros de casa, à margem do caminho real, ficava a rinha de galos, onde todos os domingos, no tempo da safra, se promoviam brigas de galo, não de touros. Na Espanha seriam de touros e galos, mas ali, o que conheci, foram brigas de galos aos domingos. E também no Vinte e Cinco de Dezembro e no Ano-Novo. Nesses dias festivos, reunia-se ali o pessoal interessado, alguns levavam seus próprios galos, outros apenas apostavam. Muita gente humilde punha naquilo sua minguada renda: se perdia, ficava sem nada; se ganhava, gastava logo em rum e festas.

Não longe dali havia algumas casas muito pobres, de folhas de palmeira e chão de terra, onde viviam especialmente imigrantes haitianos, que trabalhavam na lavoura e nos cortes de cana. Imigrantes que chegaram a Cuba nas primeiras décadas do século XX. Desde aquela época havia migração de haitianos. Como a força de trabalho em Cuba aparentemente não era suficiente, então eles vinham. Em diferentes lugares, ao longo do caminho real e de outros caminhos, como o que se dirigia à estrada de ferro que transportava a cana, e ao longo da própria ferrovia, ficavam as cabanas onde viviam os trabalhadores e suas famílias.

Naquela fazenda, a principal lavoura era de cana-de-açúcar e, em seguida, a criação de gado; depois, produtos menores. Havia bananas, tubérculos, pequeno cultivo de grãos, alguns vegetais, plantações de coco, diversas frutas e cítricos; depois vinham as áreas de cana, mais próximas às estradas de ferro, que a transportavam à usina açucareira. Na época em que comecei a ter uso da razão, meu pai tinha terras próprias e arrendadas. Quantos hectares próprios? Vou falar em hectares, embora em Cuba se medisse a terra por *caballerías*, que equivalem a 13,4 hectares cada uma. Eram em torno de oitocentos hectares as terras próprias de meu pai.

O hectare cubano é o mesmo do Brasil?
O hectare é um quadrado cujos lados são de cem metros, equivale a 10 mil metros quadrados de superfície. Esse é o hectare. Além disso, meu pai tinha arrendado uma quantidade de terra, não da mesma qualidade, mas uma área muito maior, em torno de 10 mil hectares.

Mesmo no Brasil, isso é muita terra, comandante...

Mas, veja, aquelas terras ele as tinha arrendado. Na maior parte, eram áreas de barranco, algumas montanhas, extensas áreas de pinheiros em uma grande meseta, situada a setecentos ou oitocentos metros de altura, de terra vermelha, onde a Revolução plantou árvores, e cujo subsolo está constituído por grandes jazidas de níquel e outros metais. Eu gostava muito daquela meseta, porque era bem fresca e lá eu chegava a cavalo, quando tinha dez, doze anos. Os cavalos, que se esforçavam muito ao subir as ladeiras íngremes, ao atingirem a meseta deixavam de suar e o pelo, em poucos minutos, ficava seco. O clima era refrescante, maravilhoso. A brisa soprava constantemente entre pinheiros altos e densos, cujas copas se cruzavam acima, formando um teto. A água dos córregos parecia refrigerada, puríssima e agradável. Aquela área não era terra própria, estava arrendada.

Alguns anos mais tarde, surgiu um recurso novo na economia da família: a exploração de madeira. Parte das terras arrendadas a meu pai eram florestas, explorava-se a madeira; outras eram lombadas, não muito férteis, onde se criava gado; e o restante, terras agrícolas onde também se cultivava cana.

De pobre camponês, converteu-se em latifundiário.

Tenho uma foto da casa onde nasceu meu pai, na Galícia. Era pequena, quase do tamanho deste lugar em que estamos conversando; seriam dez ou doze metros de comprimento, por seis ou oito de largura, laje de pedras, que é um material abundante na região, usado pelos camponeses para construir suas rústicas moradias. Assim era a casa em que vivia a família, estava tudo ali em uma só peça: dormitório e cozinha. Suponho que também os animais. Terras, não tinham absolutamente nenhuma, nem um pedacinho, nem um metro quadrado. Em Cuba, ele havia comprado aquelas terras, uns oitocentos hectares, que eram propriedade particular, e dispunha, além disso, das que lhe haviam arrendado antigos veteranos da Guerra de Independência. Teria que averiguar bem, fazer uma pesquisa histórica de como aqueles veteranos da guerra adquiriram aqueles 10 mil hectares de terra; claro, eram dois chefes da Guerra de Independência, e de certa importância. Nunca me ocorreu fazer uma pesquisa sobre isso, mas imagino que não teve dificuldade, havia muita terra naquela época e, de um modo ou de outro, puderam adquiri-las a um preço muito barato. Mesmo os norte-americanos compraram enormes quantidades de terra a preços ínfimos. Porém, aqueles oficiais da Guerra de Independência tinham aquelas terras, não sei com que dinheiro, nem graças a que recursos. Claro, recebiam uma porcentagem do valor da madeira que se extraía de suas florestas. Portanto, eram grandes proprietários que viviam em Havana e tinham, além disso, outros negócios. Em verdade, não posso assegurar a forma como aquela gente adquiriu tais recursos, se foi legal ou não. Naquela enorme extensão havia, pois, duas categorias de terra: as que eram propriedade de meu pai e as que estavam arrendadas a ele.

Naquele imenso latifúndio, quantas pessoas viviam?

Bem, centenas de famílias de trabalhadores; muitos tinham uma pequena área de terra cedida por meu pai, fundamentalmente como meio de subsistência. Havia camponeses que plantavam lotes de cana por sua conta, chamados "subcolonos". Esses tinham uma situação econômica menos difícil que os trabalhadores.

Ao todo, quantas famílias viviam ali?

Duzentas, talvez trezentas famílias. Quando eu tinha dez ou doze anos, é possível que cerca de mil pessoas morassem em toda aquela extensão. Parece-me conveniente explicar tudo isso para que conheça o ambiente em que nasci e vivi. Ali não havia nenhuma igreja, nem sequer uma pequena capela.

E nunca aparecia um padre?

Sim, uma vez ao ano aparecia um padre, por ocasião dos batismos. Vinha um de Mayarí, que ficava, por aquele caminho real, a 36 quilômetros de distância. O lugar onde eu vivia pertencia ao município de Mayarí.

Batizado

Onde o senhor foi batizado?
   Não fui batizado ali. Fui batizado anos depois, em Santiago de Cuba.

Que idade tinha?
   Creio que cinco ou seis anos. De fato, fui dos últimos filhos a ser batizado. Tenho que explicar o seguinte: naquele lugar não havia igreja, nem sacerdotes ou qualquer ensino religioso. Você me pergunta se aquelas centenas de famílias eram cristãs. Eu diria que, em geral, eram cristãs. Como regra geral, todo mundo estava batizado. Quem não era batizado era chamado de judeu — estou falando de quando eu tinha quatro ou cinco anos. Sabia que judeu era um pássaro escuro, muito esperto, e quando me diziam "você é judeu", eu pensava tratar-se daquela ave, era a minha primeira ideia. A escola era leiga. Ali iam quinze ou vinte crianças, mais ou menos. Enviaram-me porque não havia creche, eu era o terceiro dos irmãos, e minha creche foi a escola. Entrei nela muito criança e me mandaram para lá com meus irmãos maiores. Nem eu mesmo me recordo bem quando aprendi a ler e a escrever, só sei que me sentavam numa pequena carteira, na primeira fila, e dali eu via a lousa e escutava tudo o que se dizia. Ali aprendi a ler, escrever e fazer as primeiras contas. Que idade teria? Quatro anos, talvez cinco. Não havia ensino religioso na escola; ali se ensinavam o hino, a bandeira, o emblema da pátria, essas coisas. Era uma escola pública.
   Aquelas famílias tinham diferentes credos. Lembro bem como era o ambiente no campo. Acreditavam em Deus e em diversos santos. Alguns

daqueles santos estavam na liturgia, eram oficiais, outros não. Todos tínhamos um santo, pois o nome de cada um de nós coincidia com o de um santo. Diziam a nós que esse dia era muito importante, e a gente se alegrava quando ele chegava; 24 de abril era o do meu santo, pois há um santo que se chama são Fidel [Fidélis, em português]. Quero que você saiba que, antes de mim, houve outro santo...

Eu supunha que Fidel derivasse de "aquele que tem fé", o que também origina a palavra "fidelidade".

Nesse sentido, estou completamente de acordo com o meu nome, pela fidelidade e pela fé, pois uns têm fé religiosa e outros, de tipo diferente. Tenho sido um homem de fé, de confiança, de otimismo.

Se o senhor não tivesse fé, possivelmente a Revolução não teria triunfado neste país.

Vou contar por que me chamo Fidel e você vai rir. Verá que a origem desse nome não é tão idílica. Chamaram-me Fidel porque alguém com este nome seria meu padrinho. Mas, antes de voltarmos ao batismo, devo acabar de explicar-lhe o ambiente.

E temos que regressar à sua mãe, não se esqueça.

Sim, vamos regressar, mas quero explicar-lhe o ambiente religioso. Naquela época, os camponeses tinham todo tipo de crença: em Deus e nos santos.

E em Nossa Senhora.

Inclusive em Nossa Senhora, era muito comum. Na Caridade do Cobre, que é a padroeira de Cuba. Todos tinham muita fé na Caridade. E em alguns santos que não estavam na liturgia, como são Lázaro. Praticamente não havia quem não acreditasse em são Lázaro.* Além disso, muita gente acreditava em espíritos e fantasmas. Recordo-me que, quando

---

* São três os santos de nome Lázaro cultuados pela tradição religiosa em Cuba: o Lázaro ressuscitado por Jesus (João 11,1-44), que, segundo a lenda, depois de abandonar a Palestina, teria sido missionário em Marselha, onde se tornou bispo e morreu mártir; o Lázaro supostamente hanseniano da parábola evangélica do mendigo e o rico epulão (Lucas 16,19-31); e, enfim, para a crença iorubá, o babalaô-aiê, ou babalaô, deidade que sofreu enfermidades e outras desgraças, e a quem se deve prestar culto todas as quartas-feiras.

criança, ouvia histórias de espíritos, de fantasmas, de aparições. Todo mundo contava histórias. Acreditava-se inclusive em superstições. Lembro-me de algumas: se um galo cantava três vezes e ninguém lhe respondia, era sinal de desgraça; se uma coruja passava de noite e se escutavam seu voo e seu piado — parece-me que o chamavam de "o canto da coruja" —, então isso podia trazer desgraças; se o saleiro caía e quebrava, era mau sinal, devia-se pegar do chão um pouco de sal e jogá-lo para trás, por cima do ombro esquerdo. Existia uma série de superstições bem típicas e muito comuns. De modo que nasci em um mundo bastante primitivo nesse sentido, onde havia todo tipo de crendices e superstições: espíritos, fantasmas, animais agourentos etc. Era esse o ambiente do qual me recordo. Esse ambiente existia em todas as famílias e, em particular, em minha casa. Por isso digo a você que eram, sim, pessoas muito religiosas. Posso dizer que, na família, sobretudo minha mãe era cristã, católica. Suas convicções, sua fé, se associavam fundamentalmente à Igreja Católica.

Sua mãe ensinava os filhos a rezar?

Bem, era ela quem rezava. Não posso afirmar que houvesse me ensinado a rezar, pois cedo me mandaram para uma escola em Santiago de Cuba. Eu tinha quatro anos e meio. Mas via-se que ela rezava.

O rosário?

O rosário, a *Ave-Maria*, o *Pai-Nosso*.

Havia imagens da Virgem da Caridade?

Muitas imagens: dos santos, da Virgem da Caridade, a padroeira de Cuba; de são José, de Cristo, de outras virgens. Em minha casa havia um são Lázaro, que não estava entre os santos oficiais da Igreja. Minha mãe era cristã fervorosa, rezava todos os dias, sempre acendia velas à Virgem e aos santos, fazia-lhes pedidos, implorava-lhes em todas as circunstâncias, fazia promessas por qualquer pessoa doente da família, por qualquer situação difícil. E não apenas fazia promessas, mas as cumpria. A promessa podia ser visitar o Santuário da Caridade* e acender uma vela,

---

* O santuário da Virgem da Caridade do Cobre fica próximo a Santiago de Cuba.

ou prestar uma determinada ajuda. Isso era muito frequente. Minhas tias e minha avó eram muito religiosas também. Minha avó e meu avô — falo dos avós maternos — naquela época moravam a cerca de um quilômetro de nossa casa.

Lembro-me da ocasião em que morreu de parto uma tia minha. Lembro daquele enterro. Se pudesse precisar a data, poderia dizer o momento em que tive a primeira ideia de morte. Sei que havia muita tristeza, muito choro, e recordo que me levaram lá, bem pequeno, a um quilômetro da minha casa, onde morava outra tia que estava casada com um trabalhador espanhol.

Morreram a mãe e o filho ou só a mãe?

Morreu a mãe. A filha — era uma menina — foi criada conosco. A primeira lembrança que tenho da morte me vem daquela tia. Meus avós maternos eram também de família muito pobre. Meu avô era carreteiro, transportava cana em carro de boi. Ele e minha mãe nasceram no Ocidente, na província de Pinar del Río. Nos primeiros anos do século, mudou-se com toda a família para a antiga província de Oriente, a mil quilômetros, numa carreta, e foi parar naquela região.

Quem se mudou?

Meu avô com a família, com minha mãe, meus tios e tias. Outros irmãos de minha mãe também trabalhavam como carreteiros. Eu diria que a formação religiosa de minha mãe, de minha avó, provinha da tradição da família. Eram realmente muito católicas. Recordo inclusive que, depois do triunfo da Revolução, em 1959, um dia fui visitá-las aqui em Havana, onde as duas se encontravam. Minha avó tinha alguns problemas de saúde e o quarto estava cheio de santos e promessas, pois em todo o período da luta, com enormes riscos, tanto minha mãe quanto minha avó fizeram todo tipo de promessas, pela nossa vida e pela nossa segurança. O fato de terminarmos toda aquela luta com vida, sem dúvida, deve ter multiplicado a fé delas. Pois bem, fui visitá-las. Eu tinha muito respeito por suas crenças, me falavam das promessas que haviam feito, de sua profunda fé. Sempre as escutava com muito interesse, com muito respeito e, apesar de ter outra concepção do mundo, nunca discutia nenhum desses problemas com elas, pois via a força que isso lhes dava, o ânimo que lhes infundia, o consolo que obtinham de seus sentimentos religiosos e convicções. Claro, não era uma coisa estrita nem ortodoxa, mas era uma coisa própria, de tradição familiar, algo muito sentido e profundo. Eram esses os sentimentos delas. Quanto a meu pai, eu o sentia mais preocupado com outros assuntos, com a política, a labuta diária, organizando tarefas, atividades, comentando outros tipos de problemas. Raras vezes ou quase nunca o percebi em manifestações religiosas. Talvez fosse cético em matéria de religião. É esse o ambiente de que me lembro, as primeiras noções sobre a questão religiosa e, nesse sentido, posso dizer que venho de uma família cristã, sobretudo por parte de minha mãe e de minha avó. Creio que meus avós da Espanha também eram muito religiosos, mas não os conheci. Conheci especialmente o sentimento religioso de minha mãe e da família dela.

O senhor falava da história de seu nome, do batismo.

Sim, é curioso por que me chamaram Fidel. O batismo era uma cerimônia muito importante também entre os camponeses, mesmo para quem não tinha nenhuma formação religiosa; o batismo era uma instituição popular. Como naquela época os riscos de morte eram bem maiores, e no campo as perspectivas de vida eram pequenas, toda família camponesa considerava o padrinho o segundo pai do filho, aquele que deveria ajudá-lo, pois, se o pai morresse, o filho teria quem o apoiasse. Esse era um sentimento muito arraigado. Buscavam os amigos mais íntimos, às vezes era um tio quem batizava. Eu teria que perguntar à minha irmã mais velha e a Ramón,* o segundo, quem eram seus padrinhos, mas creio que eram alguns tios. Éramos filhos de um segundo casamento, houvera um primeiro. Lembro que tínhamos relações com os irmãos do primeiro casamento; eu era o terceiro do segundo casamento, que teve sete filhos: quatro mulheres e três homens. Pois bem, me destinaram a ser afilhado de um amigo de meu pai, um senhor muito rico, tinha

---

* Ramón Castro faleceu aos 91 anos, em fevereiro de 2016.

inclusive alguma relação de negócios com meu pai, emprestava-lhe dinheiro em certas ocasiões, para investimentos em minha casa e outros gastos necessários. Ele emprestava com um juro determinado, era uma espécie de banqueiro da família, muito rico, muito mais do que meu pai; dizia-se que era milionário, e nunca ninguém disse que meu pai era milionário, porque era algo assombroso, alguém que tinha muito dinheiro, num tempo em que uma pessoa ganhava um dólar ou um peso por dia; portanto, milionário era quem possuía um milhão de vezes o que um indivíduo ganhava em um dia. Naquela época, as propriedades de meu pai não podiam ser avaliadas, digamos, a um preço muito alto, não se podia afirmar que meu pai era milionário, embora tivesse boa posição. Destinaram-me aquele senhor como padrinho. Ele vivia em Santiago de Cuba e tinha inúmeros negócios em muitas regiões da província. Parece que não se deram as circunstâncias propícias de coincidirem uma visita do rico senhor que ia ser meu padrinho com a visita do padre em Birán, resultando que, à espera dessa coincidência, fiquei sem ser batizado e sendo chamado de judeu. Diziam: "Este é judeu". Aos quatro ou cinco anos, já me criticavam dizendo que era judeu. Eu não sabia o que significava, mas indiscutivelmente aquilo era dito com conotação pejorativa, como uma condição vergonhosa, pelo fato de eu não estar batizado. E eu não tinha nenhuma culpa disso. Antes mesmo de me batizarem, enviaram-me a Santiago de Cuba. A professora convenceu minha família de que eu era um aluno muito aplicado, atento, que tinha capacidade de estudar e, com essa história, realmente me mandaram para Santiago de Cuba, quando tinha cerca de cinco anos. Tiraram-me de lá, do mundo onde eu vivia sem nenhuma dificuldade material, e me levaram a uma cidade na qual vivi como pobre, passando fome.

Com cinco anos?

Sim, com cinco anos, sem saber até então o que era fome.

Infância em Santiago de Cuba

E por que viveu como pobre?

Vivi como pobre porque, de fato, a família daquela professora era pobre, tinham somente seus salários. Era o período da crise econômica dos anos 1930, 1931 e 1932. Eram duas irmãs e o pai. Uma trabalhava pelos três, e nem sempre lhe pagavam o salário, que invariavelmente atrasava. Por ocasião da grande crise econômica, muitas vezes os salários não eram pagos e se vivia miseravelmente.

Fui para Santiago, para uma pequena casa de madeira que, quando chovia, ficava inundada. Ainda está lá, conserva-se aquela casa.* A professora continuou dando aulas em Birán. Para minha manutenção, minha família enviava quarenta pesos, que teriam hoje o poder aquisitivo equivalente a trezentos ou quatrocentos dólares. Éramos dois, minha irmã mais velha** e eu, e, de fato, em meio àquela pobreza, na qual não recebiam salário e ainda queriam economizar, pouca coisa havia para nos alimentar, considerando que ali tinham que comer cinco pessoas e, mais tarde, seis, pois além de minha irmã mais velha, meses depois chegou meu irmão Ramón. Recebia-se uma pequena marmita com um pouco de arroz, feijão, batata, banana ou algo assim. Ao meio-dia, chegava a marmita, e, dessa única, tinham que comer cinco e depois seis pessoas, de manhã e à tarde. Eu tinha um enorme apetite. A comida me parecia de

---

* Foi a partir desta entrevista que o patrimônio histórico de Cuba teve ciência daquela casa, onde habitava uma família que recebeu outro domicílio, de modo a se fazer dali um pequeno museu. Tive ocasião de visitá-la.

** Angelita Castro faleceu aos 88 anos, em fevereiro de 2012.

um sabor maravilhoso quando, de fato, o que eu tinha era fome. Comi o pão que o diabo amassou.

Depois a irmã da professora se casou com o cônsul do Haiti em Santiago de Cuba e, como eu morava lá, e meu padrinho rico jamais aparecia, nem se realizava a cerimônia do batismo, e eu já tinha cinco anos e era, como diziam, "judeu", havia que se encontrar uma solução para o problema. Então fui batizado, e meu padrinho foi o cônsul do Haiti, casado com Belém, a irmã da professora, uma pessoa boa e digna, que ensinava piano, embora não tivesse emprego nem alunos.

O padrinho não foi o amigo rico de seu pai.

Não, não foi o rico, foi o cônsul do país mais pobre da América Latina, que vivia em Santiago de Cuba. A professora era mestiça, minha madrinha também era mestiça.

Ainda vivem?

Não, morreram há tempos. Deles não guardo nenhum rancor, embora a professora buscasse proveito material, pois minha família remetia, para cada um de nós, quarenta pesos mensais. Aquele foi um período difícil de minha vida.

Uma tarde, levaram-me à catedral de Santiago de Cuba, não posso lhe dizer agora a hora exata, talvez já tivesse seis anos quando me batizaram, pois já havia passado por um período de vicissitudes e trabalho quando fui levado à catedral, onde me aspergiram água benta e me batizaram. Tornei-me, então, um cidadão normal, igual aos outros, pois enfim estava batizado, tinha padrinho e madrinha. Mas não foi o rico milionário que me haviam destinado e que se chamava Fidel Pino Santos. Um sobrinho dele foi nosso companheiro na Revolução, economista de valor, trabalhador muito competente. É economista e comunista; curioso, desde muito jovem foi comunista, apesar de ser sobrinho daquele que seria o meu padrinho, o homem muito rico, que afinal não me batizou, embora tenha me deixado seu nome, entende? E me chamaram de Fidel em consideração a ele. Veja como são as casualidades, que nos ajudam a receber um nome adequado. Foi a única coisa justa que recebi em todo aquele período.

Como se chamava o cônsul?

Seu nome era Luis Hibbert.

O senhor poderia se chamar Luís Castro.

Poderia me chamar Luís Castro se desde o princípio me houvessem destinado o cônsul como padrinho. Se bem que há Luíses de grande valor na história da humanidade.

Sim, muitos.

Muitos Luíses, inclusive reis e santos. Por acaso algum papa não teve o nome de Luís?

Não me lembro. Não sou muito versado em história dos papas. Mas tenho um irmão que se chama Luiz.

Podiam esperar seis anos para batizar-me, mas não podiam esperar seis anos para dar-me um nome. Essa é a origem de meu nome, que devo de fato a um homem muito rico, não precisamente o rico epulão da Bíblia, pois vou ser franco, é triste falar de pessoas que já morreram, porém a fama que tinha meu provável padrinho era de que se tratava de um homem muito pão-duro. Não creio que tenha algo a ver com seu predecessor bíblico.

Também não.

Não me deu muitos presentes, não me lembro de nenhum. Fez empréstimos a meu pai, com os respectivos juros, que à época eram mais baixos do que agora. Parece-me que era de 6% o juro histórico que meu pai pagava. Mais tarde, ele se tornou político, se candidatou, e se você me perguntar por qual partido, ora, pelo partido do governo, pois sempre estava com o partido do governo, entende? Depois um filho se candidatou pelo partido da oposição. Assim ficou tudo resolvido. Recordo-me que, quando chegavam as campanhas eleitorais, meu pai o apoiava. Dá para você perceber que lições de democracia recebi desde cedo! Nos períodos eleitorais, por minha casa circulava muito dinheiro, inclusive minha família dava dinheiro para ajudar o amigo do meu pai. Meu pai gastava do próprio bolso para ajudar o candidato. Naquela época, a política era assim. É evidente que meu pai, como proprietário da terra, controlava a maioria dos votos, já que muita gente não sabia sequer ler ou escrever. Trabalhar na terra de alguém era, naquele tempo, considerado um grande favor que se obtinha. Portanto, aquele camponês, aquele trabalhador e sua família, tinham que estar agradecidos a seu patrão e votar no candidato que ele indicava. Além disso, existiam os chamados cabos eleitorais. Quem eram eles? Eram especialistas em política, não direi a você um assessor entendido em sociologia, direito ou economia, mas um camponês da região, esperto, que conseguia determinado emprego no governo e, quando chegavam as campanhas eleitorais, recebia uma quantia em dinheiro para conseguir votos para um candidato a vereador, a prefeito ou a governador da província. E para obter votos para o deputado, o senador e o presidente. Naquela época, não havia campanhas por rádio ou televisão, que acredito sejam ainda mais caras.

Assim se faz ainda no Brasil.

Lembro que era assim na época das eleições. Falo a você de quando eu já tinha dez anos e quase era versado em política, pois havia visto tantas coisas! Recordo inclusive que, ao passar as férias em casa, quando coincidiam com uma campanha política, era um problema o baú que ficava no quarto onde eu dormia. Você sabe que os meninos gostam de dormir pela manhã, mas eu não podia fazê-lo, pois bem cedo, antes das cinco e meia da manhã, já havia movimento. Abria-se e fechava-se o baú constantemente, com seu inevitável ruído metálico, pois os cabos eleitorais chegavam e era preciso dar-lhes grana. Veja, tudo isso do modo mais altruísta do mundo. Meu pai agia assim por mera amizade com aquela pessoa. Não me lembro de, além dos empréstimos, aquele senhor resolver um só problema de meu pai, que arcava com aqueles gastos por sua conta. Era assim que se fazia política, e foi o que vi quando criança.

Havia um número de pessoas que controlava certa quantidade de votos, especialmente em lugares mais distantes, porque o pessoal mais próximo era diretamente controlado pelos empregados de confiança da fazenda. De longe, de trinta ou quarenta quilômetros, vinham cabos eleitorais que controlavam oitenta ou cem votos. Tais votos deveriam aparecer depois na zona eleitoral correspondente, do contrário o cabo eleitoral caía em desgraça, perdia sua propina e o emprego. Assim se faziam as campanhas eleitorais no país. Aquele que ia ser meu padrinho foi deputado. Mas meu pobre padrinho verdadeiro, o cônsul do Haiti, enfrentou dificuldades. Em um dia de 1933, venceu em Cuba uma revolução contra a tirania machadista* — bem, eu já tinha sete anos em 1933 —, e aquela revolução se traduziu, nos primeiros tempos, em leis de caráter nacionalista. Era uma época em que havia muita gente sem emprego, passando fome, enquanto, por exemplo, em Havana, muitos comerciantes espanhóis só empregavam espanhóis. Surgiu uma campanha de caráter nacionalista, exigindo uma proporção de empregos para os cubanos, o que em princípio pode ser justo, mas é cruel em certas circunstâncias, ao deixar desempregadas pessoas que, sendo estrangeiras, eram pobres e não tinham outro meio de vida. Lembro com dor, com muita dor, como lá em Santiago de Cuba e na província do Oriente começaram a expulsar os imigrantes haitianos que havia anos residiam em Cuba. Aqueles haitianos que vieram de seu país, fugindo da fome, que plantavam cana e produziam a safra açucareira com muito sacrifício mesmo, e recebiam salários miseráveis, eram quase escravos. Penso que os escravos do século XIX, estou seguro, tinham melhores níveis de vida e mais cuidados do que aqueles haitianos.

Comida e saúde.

Os escravos eram tratados como animais, mas lhes davam comida e cuidavam para que vivessem, trabalhassem, produzissem e, assim, fossem conservados como capital nas lavouras. Ao contrário, aqueles imigrantes, que eram dezenas de milhares, só comiam quando trabalhavam, e ninguém se preocupava se viviam ou morriam de fome. Aquela gente sofria todo tipo de miséria. Por ocasião da chamada revolução de 1933, que, efetivamente, foi um movimento de luta, de rebeldia, contra as in-

---

* Gerardo Machado (1871-1939), general da independência de Cuba, tornou-se ditador depois de ter sido eleito presidente em 1924. Foi derrubado em agosto de 1933.

justiças e os abusos, exigiam-se a nacionalização de uma empresa elétrica ou de outro investimento estrangeiro, e também a nacionalização do trabalho. E, em nome da nacionalização do trabalho, dezenas de milhares de haitianos foram impiedosamente expulsos para o Haiti, algo verdadeiramente inumano à luz de nossas concepções revolucionárias. O que terá ocorrido com eles, quantos sobreviveram? Lembro que meu padrinho ainda era cônsul em Santiago de Cuba quando chegou um imenso barco chamado *La Salle*, com duas chaminés. A entrada em Santiago de Cuba de um barco de duas chaminés era um acontecimento extraordinário. Levaram-me para ver o barco repleto de haitianos que haviam sido expulsos de Cuba para o Haiti.

Posteriormente, meu padrinho ficou sem emprego, sem consulado, creio que sem salário e sem nada, e foi parar no Haiti. Então, minha madrinha ficou só, durante muitos anos. Tempos depois ele regressou a Cuba, eu já estava crescido, e esteve em Birán, onde buscou acolhida e viveu um período. Não tinha meios para sustentar-se.

Quando o senhor ingressou em colégio religioso?
Ingressei no primeiro primário.*

Com que idade?
Bem, teria que averiguar. Devia ter cerca de seis anos e meio a sete.

No colégio dos irmãos de La Salle?**
Sim. Esta é uma comprida história, da qual vou contar algo a você. Disse-lhe que me enviaram ainda criança a Santiago de Cuba, onde passei muita necessidade e muitos problemas, sendo que um ano depois a coisa melhorou um pouco. Um dia, minha família se deu conta daquelas dificuldades, ficou indignada, me levou de volta a Birán, mas, frente aos protestos, às explicações da professora e à consequente conciliação, fui novamente remetido à casa dela em Santiago de Cuba, onde aliás a situa-

---
* Equivalente ao primeiro ano do ensino fundamental.
** A congregação dos Irmãos de La Salle ou lassalistas foi fundada pelo sacerdote francês Jean-Baptiste de La Salle (1651-1719), em 1680, para propiciar educação escolar às crianças de famílias de baixa renda. O fundador é considerado santo pela Igreja Católica.

ção, depois daquele escândalo, não era tão difícil. Quanto tempo fiquei ali ao todo? Não menos de dois anos. Porém, no início, não me mandaram a nenhuma escola, era a madrinha quem me dava aulas. Estas consistiam em me fazer estudar as tabuadas de somar, subtrair, multiplicar e dividir, que havia na capa de um caderno. Guardei-as na memória, creio que aprendi tão bem, que nunca mais esqueci. Às vezes faço contas com a mesma rapidez de uma calculadora.

Sim, eu percebi ontem à noite, quando o senhor e Joelmir Beting conversavam.

Festas dos Reis Magos

Não havia livro de texto, só o caderno e alguns ditados. E lembro-me dos Reis Magos. Veja, uma das manifestações de crença, que se inculcava em alguém na idade de cinco, seis ou sete anos, era o Dia de Reis. Aprendi, é claro, a somar, ler, seguir um ditado, escrever. Devo ter melhorado um pouco minha ortografia e a caligrafia. Mas o fato é que passei ali dois anos perdendo tempo. A única coisa útil foi o saldo de um período de vida duro, difícil, de trabalho e sacrifícios. Creio que fui vítima de certa exploração, considerando a renda que representava, para aquela família, a pensão que meus pais pagavam por estarmos ali.

Já que estamos falando de convicções religiosas, uma das primeiras coisas nas quais nos ensinaram a crer foi nos Reis Magos. Talvez eu tivesse três ou quatro anos quando conheci um Rei Mago pela primeira vez... Recordo dos primeiros presentes que recebi dos reis: umas maçãs, um carrinho, umas balas e outras miudezas.

É diferente do Brasil, onde se dá presentes no Natal, enquanto aqui é a 6 de janeiro.

Seis de janeiro é a festa dos Reis Magos, e aprendíamos que os três, que foram saudar Cristo por ocasião de seu nascimento, vinham todos os anos trazer brinquedos para as crianças. Lembro que, com aquela família, passei três festas de Reis, portanto devo ter morado ali não menos de dois anos e meio.

Em Cuba não entrou a figura consumista de Papai Noel?

Não, não chegou a Cuba; aqui eram os Reis Magos que viajavam em camelos. E as crianças deviam escrever uma carta aos reis Gaspar, Melquior e Baltazar. Recordo de minhas primeiras cartas aos Reis Magos, quando tinha cinco anos, e nas quais pedia tudo: carros, locomotivas, máquina de cinema etc. No dia 5, escrevíamos longas cartas, e elas eram deixadas debaixo da cama, junto com capim e água. No dia seguinte, vinha a desilusão.

Por que o capim?

Como os reis vinham em camelos, se colocava embaixo da cama uma vasilha com água e capim para os animais.

Tudo misturado?

Não, um ao lado do outro.

Mas que interessante, eu não conhecia isso!

Tínhamos que dar água e comida aos camelos, especialmente se havia esperança de que eles trouxessem bons presentes, tudo o que fora pedido na carta.

E os reis, o que comiam?

Os reis... não sei. Ninguém se lembrava de dar comida aos reis, talvez por isso não foram muito generosos comigo... Os camelos comiam o capim e bebiam a água e, em troca, deixavam algum brinquedo. Recordo que o primeiro presente foi uma corneta de papelão, só a ponta era de metal, como se fosse alumínio. Uma corneta do tamanho de um lápis foi o meu primeiro presente. Três anos seguidos, três vezes me deram uma corneta. Eu devia ter sido músico, pois realmente... No segundo ano, me deram outra corneta, metade de alumínio, metade de papelão. No terceiro ano, a terceira corneta, com três teclas e toda de alumínio. Bem, depois de três anos ali, enviaram-me à escola, como aluno externo. Aí começaram as coisas.

Primeira escola

A que escola?

À escola de La Salle. Depois de estar ali uns dois anos, ou um ano e meio, não me é possível precisar bem, teria que pesquisar, me mandaram ao Colégio La Salle, que ficava a uns seis ou sete quarteirões. Bem cedo, pela manhã, eu ia às aulas, voltava, almoçava — então já havia almoço, não havia fome — e retornava à escola. Ah, o cônsul do Haiti, o padrinho, morava na casa quando me enviaram à escola. Foi um enorme progresso, pois ao menos eu frequentava uma escola. Ali ensinavam, sistematicamente, o catecismo, coisas de religião, passagens da história sagrada. Isso no primeiro ano, quando eu tinha seis anos e meio ou sete, pois já entrara atrasado. Aprendi desde muito cedo a ler e escrever, mas me fizeram perder quase dois anos, já poderia estar no terceiro. Quando entrei na escola como aluno externo, havia um ensino sistemático, mas, sobretudo, foi notável a melhora material e ambiental, pois eu tinha professores, aulas, companheiros com quem brincar e muitas outras atividades, das quais não desfrutara quando era um solitário aluno estudando aritmética na contracapa de um caderno. Essa nova situação durou até que eu mesmo tive de enfrentar, precocemente, minha primeira revolta.

Por que motivo?

Simplesmente porque me cansei daquela situação. De vez em quando, se eu não me comportava bem, me reprimiam com uma palmada, ameaçavam mandar-me ao internato. Até que um dia achei que o melhor era ir interno, pois no internato eu estaria melhor do que naquela casa.

Quem o ameaçava?

A madrinha, o padrinho, a professora quando chegava de férias, todo mundo.

Então, como foi a revolta?

Aquela gente tinha uma educação francesa, pois de fato falavam perfeitamente o francês. Percebo que daí vinham também as relações com o cônsul. Não lembro bem por que razão haviam recebido educação francesa, nem sei se estiveram na França ou em um colégio do Haiti. Tinham uma esmerada educação formal. É claro que, desde o início, me ensinaram todas aquelas formalidades, entre outras, que eu não podia pedir nada. Recordo de garotos que, apesar de bem pobres, tinham um centavo para comprar um pirulito ou um refrigerante, ou mesmo um picolé, e eu não podia pedir nada, estava proibido segundo as normas da educação francesa; se me ocorria dizer a um garoto "dê-me um pedaço", logo os outros, devido ao egoísmo próprio da idade e à desesperada pobreza em que viviam, e por saberem das ordens que eu deveria obedecer, diziam: "Ah, vou contar em sua casa que você está pedindo". Aquela família tinha todas essas formalidades: não se pode achar isso ruim, deve-se fazer aquilo, aquilo e mais aquilo, tudo de modo muito disciplinado; falar com muita educação, não levantar a voz, jamais dizer uma palavra indevida. E, quando surgem as ameaças de ir para o internato, já me sinto cansado. Há tempos tomara consciência do que sofrera, inclusive do período em que passei fome e fui vítima de injustiça. Não contei a você todos os detalhes porque o objetivo não é descrever aqui uma autobiografia, e sim abordar um pouco os temas que você propõe. Portanto, um dia chego da escola e, deliberadamente, desobedeço, desacato todas as ordens, todos os regulamentos, toda disciplina, falo em voz alta, digo todas as palavras que me pareciam proibidas, em um gesto consciente de rebeldia, com o objetivo de que me mandassem para o internato. Assim foi minha primeira revolta. Não foi a única, mas começou no primeiro ano do ensino primário. Eu tinha no máximo sete anos, haveria que conferir com precisão em algum arquivo.

Então o mandaram interno?

Sim, me mandaram para o internato. Comecei a ser feliz quando me fizeram isso. Para mim, entrar no internato foi uma libertação.

Quantos anos esteve interno no La Salle?

Quase quatro anos.

O nome era Colégio Dolores?

Não, Colégio La Salle. Aí estive a segunda metade do primeiro primário, o segundo e terceiro primários. Deste, por boas notas, passei ao quinto, e assim recuperei um ano dos que havia perdido.

Como era o ensino religioso: uma coisa boa, feliz, ou falava-se muito em inferno e castigos de Deus? Como se tratava o tema? Insistia-se na frequência à missa, em fazer sacrifícios e penitência, ou as coisas iam por uma linha mais positiva? O que o senhor lembra disso?

Guardo lembranças de vários períodos, pois estive em três escolas, em diferentes idades. Era muito difícil que, naquele primeiro período, eu tivesse uma avaliação sobre isso. Devo agora recordar como era. Lembro, em primeiro lugar, que naquele momento eu estava separado da família. Enviaram-me para Santiago, e isso trazia certos problemas. Estava distante da família, da casa, da região de que tanto gostava, onde eu corria, passeava, sentia-me livre e, de repente, enviaram-me para uma cidade onde passei dificuldades. Longe da família, submetido a um tratamento por parte de pessoas que não eram parentes, havia alguns problemas materiais em minha vida. Eu precisava resolvê-los. Sim, estava cansado daquela vida, daquela casa, daquela família e daquelas normas. Meus problemas eram outros, não eram problemas religiosos, mas sim de vida, materiais, uma situação pessoal que tinha de ser resolvida intuitivamente, que era como a gente reagia, chegando ao completo desacato daquela autoridade. A situação melhorou quando entrei no internato. Ali eu podia brincar depois das aulas com outros garotos, já não me sentia só; e todas as semanas, duas vezes por semana, nos levavam ao campo e à praia, íamos a uma pequena península da baía de Santiago de Cuba, onde hoje há uma refinaria de petróleo e outros investimentos industriais. Os irmãos de La Salle tinham arrendado uma área próxima ao mar, onde havia um balneário e praça de esportes. Íamos às quintas-feiras, pois nesse dia não tinha aula, nem aos domingos. A semana era dividida em duas partes, uma de três dias de aulas e outra de dois. Para mim, o internato foi uma experiência de imensa felicidade: ir à praia todas as quintas-feiras, ficar livre, pescar, nadar, caminhar, praticar esportes, fazer tudo isso, inclusive aos domingos. Era isso o que mais me interessava e preocupava. A formação religiosa, o catecismo, as missas e demais obrigações faziam parte do dia a dia, como as aulas e as horas de estudo. Entretanto, o que mais me agradava, como agora, que tenho tantas reuniões, eram os momentos de lazer. Naquela época, a formação religiosa era uma coisa natural, e eu ainda não tinha condições de avaliá-la.

Não lhe imprimia nenhuma marca de medo, de temor, de problemas de pecado? Isso não era uma coisa acentuada?

Comecei a desconfiar dessas coisas mais tarde e não naquela primeira fase, quando se estudava a história sagrada do mesmo modo que se estudava a história de Cuba, e como foi a criação do mundo e tudo aquilo, que aceitávamos como fatos naturais. Contavam-nos o que havia no mundo sem nos fazer refletir sobre isso, se bem que meu interesse maior era pelo esporte, a praia, a natureza, o estudo das diversas matérias e coisas no gênero. A verdade é que eu não tinha nenhuma tendência especial ou vocação religiosa.

Férias e festas

Em geral, a cada três meses tínhamos férias, quando retornávamos à fazenda. O campo era a liberdade. Por exemplo, a *Nochebuena* era uma maravilha, pois significava quinze dias de férias e, mais do que isso, quinze dias de clima de festa e de guloseimas, ou seja, salgados, doces, quitandas, torrones que traziam e que, lá em casa, havia à vontade, pois nas compras de Natal se adquiriam certos produtos espanhóis, conforme a tradição. Quando chegavam aqueles dias, a gente já ficava alegre ao tomar o trem. Para chegar à fazenda era preciso pegar o trem e, no final da linha, cavalos. Os caminhos eram imensos lamaçais. Nos primeiros anos, a fazenda não possuía veículos motorizados, nem sequer havia luz elétrica, a iluminação era com velas. Mais tarde é que minha casa recebeu luz elétrica.

Ora, para nós que tínhamos conhecido a fome e os muros na cidade, aquele espaço livre, a comida farta, o clima de festa que se criava em torno do Natal, da *Nochebuena*, do Ano-Novo e do Dia de Reis, era tudo fascinante. Todavia, logo a gente desconfiava de que os reis não existiam, e isso era uma das primeiras coisas que geravam certo ceticismo. A gente começa a descobrir que não há reis, que são os pais que põem os brinquedos, mesmo porque os próprios adultos nos tiravam precocemente da inocência. Não que eu seja contra esse costume, de modo algum estou fazendo uma crítica a isso, mas logo a gente desconfiava que havia nisso certa mentira.

As férias de Natal eram momentos felizes. A Semana Santa era outra ocasião fantástica, pois, de novo, passávamos uma semana em casa. As férias de verão também eram ótimas: nadar nos rios, correr pelas florestas, caçar com estilingue, andar a cavalo. Vivíamos em total liberdade e contato com a natureza. Assim foram os primeiros anos.

A Semana Santa no campo — lembro-me desde que era muito novo — eram dias de recolhimento, ou seja, havia muita compunção. Diziam que Deus morrera na Sexta-Feira Santa. Não se podia falar, brincar, nem expressar a menor alegria, porque Deus estava morto, os judeus o mataram. Afloravam novamente acusações ou crenças populares que, sem dúvida, foram causas de tragédias e preconceitos históricos. E digo a você: como não conhecia o significado daquele termo, eu, no início, acreditava que aquelas aves que tinham o nome de "judeu" haviam matado Deus...

Deve-se comer pouco na Semana Santa.

Comer peixes, principalmente. Não se podia comer carne. Em seguida, vinha o Sábado de Aleluia, que era de festa, embora eu soubesse que a Ressurreição não se dera no Sábado de Aleluia. Porém, o povo dizia: "Sábado de Aleluia, dia de festa; Sexta-Feira Santa, dia de silêncio e luto". Lá no campo, no Sábado de Aleluia, havia muito movimento no armazém, muitas comemorações, rinhas de galo que prosseguiam no Domingo da Ressurreição etc.

Eu diria que, naquele período, eram outras as questões que me absorviam, de modo que não me encontrava em condições de avaliar a formação religiosa. Não obstante, ela se dava assim como aprender a fazer uma conta: cinco vezes cinco é igual a 25. Assim era o ensino de religião.

Os irmãos de La Salle lhe pareciam mais professores do que religiosos, ou eram bons religiosos também?

De fato, os irmãos de La Salle não eram sacerdotes, não tinham a formação de um sacerdote, era uma ordem muito menos exigente e rígida que a dos jesuítas. Percebi isso mais tarde, quando me transferi para o colégio dos jesuítas.

Com que idade?

Bem, me transferi para o colégio dos jesuítas em...

No curso secundário?*

Não, no quinto ano, foi no quinto que passei para outro colégio, dessa vez de jesuítas. Naquele que eu me encontrava, dos irmãos de La Salle, surgiram conflitos. Ali houve uma segunda revolta de minha parte. Mas o ensino não era ruim, éramos uns trinta alunos internos e, como já lhe disse, às quintas e domingos saíamos para passear. A comida não era ruim, nem a vida em geral.

O senhor se refere aos jesuítas?

Refiro-me ao Colégio La Salle. Aquele pessoal não tinha o preparo dos jesuítas. Além disso, adotava às vezes um método muito censurável. Alguns professores ou diretores do colégio tinham o costume de, eventualmente, bater no aluno. Meu conflito ali foi por isso, devido a um incidente com outro aluno, uma pequena desavença, como é normal entre estudantes daquela idade. Pude perceber o que, hoje, se chamaria de maus métodos pedagógicos, como esse de usar violência contra um aluno. Aquela foi a primeira vez que o irmão-inspetor, responsável pelos alunos, me bateu com muita violência, esbofeteando-me bruscamente nos dois lados do rosto. Foi algo indigno e abusivo. Eu devia estar no terceiro primário. Aquilo me moeu por dentro. Mais tarde, quando já estava no quinto primário, em duas diferentes ocasiões me deram um cascudo. Na última, eu não estava mais a fim de aguentar e a coisa acabou em violenta briga entre nós dois, eu e o inspetor. Depois disso, decidi não regressar mais àquele colégio.

Notei ainda, naquela instituição, certos métodos de favoritismo aplicados, às vezes, a alguns alunos. Percebi também interesse por dinheiro. Vi claramente que, como minha família possuía muitas terras e era tida como rica, alguns irmãos mostravam muito interesse por nós e pela família. Observei esse interesse material, essa deferência associada ao dinheiro. Captei perfeitamente isso.

---

* Equivalente ao nosso atual ensino médio.

Não eram homens com a disciplina dos jesuítas. Diria que eram menos rigorosos, menos sólidos eticamente do que os jesuítas. É o que posso dizer como crítica e reconhecer as coisas positivas: o contato do aluno com o campo, a organização de sua vida, um bom ensino e uma série de outras coisas. Contudo, o método de bater em aluno é infame e inaceitável. Havia disciplina, não sou contra a disciplina que nos impunham, tinham que se impor. Mas quando a gente chega a certa idade, no quinto primário, já com senso de dignidade pessoal, o método da violência, do castigo físico, parece-me inconcebível.

Colégio dos jesuítas

Passemos aos jesuítas. Como se chamava o colégio?

Colégio Dolores, de Santiago de Cuba, uma escola de maior renome e mais categoria.

Quando foi internado ali?

Bem, inicialmente voltei a passar um período de provas, porque não me internaram.

E onde o senhor vivia?

Me mandaram para a casa de um comerciante, amigo de meu pai. Ali tive que viver uma nova experiência, a mudança de escola. Era uma escola mais rigorosa e, sobretudo, muitas vezes me deparei com a incompreensão dos adultos a cujos cuidados havia sido confiado. Era uma daquelas famílias que, por amizade, recebiam alguém que não era seu parente. De fato, não chegavam a ser um exemplo de generosidade, havia interesse econômico e, evidentemente, era diferente a relação, pois não éramos seus filhos, não podiam tratar-nos como filhos.

É melhor ficar interno em um colégio. Estou convencido de que não convém mandar para a casa de um amigo, de uma família amiga, a não ser que seja muito generosa, como há por aí. Aquela sociedade na qual vivi tudo isso era de muitas dificuldades e muitos sacrifícios para o povo. Ela engendrava um enorme egoísmo — penso isso, quando reflito. Em geral convertia as pessoas em gente egoísta, interesseira, que buscava tirar proveito de qualquer situação. Não se caracterizava por gerar nas pessoas sentimentos de bondade e generosidade.

E aquela sociedade se considerava cristã?

Há muitas pessoas neste mundo que se consideram cristãs e fazem coisas terríveis. Pinochet,* Reagan e Botha,** para citar alguns exemplos, consideram-se cristãos.

Pois bem, aquela família na qual eu estava era cristã, cumpria suas obrigações religiosas, frequentava a missa. Eu poderia ressaltar algo especialmente negativo naquela família? Não poderia fazê-lo. De minha madrinha também não posso dizer que era uma pessoa má, pois passava fome conosco e, de fato, não era ela quem dirigia a casa naquela época. Quem mandava era a irmã, que recebia o salário e as pensões. Era ela quem administrava. Era realmente uma boa pessoa, digna; e eu não era um filho, com quem se pode ter outro tipo de relação, mas sim um estranho que habitava aquela casa.

Quando chego ao quinto primário, vou então para a casa da família de um comerciante. Não posso afirmar que eram ruins, não posso dizer isso. Mas não era a nossa família, não podiam ter a mesma atenção e, inclusive, aplicavam certas normas rígidas, arbitrárias. Por exemplo, não se importavam se eu tivera problemas no outro colégio, como já falei, e se passara a uma escola mais rigorosa; não consideravam os fatores psicológicos, a adaptação de uma escola a outra, a troca de professores, o fato de estar em uma instituição mais exigente que a anterior, e queriam que eu tivesse as melhores notas, praticamente exigiam. Se eu não tirava a melhor nota, não recebia nem o mínimo da semana: dez centavos para ir ao cinema, cinco para comprar sorvete no fim de semana e cinco às quintas-feiras, para comprar umas figurinhas. Disso lembro bem, figuri-

---

* Augusto Pinochet (1915-2006), general chileno, derrubou e assassinou o presidente do Chile Salvador Allende, em setembro de 1973, desencadeando uma repressão que levou milhares de chilenos à morte, à tortura, à prisão e ao exílio. Sua ditadura perdurou de 1974 a 1990.

** Pieter Willem Botha (1916-2006), racista, foi primeiro-ministro da África do Sul entre 1978 e 1984, e presidente de 1984 a 1989.

nhas que vinham da Argentina em uma revista semanal chamada *El Gorrión*, na qual li algumas novelas. "De tal Palo, tal Astilla" foi uma delas. Cinco centavos! O gasto era de 25 centavos por semana, que normalmente eu deveria receber. Mas se não tirasse as melhores notas, não davam. Completamente arbitrária e injusta essa medida, pois não consideravam as novas circunstâncias, não tinham nenhuma psicologia para tratar uma criança, um menino de onze anos.

E por que exigiam boas notas? Havia orgulho nisso, inclusive vaidade, pois entravam outros fatores. Tratava-se agora de um colégio de certa categoria. Quem tivesse filhos internos ou externos naquele colégio podia envaidecer-se, uma espécie de orgulho social. E quando a gente não tem quem nos oriente desde criança, é obrigado a suportar todas essas coisas. Comecei como aluno externo no colégio, depois das férias de Natal e de uma acirrada discussão em casa. Tive que exigir que me mandassem de volta à escola. Batalhei para estudar, porque no outro colégio informaram a meus pais que não nos comportamos bem, e tais informações arbitrárias influíram na decisão da família. Fiquei firme: não aceito que me deixem sem estudar. Eu sabia qual era o problema, o motivo do conflito, originado por um gesto de abuso, um ato de violência, de castigo físico contra um aluno. Penso que já tinha ideias bem claras sobre a questão, seja por instinto ou por algumas noções de justiça e de dignidade que havia adquirido, talvez porque desde criança comecei a ver as coisas malfeitas que eram injustas, e das quais fui vítima. Comecei a abraçar determinados valores. E como tinha aqueles valores muito presentes, tive que exigir em casa que me mandassem estudar, talvez não tanto por amor ao estudo, e sim pela convicção de que cometiam comigo uma injustiça. Afinal, me mandaram estudar, com o apoio de minha mãe; primeiro a convenci e, depois, o meu pai. Me enviaram de novo a Santiago, mas me puseram externo. Ao chegar lá, enfrentei as dificuldades de que lhe falei.

Enfim, veio o verão. Me deixaram lá, porque minha irmã mais velha continuava estudando. Conheci uma professora que dava aulas à minha irmã, uma professora negra de Santiago de Cuba, muito bem preparada. Chamava-se Danger. Ela se entusiasmou, pois, como eu não tinha o que fazer naquele período de férias, ia às aulas com minha irmã, que se preparava para ingressar no curso secundário e respondia a todas as perguntas das matérias ensinadas pela professora. Isso provocou nela um sincero entusiasmo. Eu não tinha idade para entrar no curso secundário, mas ela começou a fazer um plano para que eu estudasse as provas para o admissão e o primeiro ano do secundário ao mesmo tempo e, quando atingisse a idade, fizesse os exames. Das pessoas que conheci, foi a primeira que me estimulou, que me propôs uma meta, um objetivo. Conseguiu, desde cedo, empolgar-me com os estudos, pois estou certo de que, naquela idade, pode-se entusiasmar as pessoas por um determinado objetivo. Quantos anos eu tinha? Teria dez, talvez onze anos.

Depois veio outra fase. Naquelas férias estudamos com a professora, mas ao iniciar o novo curso tive que ser internado em uma clínica, onde me operaram do apêndice. Era costume todo mundo se operar do apêndice. Eu sentira apenas pequenas dores. Porém, o corte infeccionou e passei três meses no hospital. O plano da professora foi esquecido e tive que começar o sexto primário quase no fim do primeiro trimestre.

Depois disso é que decidi ficar internado, já estava cansado daquele ambiente. No fim do primeiro trimestre, avisei que entraria no colégio, ou melhor, exigi com insistência que me matriculassem lá. Eu já era perito nessas coisas. Decidi criar uma situação em que não tivessem alternativa senão mandar-me ao internato. De modo que, entre o primeiro e o sexto primários, tive que enfrentar três lutas para resolver três problemas.

No sexto primário, obtive excelentes notas; no sétimo, fiquei entre os primeiros alunos da classe. Eu gostava muito dali, participava do mundo dos esportes e das excursões, no campo e nas montanhas. Os esportes me interessavam muito: eu jogava especialmente basquete, futebol e beisebol. Uma ocasião, fiz todo o grupo me esperar duas horas, enquanto escalava uma montanha. Não me criticavam quando meu atraso resultava de um grande esforço; encaravam-no como prova de espírito empreendedor e tenaz. Se as atividades eram arriscadas e difíceis, não desestimulavam.

Havia futebol?
Futebol também, e eu gostava muito.

Mais do que de vôlei?
Bem, eu gostava muito de futebol, embora preferisse o basquete. Jogava vôlei, praticava todos os esportes. Sempre gostei muito de esporte. Era essa a minha distração, na qual investia as minhas energias. Encontrava-me em uma escola de gente mais rigorosa, bem mais preparada e com muito mais vocação religiosa, ou seja, com muito mais consagração, capacidade e disciplina do que os da outra escola. A meu ver, uma escola incomparavelmente superior, na qual me convinha ingressar. Encontrava-me entre gente de outro quilate, homens e professores que tinham interesse em formar o caráter dos alunos. Além disso, espanhóis. Penso que, nessas coisas de que estamos falando, as tradições dos jesuítas, seu espírito e sua organização militar, combinam-se com o caráter espanhol. Era gente que se interessava pelos alunos, por nosso caráter e comportamento, com forte senso de rigor e disciplina.

Recebia certa noção de ética, de certas normas, não só religiosas. Recebi influência da autoridade dos professores, do valor que eles davam a certas coisas.

Os jesuítas não imaginavam que estavam preparando um guerrilheiro.
Nem eu mesmo supunha que estava me preparando como guerrilheiro. Mas, quando encarava uma montanha, aquilo me parecia quase um desafio, a ideia de escalá-la, de chegar lá em cima, se apoderava de mim. De que forma me estimularam? Creio que, nessas coisas, nunca me puseram obstáculos. Um dia, caiu uma tempestade, os rios encheram e tive que atravessar a nado, arriscando-me. Nunca me criticavam por isso. Ou seja, se observavam nos alunos características com as quais simpatizavam, como espírito de risco, de sacrifício, de esforço, procuravam estimular, não faziam do aluno um maricas. Também agiam assim os lassalistas, porém os jesuítas preocupavam-se muito mais com a têmpera de seus alunos.

Comecei a entrar em discordância com as ideias políticas da época, as que predominavam, e com o modo de pregarem a religião. Do que contei a você, é possível tirar algumas conclusões de como se formou meu caráter, diante de problemas e dificuldades que tive de vencer, diante de provas, de conflitos, de revoltas, sem ter um preceptor ou um guia que me ajudasse. De fato, nunca tive um preceptor. Com certeza, quem esteve mais próxima foi aquela professora negra de Santiago de Cuba, a que dava aulas particulares e preparava alunos para ingressar no curso secundário. Foi ela quem traçou uma meta, forjou um entusiasmo, embora tudo tenha se frustrado pelo fato de no início do curso eu ter ficado doente, sendo obrigado a passar três meses hospitalizado, o que me fez perder um longo período de aulas no sexto primário. Depois, decidi ficar no colégio como interno. Foi mesmo uma decisão tomada por mim.

Como vê, esses reveses de minha vida não eram propícios ao esforço de uma forte influência religiosa, não obstante exercessem muita influência em minha vocação política e revolucionária.

Formação religiosa

Quais as suas lembranças da atividade religiosa dos jesuítas? Parecia-lhe positiva? Negativa? Era mais voltada para a vida ou para as coisas do céu, para a salvação da alma? Como era?

Posso agora avaliar melhor. Fiz também o curso secundário no colégio dos jesuítas. Analisando retrospectivamente que coisas influíam de um modo não muito positivo, reconheço que tudo era bastante dogmático: isto é assim porque tem que ser assim; devemos crer mesmo sem entender; se não cremos, ainda que sem entender, isso é uma falta, um pecado, um ato digno de castigo. Ou seja, o não uso da reflexão, um não desenvolvimento da reflexão e do sentimento. Parece-me que uma fé religiosa, como uma fé política, deve ter por base o raciocínio, pois o desenvolvimento do pensamento e o do sentimento são duas coisas inseparáveis.

Sem querer aprofundar uma secular disputa entre jesuítas e dominicanos, nós, dominicanos, nos caracterizamos por valorizar mais a inteligência da fé; os jesuítas, a determinação da vontade.

Admito que algumas pessoas possam ter uma predisposição especial, uma alma mística, uma grande vocação religiosa, maior inclinação à fé que outras. Eu era aberto à reflexão, e creio que também a aprimorar o sentimento. Portanto, não era possível incutir em mim uma fé religiosa sólida se eram dogmáticos no modo de explicar as coisas: tinha que crer nisso porque tinha que crer; não crer consistia em uma grande falta, um grande pecado, merecedor do mais terrível castigo. Se realmente você tem que aceitar as coisas porque lhe dizem que são desse jeito, sem poder sequer discuti-las ou refletir sobre elas, e se, além disso, o argumento principal que empregam é o prêmio ou o castigo, inclusive mais o castigo do que o prêmio, então é impossível desenvolver, em certas pessoas, a reflexão e o sentimento que possam servir de base a uma sincera convicção religiosa. É o que penso visto assim retrospectivamente.

Qual era o castigo e qual era o prêmio?

Bem, o prêmio era muito abstrato. Ora, para uma criança, os prêmios abstratos, baseados na contemplação, em um estado de felicidade que se deveria imaginar para toda a eternidade, eram mais difíceis de entender do que o castigo. Este era mais fácil de explicar, o garoto estava mais propenso a compreender a punição do que o inferno, a dor, o sofrimento e o fogo eterno. Dava-se, inclusive, muito mais ênfase ao castigo. Penso que essa é uma forma negativa e um método incorreto de desenvolver qualquer tipo de convicção profunda no ser humano. Mais tarde, quando tive que desenvolver uma convicção e uma fé, precisamente no terreno da política, e me apeguei com firmeza a determinados valores, nunca imaginei que pudesse me basear em algo que não se compreendesse ou estivesse inspirado no temor ou no prêmio. Creio mesmo que a fé religiosa das pessoas devia fundar-se em razões compreensíveis e no valor intrínseco do que se faz.

Sem dependência do prêmio ou do castigo.

Sem prêmio e sem castigo. Porque, a meu ver, não é inteiramente generoso, nem totalmente digno, nem merece elogio, admiração ou estima, o que é feito por medo ao castigo ou em busca de um prêmio. Mesmo em nossa vida revolucionária, quando tivemos de designar homens para tarefas muito difíceis ou provas muito duras, e que foram capazes de suportar com enorme desinteresse e altruísmo, o mais admirável é que não estavam motivados pela ideia de prêmio ou castigo. A Igreja também viveu essas provas durante muitos séculos, viveu o martírio e soube enfrentá-lo. A meu ver, isso só se explica por uma profunda convicção.

Que é o contrário do medo.

Creio que é a convicção que produz mártires. Não acredito que ninguém se torne mártir simplesmente porque espera um prêmio ou teme um castigo. Não creio que ninguém se comporte heroicamente por isso.

Sempre digo que o contrário do medo não é a coragem, mas a fé.

Penso que todos os mártires da Igreja o foram por um sentimento de lealdade, por algo em que acreditavam firmemente. Pode tê-los ajudado a ideia de outra vida, na qual sua atitude seria premiada, mas não creio que essa fosse a motivação principal. Em geral, quem faz alguma coisa por medo teme tanto o fogo, o martírio e a tortura, que não se atreve a desafiá-los. As pessoas que se preocupam em obter bens materiais, prazeres e prêmios tratam de preservar a vida, não de sacrificá-la. Penso que os mártires que a Igreja teve, ao longo de sua história, foram motivados por coisas mais inspiradoras do que o temor ou castigo. Entender isso era muito mais fácil para qualquer um de nós. Nós, sim, pedimos sacrifícios e, em certas ocasiões, o martírio, o heroísmo, a entrega da vida. Reconheço que há grande mérito quando um homem entrega sua vida por uma ideia revolucionária e luta sabendo que pode encontrar a morte. Mesmo acreditando que depois da morte não haja nada, tem em tão alta estima esse ideal, esse valor moral, que o defende às custas de tudo que possui — que é a vida —, sem esperar prêmio ou castigo. Eu diria que, em suma, esses aspectos eram extremamente fracos na formação religiosa que nos davam. E não creio que se produziram muitos santos entre nós.

Naquele colégio de La Salle não havia muitos internos, apenas trinta do total de uns duzentos alunos. Quando passei ao principal colégio dos jesuítas, este abrigava uns mil alunos, dos quais duzentos eram internos. Dali não devem ter saído muitos sacerdotes. Eu ficaria espantado se soubesse que, daqueles mil, ao menos dez se tornaram sacerdotes!

Sistema escolar

Havia discriminação social e racial?

Claro, sem dúvida. A instituição era paga. Não posso afirmar que houvesse espírito mercantilista nos jesuítas, nem nos irmãos de La Salle. Embora eu notasse, nestes últimos, interesse pelo prestígio social do dinheiro, o preço da escola não era elevado. Lembro que ficar interno nos jesuítas de Santiago de Cuba custava trinta pesos. Naquela época, o peso equivalia ao dólar. Falo de 1937, quando eu tinha dez anos e meio ou onze.

Trinta pesos por mês?

O equivalente a trinta dólares por mês. Incluindo a comida, que não era ruim, a moradia e os passeios. Além disso, ofereciam assistência médica. Por sua própria iniciativa, os alunos podiam se filiar a uma sociedade médica cooperativa. Como eram chamados?

Mutualistas.

Mutualistas. Pertencíamos a essa sociedade. Se o problema era mais grave, nos remetiam ao hospital. Tínhamos também a água. Claro, a lavanderia era cobrada à parte, bem como os livros didáticos. As aulas, a alimentação, as atividades esportivas, tudo o que fazíamos ali, por trinta pesos, não era caro. Não é muito quando se leva em conta a necessidade de gente para cozinhar, dirigir os ônibus e assegurar a manutenção da escola. Isso de fato era facilitado porque aqueles padres não recebiam salário, ou seja, não era preciso remunerá-los. Bastava dar-lhes alimentação. Levavam vida muito austera. Havia alguns professores leigos que, naturalmente, recebiam um salário que não era alto, e havia também uma administração rigorosa. Enfim, naqueles jesuítas não havia nenhum espírito mercantilista. Tampouco havia no Colégio La Salle, mas nos jesuítas havia menos. Eram austeros, rigorosos, sacrificados, trabalhadores. Não mediam esforços e, assim, reduziam os custos. Se fossem homens que recebessem salário, não se poderia estar ali por trinta pesos, haveria que pagá-los o dobro ou o triplo, se bem que, naquela época, o poder aquisitivo do dinheiro era muito maior. Se todos aqueles padres exigissem remuneração, o estudo não seria tão barato. Mas mesmo considerando os trinta pesos, aquilo estava ao alcance de apenas algumas famílias, e os alunos externos pagavam oito ou dez pesos. E nós, por mais vinte pesos, recebíamos o que necessitávamos. Morávamos no colégio, tínhamos alimentação, roupa de cama, água, energia elétrica. Sem dúvida, tudo isso graças à abnegação e austeridade daqueles homens, embora ao alcance de poucos.

Entre seus colegas havia negros?

Vou explicar. A instituição era particular, privilégio de poucas famílias da zona rural, de onde eu vinha, ou de pequenas cidades do interior da província, que tinham condições de pagar. De Santiago de Cuba, havia uns duzentos externos e trinta internos. Não eram muitas as famílias que podiam pagar o colégio, pois deviam assumir ainda os gastos com passagens e roupas dos filhos. A uma família não saía por menos de quarenta pesos mensais, pois o garoto necessitava de algum dinheiro para comprar, de vez em quando, um sorvete ou balas. A manutenção de um garoto podia custar até cinquenta dólares, e eram poucas as famílias que tinham condições de arcar com essa despesa. A instituição, como escola privada, era privilégio de uma exígua minoria, e só podiam estar ali internados filhos de comerciantes, latifundiários, gente de dinheiro. Ali não podia estar o filho de um operário ou mesmo de um profissional liberal. Talvez como externo, se fosse filho de um profissional liberal que vivesse em Santiago, mas um professor não tinha como mandar seu filho àquela escola, já que ganhava uns 75 dólares. Muitos médicos e advogados não tinham como mandar seus filhos para aquele colégio, a menos que fosse um advogado famoso ou um médico de renome. Só tinha condições de pôr um filho em uma daquelas escolas uma família dona de uma fazenda ou uma fábrica, uma empresa de café ou uma indústria de calçados, um negócio de bebidas ou um comércio de certa importância. Posso me lembrar das origens sociais de quase todos os meus colegas, externos e internos. É claro que, se uma família rica morava em Santiago, não tinha por que internar o filho. Ele ficava semi-interno, regressava à sua casa todos os dias; um ônibus o apanhava pela manhã e o levava à tarde. Uma família mais modesta podia mantê-lo como externo, pois até um profissional liberal não muito conhecido conseguia desembolsar oito ou dez dólares. Mas interno, só mesmo um médico de prestígio, um advogado famoso ou uma família abastada tinha meios de cobrir os custos. Aquelas escolas eram privilegiadas, de classe. Mesmo em nossa classe, havia duas categorias: a dos comerciantes, industriais e profissionais liberais, que viviam em Santiago; e a dos que moravam em Vista Alegre, um bairro de ricos. Havia a categoria dos que pertenciam à média burguesia ou à burguesia muito rica. Nesta, sentia-se certo espírito aristocrático, diferente dos outros, superior aos demais. Portanto, naquela escola de privilegiados havia dois grupos, não tanto em razão da riqueza, embora a base fosse a riqueza, e sim pelo status social, as casas onde moravam, as tradições. Talvez minha família tivesse os mesmos recursos dessa última categoria, mas felizmente eu não me situava nela. Por quê? Porque minha família morava na zona rural. Lá vivíamos entre o povo, junto aos trabalhadores, todos muito simples. Vivíamos, como já contei a você, inclusive entre animais, no tempo em que debaixo da casa havia vacas, porcos, galinhas etc. Eu não era neto de latifundiário, nem bisneto, porque, em geral, o bisneto do latifundiário, embora já não tivesse fortuna, conservava uma cultura oligárquica, de classe aristocrática ou rica. Minha mãe fora uma camponesa bem pobre, assim como meu pai, e depois obtiveram alguns bens, acumularam certa riqueza. Todavia, em minha família não se respirava a cultura dos ricos, dos latifundiários: eram pessoas que todos os dias davam duro no trabalho, não tinham nenhuma vida social e só se relacionavam com gente do mesmo nível. Imagino que, se eu fosse neto ou bisneto de latifundiário, possivelmente teria tido a desgraça de receber aquela cultura, aquele espírito e aquela consciência de classe, e não teria o privilégio de escapar da ideologia burguesa. Recordo-me que, naquele colégio, havia um grupo que tinha esse espírito burguês e aristocrático, outros eram ricos mais modestos e, portanto, vistos com desprezo pelos primeiros. Eu reparava, não dava muita importância, mas reparava; via a rivalidade que havia entre os colegas. Mesmo entre os ricos há certas categorias que geram alguns antagonismos, e isso eu percebia muito bem. Para estar naquele colégio, você tinha que ser de uma classe relativamente rica, onde se respirava o espírito de classe da instituição burguesa, o privilégio. Não era uma escola para operários, proletários ou camponeses pobres, nem mesmo para filhos de profissionais liberais, exceto dos que gozavam de grande prestígio.

Devo dizer que, no Colégio La Salle, havia alguns alunos negros. Nisso ele era mais democrático. No Colégio Dolores não, todos éramos supostamente brancos. Eu estranhava aquilo e, mais de uma vez, tanto em Santiago como no colégio de Havana, para onde me transferi depois, indaguei por que não havia alunos negros. Lembro que a única explicação, a única resposta que me deram foi: "Bem, como são poucos, um garoto negro aqui, entre tantos brancos, não se sentirá à vontade". Portanto, para evitar que se sentissem mal, não era conveniente ter um ou dois garotos negros entre vinte, trinta, cem brancos. Era essa a argumentação que me davam, me explicavam que essa era a razão. Perguntei mais de uma vez e me deram essa resposta. Eu não me importava. Como podia, ainda no sexto primário, me importar com isso, sobretudo se a gente não vem de uma família operária ou de uma família capaz de explicar o problema da discriminação racial? Eu não sabia que existia, nem me dava conta da discriminação racial, era por mera curiosidade que eu perguntava a razão pela qual não havia negros. Davam-me uma explicação e eu ficava mais ou menos satisfeito com ela. Diziam-me assim: "Coitados dos meninos que são negros! Aqui se sentiriam mal por não serem da cor da maioria dos alunos...". Não me lembro de ter visto, nos anos em que estive naquela escola, um aluno negro. Talvez não aceitassem nem mulato. É claro que não submetiam o sujeito que chegava à escola a uma prova de sangue, como se fazia nas ss de Adolf Hitler, mas, sem dúvida, se ele não era aparentemente branco, não ingressava no colégio. Não sei quantos casos houve, se alguma família tentou. Eu não estava em condições de saber se recusavam um aluno por não ser branco. Bem, isso era outro problema, já da esfera do político-social. Em síntese, eram colégios de privilegiados. E, sem amargura, falo do que havia de negativo e positivo, pois pessoalmente conservo um sentimento de gratidão para com aqueles professores, para com aquelas instituições, porque, pelo menos, algumas coisas positivas que havia em mim não se perderam, foram aprimoradas naquelas escolas. Acho que também influíram muito certos fatores pessoais, de caráter e de circunstâncias pessoais. Creio que o homem é também filho de uma luta, das dificuldades, dos problemas que vão lapidando isso que ele tem de material e de espiritual, como um torno prepara um pedaço de ferro.

Ensino médio

Fale um pouco dos retiros espirituais.

Bem, os retiros espirituais pertencem a uma etapa posterior. Daquele colégio transfiro-me para o colégio dos jesuítas em Havana. Lá eu não tivera conflitos, alcançara completo êxito nos estudos e nos esportes, não sentira dificuldades no sexto primário, nem no sétimo, nem no primeiro e segundo anos do curso secundário. De modo consciente, decidi procurar novos horizontes. Pode ser que o prestígio do colégio de Havana tenha influído, os álbuns e os livros sobre a escola, os edifícios, talvez isso tenha me motivado a mudar. Decidi, falei em casa, e aceitaram minha transferência.

Para Havana?

Para Havana.

Como era o nome do colégio?

O Colégio Belém, dos jesuítas de Havana, que era a melhor escola que os jesuítas tinham no país e, possivelmente, a melhor escola de todo o país, devido à infraestrutura, às instalações. Uma grande construção, um centro de enorme prestígio, onde estudavam a flor e a nata da aristocracia e da burguesia cubanas.

Ainda existe esse colégio?

Sim, depois da vitória da Revolução, o colégio se converteu em um instituto tecnológico. Hoje é um instituto superior de tecnologia militar, o Instituto Técnico Militar, de nível universitário. É agora uma grande construção, que foi ampliada. Houve um tempo em que serviu de escola técnica. Depois, por necessidade de aprimorar as Forças Armadas, decidimos usar o local para fazer funcionar ali o ITM, como é conhecido. No meu tempo, havia ali cerca de duzentos internos e, ao todo, uns mil alunos, entre internos e semi-internos. Cobrava um pouco mais caro, uns cinquenta dólares mensais. Evidentemente havia mais funcionários leigos, muito mais espaço, mais gastos, a qualidade da alimentação era bem melhor e contava com áreas esportivas excelentes. Mesmo assim, a meu ver, era muito barato tudo aquilo por cinquenta dólares. Digo dólares porque, atualmente na América Latina, devido à inflação, ninguém sabe o que significa um peso. De novo, o espírito de sacrifício e a austeridade dos jesuítas tornavam possível um custo relativamente moderado.

Cinquenta dólares por mês.

Sim, por mês. O espírito de sacrifício e a austeridade dos jesuítas, a vida que levavam, seu trabalho e esforço, tornavam viável uma escola daquela categoria a esse preço. Uma escola dessas custaria hoje, nos Estados Unidos, mais de quinhentos dólares mensais. Havia várias quadras de basquete, campos de beisebol, pistas de corrida, quadras de vôlei... tinha até uma piscina. Era de fato uma grande escola. Eu era um pouco mais velho, já estava no terceiro ano do curso secundário. Nunca havia visitado a capital da República. Estive em Birán nas férias, deram-me dinheiro para comprar roupas e outras coisas. Tinha que pagar a matrícula, os livros e fazer outros gastos. Arrumei a mala e vim pela primeira vez a Havana.

Tinha quantos anos?

Acabava de completar dezesseis anos. Nasci em agosto e, portanto, em setembro já tinha dezesseis anos.

Aqui as aulas começam em setembro?

Em setembro. Eu fizera aniversário a 13 de agosto. Então, entrei no time de basquete e em outras modalidades esportivas, na categoria de dezesseis anos. Comecei a participar ativamente dos esportes e consegui sobressair no basquete, no futebol, no beisebol, no atletismo, em quase todos. Encontrei amplo leque de atividades, no qual as principais eram os esportes e as excursões. Conservava minha antiga predileção pelas montanhas, pelo campismo, por todas essas coisas que, por iniciativa própria, continuava fazendo. Havia lá um grupo de exploradores; parece que, nas primeiras excursões que fizemos, os professores perceberam que me saíra bem e me promoveram, me fizeram chefe dos exploradores do colégio, general dos exploradores, como chamavam.

O que significa "exploradores"?

Era um grupo que se parecia com os escoteiros, tinham seu uniforme, curtiam a vida livre no campo, faziam um ou dois dias de acampamento, montavam guarda, todas essas coisas, às quais eu, por minha própria conta, acrescia outras, como escalar montanhas e aventuras semelhantes. Quando me encontrava naquele colégio, escalei a montanha mais alta do Ocidente. Tivemos três dias seguidos de férias e eu organizei uma excursão à província de Pinar del Río, com mais três companheiros. Só que, em vez de três dias, a expedição demorou cinco, porque a montanha ficava ao norte e não se conseguia localizá-la com exatidão; tivemos de procurá-la. Viajamos pela ferrovia rumo ao sul, e a montanha estava ao norte. Iniciamos a busca de noite e caminhamos três dias até encontrar o pico de Guajaibón, bastante difícil de subir, mas subimos, só que regressamos dois dias mais tarde, quando as aulas haviam recomeçado. Houve preocupações, porque não sabiam se havia acontecido alguma coisa, se estávamos perdidos.

Naquela época, eu desenvolvia intensa atividade, sobretudo na esfera do esporte, das excursões e do alpinismo. Não tinha consciência de que me preparava para a luta revolucionária — era impossível imaginar isso naquele momento — e, além do mais, estudava, o que, para mim, sempre foi uma questão de honra. Não que fosse um aluno-modelo, não era um ótimo aluno, justamente porque meu maior interesse eram o esporte e atividades afins. A isso eu dedicava parte considerável de meu tempo. Entretanto, assistia pontualmente às aulas, era disciplinado, mais ou menos prestava atenção, pois sempre tive muita imaginação e, em certas ocasiões, graças à imaginação, voava da classe para percorrer o mundo, sem a menor ideia do que dissera o professor durante 45 minutos. Acho que os professores também tinham sua parcela de culpa. Acontecia o seguinte: como eu era atleta e de certo modo sobressaía, durante as competições não eram muito exigentes comigo. Depois sim, quando já haviam passado as glórias do campeonato, das medalhas e das competições. Colégios como aquele tinham suas concorrências e rivalidades, isso fazia parte da história, do prestígio e do nome da escola. Refiro-me aqui à esfera do estudo, porque em geral eram exigentes com o procedimento dos alunos. Havia uns tantos padres bem preparados, cientistas, entendidos em física, química, matemática, literatura, embora politicamente muito ruins. Esse período a que me refiro vai de 1942 a 1945. Terminei o curso secundário em 1945, quando acabou a Segunda Guerra Mundial.

Poucos anos antes daquele período terminara a Guerra Civil Espanhola,* e todos aqueles sacerdotes, inclusive os que ainda não estavam ordenados, mas também davam aulas, eram politicamente nacionalistas. Falando mais claro, eram todos franquistas, sem exceção, quase todos de origem espanhola, se bem que havia alguns cubanos, mas poucos. Terminara a Guerra Civil Espanhola, comentavam-se muito os horrores da guerra; falava-se dos nacionalistas fuzilados, inclusive dos religiosos fuzilados. Mas quase não se falava dos republicanos e comunistas fuzilados, pois tudo indica que a Guerra Civil Espanhola foi sangrenta, e de ambas as partes houve intransigências.

Foi então a primeira vez que o senhor ouviu falar do comunismo?

Bem, já havia algum tempo ouvira falar, como uma coisa horrível. Assim se referiam sempre ao comunismo. Posso falar a você sobre isso, e creio que em outro momento falaremos a respeito, no terreno político. Mas lhe afirmo que aqueles jesuítas eram todos de direita. Sem dúvida

---

* A Guerra Civil Espanhola durou de 1936 a 1939 e resultou na morte de cerca de 500 mil pessoas. Em 1936, militares derrubaram o governo constitucional da Espanha e instalaram uma ditadura encabeçada pelo general Francisco Franco, que governou a Espanha por 39 anos até a sua morte, em 1975.

que entre eles havia gente generosa, com sentimento de solidariedade para com os outros, incontestáveis em muitos aspectos. Porém, a ideologia era direitista, franquista, reacionária. Não havia uma só exceção, asseguro. Portanto, não tem sentido dizer que, naquela época, havia em Cuba um jesuíta de esquerda. Hoje sei que há muitos de esquerda e acredito que houve no passado jesuítas de esquerda. Todavia, na escola em que estudei, terminada a Guerra Civil Espanhola, não havia um só jesuíta de esquerda. Desse ponto de vista, foi o pior período de todos. Como disse a você, me dedicava ao esporte e não me importava muito com isso, mas observava. E procurava levar adiante os estudos. Apesar de não ser um modelo de estudante, sentia o dever moral de passar nas provas, isso era para mim uma questão de honra e, em geral, minhas notas eram boas, embora eu não prestasse muita atenção nas aulas e tivesse o mau hábito de estudar, sobretudo, em época de exames. Hoje, em nosso país, criticamos isso e com toda a razão.

Eu tinha algumas responsabilidades no colégio, porque incumbiam os alunos de determinadas tarefas: você se encarrega de tal classe ou de tal salão de estudos; ele, de apagar as luzes, fechar as janelas e as portas. Eu era o responsável pelo salão central de estudos, onde ficávamos algum tempo depois do jantar, antes de ir dormir. Quando chegavam os períodos de exames, eu ficava naquele salão duas, três ou quatro horas, repassando as matérias. Embora não fosse inteiramente correto, eles me toleravam, talvez porque isso não prejudicasse ninguém. No período de provas, estudava o tempo todo: antes e depois do almoço, além dos recreios. Então, tudo o que não havia aprendido de matemática, nem de física, química e biologia, eu estudava nos livros. Em todas essas matérias, fui autodidata. E de algum modo dei um jeito de entendê-las — parece que desenvolvi certa habilidade para destrinchar os mistérios da física, da geometria, da matemática, da botânica e da química, só com os textos. E nos exames conseguia obter excelentes notas, muitas vezes acima da média, pois vinham professores dos educandários oficiais nos examinar, e suas avaliações eram muito importantes para o colégio.

Quem eram?

Existiam os educandários oficiais de curso secundário e, segundo as leis do país, escolas privadas que, sem dúvida, serviam aos setores mais privilegiados da população também eram obrigadas a observar as leis e os programas oficiais. Aliás, não se esqueça de que, naquela época, era o momento da guerra mundial, das frentes populares e, em alguns países, surgiram leis reguladoras do sistema educacional. Nossa Constituição, aprovada em 1940, continha algumas coisas avançadas sobre o ensino e as escolas leigas. Havia um programa único e, por ocasião dos exames, os professores da rede oficial, gente um tanto convencida, vinham nos examinar, verificar como andavam os privilegiados alunos dos jesuítas e de outras escolas similares. Em geral, aplicavam provas difíceis. Uns mais, outros menos. Penso que uns com mais simpatia e outros, com menos. Era a época, repito, das frentes populares e da aliança antifascista, inclusive o Partido Comunista, que havia participado da Constituinte,* teve depois certa influência no governo e contribuiu para a aprovação de algumas daquelas disposições legais.

Bem, então vinham os exames, chegavam os professores e, via de regra, davam provas difíceis. Minha especialidade era enfrentar as provas dos professores da rede oficial, nas quais frequentemente os melhores alunos se atrapalhavam e não respondiam de maneira adequada. Diversas vezes tirei o máximo de pontos em matérias consideradas difíceis. Lembro que, num exame de geografia de Cuba, a única nota máxima foi a minha, com noventa pontos. Quando o colégio protestava contra aqueles professores e indagava por que notas tão baixas, eles diziam: "Porque o texto que vocês usam não é bom". Então, nossos professores argumentavam: "Tudo bem, mas há um aluno que, com esse mesmo texto, fez noventa pontos". É que eu usava um pouco de imaginação, fazia esforço para explicar a questão. Passar nos exames para mim era uma questão de honra.

* O Partido Comunista de Cuba, anterior à Revolução, tinha o nome de Partido Socialista Popular.

Aquele foi um período em que pratiquei muito esporte, exploração e coisas afins, só estudava na hora das provas, contudo tirava boas notas. Também me relacionei muito com os colegas, fiz muitas amizades, e sem que eu notasse nem pretendesse, fui adquirindo certa popularidade entre eles, como esportista, como atleta, como explorador, como alpinista e como o sujeito que, no fim das contas, tirava boas notas. É possível que naquele período se manifestassem algumas qualidades políticas inconscientes.

Retiros espirituais

O senhor ia falar dos retiros espirituais.

Já nesse período tínhamos retiros espirituais. Não preciso dizer que, em toda essa etapa, a formação religiosa continuou a mesma, igual àquela do Colégio Dolores, pois mesmo naquela idade, quando já estudávamos lógica e elementos de filosofia, o sistema aplicado era o mesmo. Já havia a instituição dos retiros espirituais. Eram três dias de retiro por ano, às vezes lá mesmo no colégio, outras em algum lugar fora. Consistiam em enclausurar os alunos durante três dias, para conferências religiosas, meditação, recolhimento e silêncio, que era de certo modo a parte mais cruel dos retiros, porque de repente a gente tinha que ficar em mudez absoluta. Entretanto, aquela quietude tinha aspectos agradáveis. Lembro que, de tanto filosofar, nos despertava um tremendo apetite. Portanto, almoço e jantar eram horas magníficas, bem atrativas e de grande satisfação. Começavam cedo os exercícios. Devo acrescentar que, naquelas escolas, tínhamos que ir à missa todos os dias.

Todos os dias?!

Sim. Volto a sublinhar outro fator que me parece negativo: obrigar o aluno a ir à missa todos os dias.

Tanto no Dolores como no Belém?

Tanto no Dolores como no Belém. Não me lembro como era no La Salle, mas do Dolores e do Belém lembro bem, era obrigado a ir à missa todos os dias.

Pela manhã?

Sim, pela manhã, em jejum.* Levantava-se para ir à missa, e só depois se tomava o café. O mesmo ritual todos os dias, obrigatoriamente. Era uma coisa mecânica, um abuso, e não creio que esse tipo de coisa ajudasse. Junto com a missa havia as orações. Bem, o melhor que posso dizer é que não provoca um efeito positivo o fato de se repetir uma oração cem vezes, pronunciando mecanicamente *Ave-Marias* e *Pai-Nossos*. Quantos rezei em minha vida, todos os anos! Será que alguma vez parei para pensar o que significava aquela oração? Por exemplo, notei depois, em outras religiões, o hábito de fazer oração como quem fala com outra pessoa, espontaneamente, com as próprias palavras e ideias, para fazer uma súplica ou um pedido, para expressar uma vontade ou um sentimento. Isso nunca nos ensinaram, somente repetir o que estava escrito, e a repetir uma, dez, cinquenta, cem vezes, de uma forma absolutamente mecânica. Parece-me que realmente isso não é uma oração, pode ser um exercício das cordas vocais, da voz, do que quiser, até mesmo da paciência, mas não é uma oração.

E muitas vezes tínhamos que rezar também a ladainha** em latim e grego, e eu não sabia o que significava *Kyrie Eleison, Christe Eleison.**** Um rezava a ladainha e outros respondiam: *Ora pro nobis*.**** Coisas assim. Ainda me lembro da ladainha. Não sabíamos o que queria dizer, nem o que estávamos dizendo, repetíamos de forma mecânica. Ao longo de muitos anos nos acostumamos a isso. Creio, e digo isso francamente aqui nesta conversa, que me parece uma grande falha da educação religiosa que conheci.

---

* Até o Concílio Vaticano II, a Igreja Católica exigia que seus fiéis, para receber a comunhão ou eucaristia, deviam fazer antes pelo menos três horas de jejum de qualquer alimento líquido ou sólido, exceto água.

** Ladainha é uma prece invocatória católica, na qual se invoca Maria, mãe de Jesus, e uma série de santos.

*** Invocação litúrgica cristã, de origem grega, que significa "Senhor, tende piedade de nós; Cristo, tende piedade de nós".

**** Expressão litúrgica latina que significa "Orai por nós".

Estou de acordo.

Os exercícios espirituais* nos induziam a meditar, naquela idade de dezesseis, dezessete e dezoito anos. Naqueles três dias de meditação, havia alguma meditação filosófica, alguma meditação teológica, mas a argumentação fundamental girava em torno do castigo, que era o mais provável, segundo todas as aparências e circunstâncias; e em torno da recompensa. Uma recompensa que despertava a nossa fantasia e um castigo que instigava nossa imaginação ao infinito. Recordo-me de longos sermões de meditação sobre o inferno, o calor do inferno, os sofrimentos do inferno, o tédio do inferno, o desespero do inferno. Ora, não sei como foi possível inventar um inferno tão cruel como o que nos descreviam, pois não se concebe tanta dureza com uma pessoa, por maiores que tenham sido seus pecados. Além disso, não havia proporção com os pequenos pecados. Até duvidar de algo que não ficara claro sobre determinado dogma era pecado. Tinha-se que crer, e quem não acreditasse podia ser condenado ao inferno. Se você morresse, sofresse um acidente nesse estado de falta, deveria arcar com as consequências. De fato, não havia proporção entre aquele castigo eterno e a falta do indivíduo. Portanto, exaltava-se a imaginação. Lembro ainda de um exemplo que contavam naqueles exercícios espirituais. Havia sempre algum material escrito, dissertações ou comentários, mas nos diziam: "Para que tenham uma ideia do que é a eternidade, meus filhos, imaginem uma bola de aço do tamanho do mundo (e eu tratava de imaginar uma bola de aço do tamanho do mundo, 40 mil quilômetros de circunferência!). Então uma mosca, uma pequena mosca, a cada mil anos aproxima-se da bola, roçando-a com as suas ventas. Pois bem, primeiro se acabará aquela bola de aço do tamanho do mundo, devido ao roçar das ventas da mosca a cada mil anos, antes que o inferno acabe. E, mesmo depois, ele continuará existindo eternamente". Era esse o tipo de reflexão; eu diria que era uma espécie de terror mental; aquelas pregações muitas vezes viravam terrorismo mental.

* Exercícios espirituais consistem em um método de oração e meditação criado por santo Inácio de Loyola (1491-1556), fundador da Ordem dos Jesuítas, oficialmente chamada Companhia de Jesus.

Ora, estamos no fim do século xx, não passou muito tempo, quase me espanto que tenha sido há relativamente pouco tempo, quarenta anos! E em nosso país, em um dos melhores colégios que frequentávamos, era esse o tipo de formação religiosa que nos davam. Não acho que tenha sido uma forma eficaz de cultivar o sentimento religioso.

Falava-se muito da Bíblia?

Falava-se, mas não muito. Às vezes se explicava uma parábola ou algum trecho do Evangelho. Na verdade, durante todo aquele período, estudamos história sagrada* e, a cada ano, em um volume maior. Começava-se por um pequeno texto, e a cada etapa do curso ampliava-se o conteúdo. A história sagrada sempre me interessou por seu conteúdo fabuloso. Para a mente de uma criança ou adolescente era uma coisa maravilhosa conhecer tudo o que ocorrera, desde a criação do mundo até o dilúvio universal. Ah, há uma coisa da história sagrada de que não me esqueço, não sei se consta realmente da Bíblia; e, se consta, me parece necessário analisar melhor. É o seguinte: depois do dilúvio universal, um dos filhos de Noé — seriam os filhos de Noé? — zombou de seu pai. Noé cultivou a vinha, embriagou-se, um filho zombou dele e, em consequência, ele condenou seus descendentes a serem negros. Está na história sagrada, foi um dos filhos de Noé, não sei se Canaã. Quais eram os filhos de Noé?

Eram Sem, Cam e Jafé. No texto bíblico, no livro do Gênesis, Canaã aparece como filho de Cam e, logo em seguida, figura como sendo o filho mais jovem de Noé. De fato, a maldição de Noé sobre Canaã foi para que ele se tornasse o último dos escravos. E como na América Latina os escravos eram negros, algumas traduções antigas colocam "negro" como sinônimo de "escravo". Além disso, os descendentes de Canaã seriam os povos do Egito, da Etiópia e da Arábia, que têm a pele mais escura. Mas no texto bíblico essa descendência não figura como parte da maldição, a não ser que se faça uma interpretação tendenciosa, como a que procura justificar religiosamente o apartheid.

* História sagrada era uma maneira de, nas escolas e catequeses católicas, ensinar resumidamente a Bíblia, narrando seus grandes episódios, da criação do mundo à ressurreição de Jesus.

Bem, me ensinaram que um dos filhos de Noé foi condenado a ter descendentes negros. É preciso ver se ainda se ensina isso, se uma religião pode ensinar que ser negro é um castigo de Deus. Lembro-me dessa questão na história sagrada. Não obstante, tudo aquilo nos maravilhava: a construção da arca, a chuva, os animais, quando a arca encalhou, a história de Moisés, a travessia do mar Vermelho, a Terra Prometida, todas as guerras e batalhas que há na Bíblia. Acho que foi na história sagrada que, pela primeira vez, ouvi falar em guerras. Se posteriormente adquiri certo interesse pelas artes marciais, devo reconhecer que, desde então, nutria uma espantosa curiosidade pela derrubada das torres de Jericó por Josué, os cercos, as trombetas, inclusive Sansão e sua força hercúlea, capaz de derrubar um templo com as próprias mãos. Tudo aquilo era, para nós, verdadeiramente fascinante.

Todo esse período do Antigo Testamento — Jonas, a baleia que o devorou, o castigo de Babilônia, o profeta Daniel — consistia, para nós, em histórias maravilhosas. Contavam também histórias de outros povos, mas nenhuma tão fascinante como a história sagrada do Antigo Testamento.

Havia um livro chamado Imitação de Cristo?
Parece que havia algo assim. Na história sagrada, vinha posteriormente o estudo do Novo Testamento e de suas diversas parábolas. Eram explicadas na linguagem bíblica e despertavam muito o nosso interesse. Indiscutivelmente, o processo da morte e crucificação de Cristo, além das explicações que davam, produzia impacto na criança e no jovem.

Compromisso com os pobres

Como o senhor se tornou sensível à causa dos pobres?

Devo buscar essas raízes em minha experiência desde criança. Onde nasci, tínhamos uma vida em comum com gente mais humilde, com garotos que andavam descalços. Hoje me dou conta de que deviam passar todo tipo de necessidades. Fico pensando agora como aquela gente sofria e como devia ter doenças! Naquela época eu não tinha consciência disso e mantinha laços muito estreitos com aqueles companheiros e amigos, com os quais ia aos rios, às florestas, às árvores, aos currais ou caçar e brincar. Eram eles os nossos amigos e companheiros de férias. Não nos sentíamos de outra classe social. Era com essa gente que andávamos e tínhamos amizade, desfrutando a liberdade que havia naquela região. Em Birán não existia uma sociedade burguesa ou feudal, com vinte ou trinta fazendeiros cujas famílias se reunissem formando um só grupo. Meu pai era um fazendeiro isolado. De vez em quando aparecia um amigo por lá e, raramente, uma visita. Meus pais não tinham o costume de sair dali para visitar outras famílias. Dedicavam todo o tempo ao trabalho, e nossa única relação era com os que viviam ali. Frequentávamos os barracões dos haitianos e, às vezes, nos chamavam a atenção, não por estarmos ali, e sim por razões de saúde, pois comíamos milho assado com eles. Lá em casa jamais nos advertiram para não andar com esta ou aquela pessoa. Portanto, nossa cultura não era a de uma família de classe rica ou fazendeira. É claro que a gente não ignorava o privilégio de possuir muitas coisas, de ter de tudo e de ser tratado com certa consideração. Mas é um fato que nos criamos e crescemos entre aquele pessoal, sem nenhum preconceito ou algo que se parecesse à cultura e à ideologia burguesas. Esse fator certamente teve influência.

Da formação que recebemos na escola, do que aprendemos com os professores, e inclusive da própria família, adquirimos muitos princípios éticos. Desde pequeno aprendi que não se deve mentir. Havia uma rigorosa ética na educação dada por meu pai e minha mãe. Não era uma ética filosófica ou marxista, era uma ética religiosa. Ensinavam-nos a noção do bem e do mal, do que é certo ou errado. Em nossa sociedade, a primeira noção de um princípio ético pode ter tido como fundamento a religião. Naquela atmosfera religiosa, embora houvesse coisas irracionais — como acreditar que se uma coruja voasse e cantasse, ou se um galo fizesse tal coisa, podiam atrair desgraças —, por tradição respirava-se um conjunto de normas éticas. Além disso, a vida que contei a você nos dava a percepção do que significa fazer coisas erradas, violar uma ética, cometer uma injustiça, um abuso ou falar mentira. Portanto, a gente não apenas aprende uma ética, mas também entra em contato com o que significa a violação de uma ética, com gente que não tem ética. Começa a ter ideia do que é justo e injusto, e a assumir um conceito de dignidade pessoal. Não creio que eu possa dar uma explicação cabal sobre em que se baseou esse senso de dignidade pessoal. Há homens mais sensíveis a isso, outros menos. Por que uma pessoa é mais inconformada que a outra? Acho que as condições nas quais uma pessoa é educada podem torná-la mais ou menos inconformada. Também influem o temperamento e o caráter das pessoas: algumas são mais dóceis, outras menos; umas têm mais tendência à disciplina e à obediência, outras menos. O fato é que, na vida, a gente começa a ter noção do que é justo ou não. Pelo que vi e sofri em toda a minha vida, desde cedo tive clareza do que é justo ou injusto. Educaram-me também o exercício físico e o esporte: o rigor, a capacidade de suportar um grande esforço, a vontade de alcançar um objetivo, a disciplina que a gente impõe a si mesmo. Influíram também os professores, sobretudo os jesuítas espanhóis, que souberam imbuir-me de um forte senso de dignidade pessoal, não obstante suas ideias políticas. O jesuíta, como quase todo espanhol, tinha um acentuado grau de honra pessoal. Sabia valorizar a estima pelo caráter e pela retidão, pela franqueza, pela coragem pessoal, pela capacidade de suportar sacrifícios. Indiscutivelmente os jesuítas influenciaram nossa formação com seus valores, com o rigor de sua organização e disciplina, inclusive no senso de justiça, talvez bastante elementar, mas que significou um ponto de partida. Nessa perspectiva, torna-se inconcebível um abuso, uma injustiça, a simples humilhação de outra pessoa. São valores que se formam na consciência de um homem e o acompanham. Portanto, vejo que fui formado por um conjunto de coisas. Primeiro, adquiri certos princípios éticos e, em seguida, a vida me impediu de assumir uma cultura de classe, uma consciência de classe diferente e superior a outra. Penso que essa foi a base com a qual posteriormente desenvolvi uma consciência política. Se você combina princípios éticos, espírito de rebeldia, recusa à injustiça e toda uma série de coisas que você começa a apreciar e valorizar profundamente — ainda que outros não valorizem, inclusive o senso de dignidade pessoal, de honra e de dever—, penso que essa é a base fundamental para que um homem adquira uma consciência política. Sobretudo em meu caso, pois não a adquiri porque vinha de uma classe pobre, proletária, camponesa, humilde, nem por minhas condições sociais. Adquiri minha consciência por meio do pensamento, da reflexão, do desenvolvimento de um sentimento e de uma convicção profundos. É o mesmo que eu lhe dizia da fé: a capacidade de refletir, de pensar, de analisar, de meditar e de aprimorar o sentimento é que tornou possível que eu adquirisse ideias revolucionárias. E com uma circunstância especial: ninguém me incutiu ideias políticas, não tive o privilégio de ter um mentor. Quase todos os homens de nossa história tiveram um mentor, um guia ou professor, alguém que fosse o preceptor. Infelizmente, tive que ser meu próprio preceptor ao longo da vida. Quanto eu agradeceria a alguém que houvesse me ajudado quando tinha doze, catorze, quinze anos! Quanto eu agradeceria que me tivessem instruído politicamente ou me incutido ideias revolucionárias! Não conseguiram incutir-me a fé religiosa porque tentaram fazê-lo por métodos mecânicos, dogmáticos e irracionais. Se alguém me pergunta:

quando você teve uma convicção religiosa? Digo: realmente nunca a tive, nunca cheguei a ter uma verdadeira convicção e fé religiosas. Na escola não foram capazes de incutir-me esses valores. Posteriormente adquiri outros valores: uma convicção política, uma fé política que tive de forjar por minha conta, através de minhas experiências, de minhas reflexões e de meus próprios sentimentos. É claro que de nada valem as ideias políticas se não há um sentimento nobre e desinteressado. Às vezes, de nada valem os sentimentos nobres se não se apoiam em uma ideia justa e correta. Estou convencido de que é sobre os mesmos pilares em que se apoia, hoje, o sacrifício de um mártir por sua fé religiosa. Em suma, a meu ver, a matéria-prima do mártir religioso era a mesma do herói revolucionário, e consistia no homem desinteressado e altruísta. Sem essas condições, não existem nem podem existir o herói religioso ou político. Tive que percorrer meu caminho, um longo caminho, para desenvolver minhas ideias revolucionárias. Têm para mim o grande valor das conclusões a que se chega por si mesmo.

Marx e Martí

Havia cristãos no grupo que atacou o quartel Moncada, em 1953?

Sem dúvida havia, mas nós não perguntávamos pelas concepções religiosas de ninguém. Sim, havia cristãos. Embora eu, quando atacamos o Moncada, já tivesse uma formação marxista.

Já tinha uma formação marxista?

Sim, já tinha uma formação marxista-leninista e uma concepção revolucionária bem clara.

Adquiridas na universidade?

Sim, realmente as adquiri quando era estudante universitário.

Na luta política na universidade?

Sim, na universidade, em meus contatos com a literatura revolucionária. Mas, veja, ocorreu-me uma coisa curiosa. Antes de deparar-me com a literatura marxista, enquanto estudava exclusivamente economia e política capitalistas, comecei a tirar conclusões socialistas e a imaginar uma sociedade cuja economia funcionasse de modo mais racional. Comecei a ser um comunista utópico. Foi no terceiro ano do curso* que passei a ter contato com as concepções e teorias revolucionárias, o *Manifesto Comunista*, as primeiras obras de Marx, Engels e Lênin. E confesso

---

* Fidel estudou direito na Universidade de Havana. Em abril de 1948, quando o líder político de esquerda Jorge Gaitán foi assassinado em Bogotá, Fidel se encontrava na capital colombiana em companhia de Alfredo Guevara (cubano, sem parentesco com o Che), que o teria introduzido no marxismo.

a você que me provocaram um forte impacto a simplicidade, a clareza, a forma direta como o *Manifesto Comunista* explica o nosso mundo e a nossa sociedade. Mas antes de ser comunista utópico ou marxista, eu era martiano, não posso ignorar isso. Desde o curso secundário, o pensamento de Martí exercia atração sobre todos nós que o admirávamos. Também fui sempre um profundo e devoto admirador das heroicas lutas do nosso povo por sua independência, no século passado. Falei a você da Bíblia, e poderia falar ainda da história do nosso país, que é maravilhosamente interessante, cheia de exemplos de valor, dignidade e heroísmo. Assim como a Igreja sempre teve seus mártires e heróis, que formam uma espécie de religião, sentíamos veneração ao escutar a história do Titã de Bronze, do general Maceo,* que venceu tantas batalhas e fez tantas coisas, ou quando nos falavam de Agramonte** ou daquele grande internacionalista dominicano e brilhante chefe militar, Máximo Gómez,*** que desde o início lutou junto aos cubanos, ou daqueles inocentes estudantes de medicina que foram fuzilados em 1871, porque teriam profanado o túmulo de um espanhol.**** Portanto, ouvia-se falar de Martí, de Céspedes, o Pai da Pátria, pois havia em nossa formação, ao lado da história sagrada de que falávamos antes, outra história sagrada: a do país e de seus heróis. Isso me chegou pela escola e pelos livros, e não pela família, que não tinha nível cultural suficiente para isso. Assim fui tendo outros modelos de pessoas e atitudes. Antes de ser marxista, fui martiano e grande admirador da história de nosso país. Os dois nomes começam com M, e

---

* Antonio Maceo (1845-96) foi um dos comandantes da guerra de independência de Cuba. Morreu em combate.

** Ignacio Agramonte (1841-73), advogado e político, destaca-se como um dos líderes da primeira guerra de independência de Cuba. Morto em combate.

*** Máximo Gómez (1836-1905) nasceu na República Dominicana. Depois de lutar ao lado dos espanhóis, mudou-se para Cuba, onde participou de todas as guerras pela independência cubana em relação à Espanha. Eminente estrategista, era chamado "o generalíssimo".

**** Em 27 de novembro de 1871, as autoridades espanholas que dominavam Cuba fuzilaram oito estudantes de medicina, entre 16 e 21 anos de idade, que teriam "profanado" o túmulo de um jornalista espanhol. De fato, arrancaram as flores postadas na tumba. Três dos estudantes foram sorteados pelos espanhóis para serem fuzilados, sendo que um deles nem se encontrava em Havana no dia do suposto delito.

acho que os dois se parecem muito. Estou absolutamente convencido de que, se Martí houvesse vivido a situação que Marx viveu, teria as mesmas concepções e mais ou menos a mesma atuação. Martí tinha muito respeito por Marx, de quem disse uma vez: "Como se colocou ao lado dos fracos, merece respeito". Quando Marx morreu, escreveu belas páginas sobre ele. Há coisas tão estupendas e belas no pensamento martiano que, a partir dele, a gente pode se converter em marxista. Embora Martí não explicasse a divisão da sociedade em classes, foi um homem que esteve sempre ao lado dos pobres e um crítico permanente dos piores vícios de uma sociedade de exploradores. Portanto, quando li o *Manifesto Comunista* pela primeira vez, encontrei uma explicação. No meio daquele cipoal de acontecimentos era muito difícil entender o porquê dos fenômenos, pois tudo parecia resultar da maldade, dos defeitos, da perversidade e da imoralidade dos homens. Comecci a ver outros fatores que não se reduzem à moral do homem ou à sua atitude individual. Comecei a compreender a sociedade humana, o processo histórico, a divisão que se via todos os dias, pois não era preciso um mapa, um microscópio ou telescópio para ver a divisão de classes, o pobre sofrendo de fome, enquanto o outro possuía de sobra. E quem melhor do que eu podia sabê-lo, já que vivi as duas coisas e, de certo modo, suportei-as? Como não compreender a experiência que eu mesmo vivera, a situação do proprietário ao lado do camponês descalço sem terra?

Há uma coisa que me faltou acrescentar quando falei de meu pai e de Birán. Embora ele tivesse muitas terras, era um homem profundamente digno. Suas ideias políticas correspondiam às de um fazendeiro ou de um proprietário, pois adquirira consciência de proprietário no conflito entre seus interesses e os dos assalariados. Porém, foi um homem que jamais deu uma resposta negativa a quem fosse pedir-lhe algo ou solicitar-lhe uma ajuda. Isso é bem interessante. As extensas terras de meu pai estavam cercadas por grandes latifúndios norte-americanos, três grandes usinas açucareiras, cada qual com milhares de hectares. Uma delas tinha mais de 120 mil hectares, e outra, mais ou menos 200 mil hectares de terra. Era uma cadeia de usinas açucareiras. Os donos moravam em Nova York e haviam deixado normas muito rígidas para a administração de seus bens. O administrador dispunha de um orçamento e não podia empregar um centavo a mais. Na entressafra, muita gente dirigia-se para onde vivia minha família. Falavam com meu pai: "Tenho tal problema, temos fome, necessitamos de algo, uma ajuda, um crédito para o armazém". Habitualmente não trabalhavam ali, mas chegavam pedindo: "Precisamos de trabalho, dê-nos trabalho". As canas mais limpas da República eram as do meu pai, pois ele dava àquele pessoal o trabalho de limpá-las. Não me lembro de alguém ter ido pedir alguma coisa a meu pai sem que ele procurasse uma solução. Às vezes protestava, resmungava, queixava-se, mas sempre demonstrava grande generosidade. Era uma característica dele.

Faziam com que eu trabalhasse nas férias. Quando adolescente, punham-me no escritório ou para trabalhar no armazém. Eu gastava parte de minhas férias em um trabalho que não era muito voluntário, mas não me restava outro remédio. Jamais se apagarão de minha mente as imagens de tantas pessoas humildes, descalças, maltrapilhas e famintas, que ali chegavam para conseguir um vale para comprar no armazém. Apesar de tudo, ali era um oásis comparado com a vida dos trabalhadores dos latifúndios ianques no período da entressafra. Quando comecei a ter ideias revolucionárias e a conhecer a literatura marxista, já havia visto, bem de perto, os contrastes entre riqueza e pobreza, entre uma família que possuía muitas terras e os que não tinham nada. Quem deveria explicar-me a divisão da sociedade em classes, a exploração do homem pelo homem, se eu vira com os próprios olhos e, de certa forma, a sofrera também? Quando se tem certas características inconformistas, certos princípios éticos, e se depara com uma ideia que traz enorme clareza, como as que me ajudaram a entender o mundo e a sociedade em que vivia, que eu via por toda parte, como não sentir o efeito de uma verdadeira revelação política? Aquela literatura me atraiu profundamente, senti-me realmente conquistado por ela. Se a Ulisses lhe seduziram o canto das sereias,*

---

* Homero, na *Odisseia*, descreve que os marinheiros se amarravam ao mastro da

a mim me seduziram as verdades incontestáveis da literatura marxista. Comecei a ver, a compreender. Tive essa mesma experiência com outros compatriotas, pois muitos companheiros que não tinham nenhuma ideia desses temas eram homens honrados e ansiosos para acabar com as injustiças em nosso país, bastava apontar-lhes alguns elementos da teoria marxista e o efeito neles era exatamente igual.

Essa consciência marxista não lhe infundiu preconceitos na relação com os cristãos revolucionários que ingressaram no Movimento 26 de Julho, como Frank País? O que ocorreu?

Devo dizer-lhe que, de fato, nunca houve, em mim ou em outros companheiros, que eu me lembre, qualquer contradição com alguém por questão religiosa. Como lhe disse, naquele momento eu já tinha uma formação marxista-leninista. Quando terminei a universidade, em 1950, havia adquirido, em pouco tempo, uma completa concepção revolucionária, não só nas ideias, mas também nos propósitos e na forma de levá-las à prática, de como aplicá-las nas condições de nosso país. Creio que isso foi muito importante.

---

embarcação e enchiam seus ouvidos de cera para não ouvir o canto das sereias e, enlouquecidos, correrem o risco de naufragar.

Preparação política da Revolução

Quando ingressei na universidade, já nos primeiros anos, me vinculei a um partido de oposição que tinha posições bem críticas sobre corrupção, roubo e fraude política.

O Partido Ortodoxo.

O Partido Ortodoxo, cujo nome oficial era Partido do Povo Cubano, que chegou a ter grande apoio de massas. Muita gente boa encontrava-se nesse partido. O acento principal era o combate à corrupção, ao roubo, aos abusos, à injustiça, e as constantes denúncias dos abusos de Batista,* em seu período anterior. Na universidade, isso estava unido a toda uma tradição de luta, aos mártires da escola de medicina, em 1871; às lutas contra Machado e Batista. Naquele momento, a universidade assumiu também posição contra o governo de San Martín,** devido à fraude, à malversação e à frustração que significou para o país.

Antes de ter contato com a literatura da qual falava, tive vínculos com esse partido, como muitos jovens universitários. Quando terminei o curso, estava fortemente ligado ao partido, não obstante minhas ideias tivessem avançado bem mais. Naquela época, pretendia fazer pós-graduação; sabia que ainda me faltava melhor preparação antes de dedicar-me inteiramente à política. Queria estudar economia política. Para obter

---

* Fulgencio Batista (1901-73), general cubano, assumiu o poder por golpe de Estado em 1952 e foi derrubado pela Revolução comandada por Fidel Castro em 1959.

** Ramón Grau de San Martín, médico, presidiu Cuba entre 1933 e 1934, e de 1944 a 1948.

uma bolsa, fiz enorme esforço na universidade para assumir as matérias que me dariam, além do título de doutor em leis, o de licenciatura em direito diplomático e o de doutor em ciências sociais. Eu já não dependia mais de minha família. Ajudaram-me nos primeiros anos, mas ao terminar o curso inclusive me casei,* e já não podia continuar recebendo ajuda deles. Como queria estudar, o jeito era conseguir uma bolsa no exterior. Para obtê-la, eram precisos os três títulos. Ela já estava praticamente ganha, pois só me faltavam algumas matérias, das quais prestaria exames em dois anos. Nenhum outro aluno do meu curso havia alcançado esses objetivos. Entretanto, a impaciência e o contato com os fatos me impeliram a atuar. De modo que me faltaram três anos para aprofundar os estudos, isso que você fez lá no seu convento, como frade da Ordem dos Dominicanos. Os anos que você dedicou ao estudo da teologia me faltaram para dedicá-los ao estudo da economia, e aperfeiçoar e aprofundar meus conhecimentos teóricos.

Bem equipado de ideias fundamentais, básicas, e já com uma concepção revolucionária, decidi colocá-las em prática. Desde antes do golpe de Estado de 10 de março de 1952,** eu tinha uma concepção revolucionária e a ideia de como levá-la à prática. Quando ingressei na universidade, ainda não possuía uma cultura revolucionária. Transcorreram menos de oito anos entre a elaboração dessa concepção e o triunfo da Revolução em Cuba. Já disse que não tive um mentor. Portanto, para elaborar e pôr em prática essas ideias em tão pouco tempo foi preciso um grande esforço de reflexão. Nisso teve papel decisivo o que aprendi do marxismo-leninismo. Creio que minha contribuição à Revolução Cubana consiste em ter realizado uma síntese entre as ideias de Martí e o marxismo-leninismo, e tê-la aplicado consequentemente em nossa luta. Os comu-

---

* Fidel se casou na igreja, em outubro de 1948, com Mirta Diaz-Balart, com quem teve um filho, Fidel Castro Diaz-Balart, físico nuclear. Fidel recusou os 10 mil dólares que o pai lhe enviou como presente.

** Em junho de 1952 haveria eleições presidenciais em Cuba. O militar Fulgencio Batista era um dos candidatos. Como ocupava o terceiro lugar nas pesquisas, em março deu o golpe de Estado, derrubou o presidente Carlos Prio Socarrás e cancelou as eleições. O governo golpista de Batista foi imediatamente reconhecido pela Casa Branca.

nistas cubanos encontravam-se isolados, devido ao cerco que lhes faziam o imperialismo, o macarthismo* e a reação. Estou convencido de que qualquer coisa que fizessem não romperia o isolamento. Haviam obtido força no movimento operário, tinham um bom número de militantes que trabalharam com a classe operária cubana, se consagraram e muito fizeram pelos trabalhadores, e gozavam de muito prestígio entre eles. Mas, naquelas circunstâncias, não havia nenhuma possibilidade política para eles. Foi então que concebi uma estratégia revolucionária para levar à prática uma revolução social profunda, mas por fases, por etapas. Fundamentalmente o que concebi foi fazê-la com aquela grande massa rebelde, inconformada, que não tinha uma consciência madura para a revolução, mas constituía a imensa maioria do povo. Afirmei: essa massa rebelde, saudável e modesta do povo é a força que pode fazer a revolução, é o fator decisivo da revolução; é preciso levar essa massa à revolução e levá-la por etapas. Essa consciência não seria formada por palavras e de um dia para o outro. Vi claro que a grande massa era o fator fundamental, apesar de confusa por vezes, com preconceitos em relação ao socialismo e ao comunismo, pois não pudera alcançar uma verdadeira cultura política e sofrera toda sorte de influências, por todos os meios de comunicação: o rádio, a TV, o cinema, os livros, as revistas, os jornais diários, e a pregação antissocialista e reacionária que surgia de todos os lados. Entre outras coisas, apresentavam-se o socialismo e o comunismo como inimigos da humanidade. Era esse um dos recursos arbitrários e injustos de que se serviam os meios de comunicação em nosso país. Como em toda parte, era um dos métodos utilizados pela sociedade reacionária de Cuba. Desde criança se ouvia dizer que o socialismo negava a pátria, tomava a terra dos camponeses e os bens pessoais do povo, separava a família etc. Já Marx, em seu tempo, fora acusado de querer socializar as

* Macarthismo deriva do nome do senador republicano norte-americano Joseph McCarthy que, em fins da década de 1940 e meados da década de 1950, promoveu intensa "caça às bruxas" nos Estados Unidos. Anticomunista, violou direitos individuais. Todos eram suspeitos de colaborar com Moscou até prova em contrário... Nem Charles Chaplin, obrigado a deixar os Estados Unidos, escapou.

mulheres, o que mereceu uma contundente réplica do grande pensador. As coisas mais horríveis e absurdas foram inventadas para envenenar o povo contra as ideias revolucionárias. Entre a massa, havia mendigos, desempregados e famintos que eram anticomunistas. Não sabiam o que era comunismo ou socialismo. No entanto, a gente via aquela massa que sofria pobreza, injustiça, humilhação, desigualdade, pois o sofrimento do povo não se mede apenas em termos materiais, mas também em termos morais. Não se sofre por comer 1500 calorias quando se necessita de 3 mil. Há um sofrimento adicional a este, que é a desigualdade social, o sentir-se constantemente rebaixado e humilhado na sua condição de homem, porque ninguém o respeita, olham-no como um zero à esquerda, como insignificante: "Aquele é tudo, você não é nada". Tomei consciência de que essa massa, sumamente irritada e descontente, era decisiva, embora não compreendesse a essência social do problema. Estava mal informada e atribuía sua situação ao desemprego, à pobreza, à falta de escolas, hospitais, trabalho, moradia; tudo era atribuído à corrupção administrativa, às malversações, à perversidade dos políticos.

O Partido do Povo Cubano, ao qual me referi, encarnava bastante esse descontentamento. Quase não se culpava o imperialismo e o sistema capitalista. Pois eu diria que nos formavam também em uma religião: a religião do respeito e da gratidão aos Estados Unidos. Esse é outro aspecto.

Por sua proximidade e presença constantes?

"Foram os Estados Unidos que nos deram a independência. São nossos amigos, nos ajudaram e nos ajudam." Isso se dizia muito nos textos oficiais.

E aqui vinham muitos turistas estadunidenses.

Vinham sempre; mas quero lhe explicar um contexto histórico, pois nos ensinavam: "A independência se iniciou a 20 de maio de 1902", data em que os ianques entregaram a República, mediante uma cláusula constitucional que lhes dava direito de intervir em Cuba.* Data que agora escolheram para inaugurar sua "Rádio Goebbels", "Rádio Reagan" ou "Rádio Hitler". Não chamarei de Rádio Martí a estação subversiva inaugurada em 20 de maio deste ano. Quando impuseram a Emenda Platt à República, já tinham ocupado o nosso território durante quatro anos. Ocuparam o país durante quatro anos e, depois, impuseram o infame direito de intervir em nossa pátria. Intervieram mais de uma vez e, com tais métodos, apoderaram-se de nossas melhores terras e minas, nosso comércio, nossas finanças e nossa economia.

Em que ano foi isso?

Teve início em 1898 e culminou em 20 de maio de 1902, com uma caricatura de República, que era a expressão política da colônia ianque estabelecida em Cuba. Nessa data, iniciou-se o processo de apropriação maciça dos recursos naturais e das riquezas de Cuba. Falei a você de meu pai, que trabalhou em uma das empresas ianques, a United Fruit Company, famosa, que se estabeleceu ao norte de Oriente. Meu pai começou a trabalhar em Cuba como operário da United Fruit.** Os textos escolares faziam a apologia do modo de vida dos Estados Unidos e se complementavam com toda a literatura. Hoje, até as crianças sabem que tudo aquilo era uma enorme, uma gigantesca mentira. Como destruir todo esse complexo de mentiras e mitos? Recordo-me que aquela massa não sabia, mas sofria; estava confusa, mas também desesperada; era capaz de lutar, de movimentar-se em uma direção. Era preciso levá-la ao caminho da

---

* Depois de conquistar sua independência da Espanha (1898), Cuba permaneceu ocupada pelos Estados Unidos até 1902. Para se ver livre da ocupação direta, o governo cubano foi obrigado a aprovar uma emenda à Constituição, reconhecendo o direito de os Estados Unidos invadir Cuba a qualquer momento em que os interesses econômicos da nação ianque fossem ameaçados. A chamada Emenda Platt manteve Cuba como um protetorado estadunidense até 1933. Em 1903, Cuba foi forçada a "alugar" aos Estados Unidos a base naval de Guantánamo, ocupada por tropas estadunidenses desde 1898.

** A United Fruit Company, empresa estadunidense multinacional, operou na América Latina entre 1899 e 1970, como produtora e exportadora de frutas tropicais, em especial banana e abacaxi. Para defender seus interesses, ajudou a promover vários golpes de Estado para instalar governos ditatoriais. Tais regimes passaram a ser conhecidos como "república de bananas".

revolução por etapas, passo a passo, até alcançar plena consciência política e confiança em seu destino. Pois bem, toda essa concepção sobre a história de Cuba, o caráter e a idiossincrasia de nosso povo, e ainda sobre o marxismo, eu tirei de minhas leituras e meditações.

O senhor estava na esquerda do Partido Ortodoxo?

Bem, alguns sabiam como eu pensava, pois dizia as coisas com muita franqueza a todos, e começaram a me isolar e a me chamar de comunista. Mas, na época, eu não pregava o socialismo como meta imediata, e sim fazia campanhas contra a injustiça, a pobreza, o desemprego, os aluguéis exorbitantes, a expulsão de camponeses de suas terras, os baixos salários, a corrupção política e a descarada exploração que se via por toda parte. Para mobilizar o povo em uma direção verdadeiramente revolucionária, começamos a agir por meio da denúncia, da pregação e de um programa, para os quais o nosso povo estava mais preparado. O que mais devo dizer? Percebi que o Partido Comunista estava isolado, embora tivesse força e influência entre os operários, que considero aliados potenciais. Evidentemente eu não pretendia convencer um militante comunista de que as minhas teorias eram corretas, e praticamente nem tentei. Já tendo uma concepção marxista-leninista, fui adiante. Eram boas minhas relações com eles, pois quase todos os livros com os quais estudei foram comprados a prazo na livraria do Partido Comunista, na rua Carlos III. Tinha também boas relações com os dirigentes comunistas na universidade, éramos aliados em quase todas as lutas. Disse a eles: "Existe a possibilidade de lutar com o apoio da grande massa potencialmente revolucionária". Já antes do golpe de Batista, a 10 de março de 1952, fui levando à prática essas concepções.

O grupo que atacou o Moncada saiu da esquerda do Partido Ortodoxo?

Saiu das fileiras jovens do Partido Ortodoxo, que eu conhecia e sabia como pensavam. Quando ocorre o golpe, começo a organizá-los.

Com que nome?

Naquele momento, estávamos organizando células de combate.

Chamavam-se assim, células?

Estávamos organizando um aparato militar. Eram os meses seguintes ao golpe militar de 1952, e não tínhamos ainda um plano revolucionário. Desde 1951 eu elaborara um, que exigia ainda uma etapa política prévia. Como eu tinha certa força política, comecei a organizar um movimento revolucionário. O Partido Ortodoxo ia ganhar as eleições, e eu sabia que a sua direção, em quase todas as províncias, exceto a de Havana, estava caindo em mãos de latifundiários e burgueses, como sempre. Aquele partido popular encontrava-se virtualmente em mãos de elementos reacionários e de máquinas eleitoreiras, à exceção da província de Havana, na qual prevalecia um respeitável grupo de políticos honestos, intelectuais e professores universitários. Não havia esquema eleitoreiro, embora alguns ricos começassem a ter influência e a querer controlar o partido na província por meio dos tais esquemas e de dinheiro. Aqui em Havana o partido era bastante forte. Tinha 80 mil filiados espontâneos, o que era uma cifra considerável. Cresceu especialmente depois da morte de seu fundador, um homem combativo, com grande ascendência sobre a massa, e que se privou da vida em consequência de uma polêmica com um ministro do governo, que o acusava, sem provas, de possuir negócios de terras na Guatemala. Prepararam-lhe a armadilha, impeliram-no à polêmica em torno da questão, e havia muita corrupção no país. Embora aquela acusação nunca tenha sido provada, ele se desesperou e se matou. O partido ficou sem direção, mas com muita força.*

Bem, eu já me acostumava à ideia de que o partido ganharia as eleições presidenciais de junho de 1952. Previa que o novo governo resultaria também em completa frustração e, por isso, planejava a passagem da primeira etapa política — de preparação do Movimento — à segunda etapa — de tomada do poder pela via revolucionária. Creio que uma das coisas

---

* O Partido Ortodoxo, como era conhecido o Partido do Povo Cubano, foi fundado em 1947 por Eduardo Chibás (1907-51), candidato a presidente nas eleições de 1948, que elegeram Prio Socarrás. Era o mais forte candidato a presidente às eleições de 1952. No ano anterior, deprimido por não provar denúncias de corrupção que fizera em seu programa radiofônico, suicidou-se com um tiro.

fundamentais que o marxismo me ensinou, e que a intuição me dizia, era a necessidade de tomar o poder para fazer a revolução, e que, pelos caminhos tradicionais da política que se fizera até então, não se chegaria a nada. Pensei em adotar como tribuna determinadas posições, a partir das quais pudesse lançar um programa revolucionário inicialmente na forma de propostas de leis — o que depois se transformou no Programa de Moncada. Veja que não se tratava ainda de um programa socialista, e sim de um programa capaz de conquistar o apoio das grandes massas da população. Era a antessala do socialismo em Cuba. As ideias contidas no Programa de Moncada eu já elaborara muito antes do golpe de Batista, ao organizar uma base sólida nos bairros de Havana e em outros setores humildes da cidade e da província. Além disso, eu trabalhava ativamente a massa do partido. Como já era advogado, permaneci em estreito contato com esses setores por meio de uma luta ativa, dinâmica, enérgica, graças ao apoio de um pequeno grupo de companheiros. Não ocupei cargos de direção, mas contava com apoio da massa do partido e com toda uma concepção revolucionária. Vem o golpe de Estado e tudo mudou; não se podia levar adiante aquele programa. No programa inicial incluí até os soldados, pois também eram vítimas de exploração, forçados a trabalhar nas propriedades particulares dos magnatas, do presidente, dos coronéis. Descobri tudo isso, denunciei e, aos poucos, ganhei ascendência entre suas fileiras. Ao menos prestavam atenção nas denúncias. Meu plano era unir nesse movimento os soldados, unir em um programa amplo soldados, operários, camponeses, estudantes, professores, profissionais liberais e setores médios da população. Quando ocorreu o golpe, mudou todo o quadro. Antes eu pensava em voltar à etapa constitucional anterior; agora, era preciso derrubar a ditadura militar.

Em que data ocorreu o golpe?

A 10 de março de 1952. Comecei a pensar em restaurar a situação anterior e unir todos para liquidar aquela coisa infame e reacionária que era o golpe de Estado de Batista. Por minha própria conta, organizei os militantes pobres e combativos da Juventude Ortodoxa, e entrei em contato com alguns líderes desse partido que se diziam favoráveis à luta armada. Estava claro para mim que Batista deveria ser derrotado pelas armas para voltarmos à situação anterior, ao regime constitucional. Com certeza esse objetivo uniria todos os partidos. A primeira estratégia revolucionária fora concebida como um grande movimento de massas inicialmente mobilizado por bandeiras constitucionais. Em torno delas todos se uniriam para derrubar o regime de Batista, os partidos que estavam no governo e os que estavam na oposição. Em poucas semanas, organizei os primeiros combatentes e as primeiras células. Instalamos estações de rádio clandestinas e divulgamos um pequeno jornal mimeografado. Tivemos alguns tropeços com a polícia que, posteriormente, nos serviram de experiência. Sim, porque depois adotamos métodos extremamente cuidadosos na seleção e compartimentação dos companheiros. Tornamo-nos verdadeiros conspiradores e organizamos os primeiros núcleos do que seria a luta conjunta de todos os partidos e de todas as forças. Assim comecei a trabalhar dentro do partido, e conheci muita gente boa e jovem que encontrei nos setores mais humildes, lá em Artemisa e nos bairros mais populares de Havana. Eram todos trabalhadores. Um pequeno grupo de companheiros me apoiou desde o início: Abel, Montané, Ñico López* e outros. No início, eu era o único quadro profissionalizado do Movimento. Para dizer a verdade, até Moncada eu era o único; Abel também ficou liberado no último mês. Organizamos todo o Movimento em catorze meses. Chegamos a ter 1200 homens, com os quais falei um por um, organizando cada célula. Sabe quantos quilômetros percorri num automóvel antes de Moncada? Quatro mil quilômetros. Em um carro que ainda não estava inteiramente pago. Tanto ele como

* Abel Santamaría (1927-53), irmão de Haydée Santamaría (fundadora da Casa das Américas), foi preso, torturado e assassinado no assalto ao quartel Moncada. Jesús Montané (1923-99), combatente revolucionário, ocupou várias funções de importância no governo cubano. Antonio (Ñico) López (1932-56), revolucionário cubano. Depois do golpe de Batista, em 1952, ele se exilou no México e, na Guatemala, conheceu o médico argentino Ernesto Che Guevara, mais tarde incorporado ao Exército Rebelde. Ñico López participou do desembarque do *Granma* e, poucos dias depois, foi assassinado pelo exército de Batista. Chama-se Ñico López a escola superior do Partido Comunista de Cuba.

eu éramos sustentados por Abel e Montané. As viagens eram dedicadas a organizar, treinar e equipar o Movimento.

Em reuniões com os futuros combatentes, com quem eu partilhava instruções, fomos criando uma organização disciplinada e decidida, com gente jovem e saudável, e com ideias patrióticas e progressistas. Organizávamo-nos para lutar contra a ditadura. Não era nosso propósito encabeçar a luta, mas sim cooperar com as demais forças. Já havia de sobra inúmeras personalidades e dirigentes políticos. Porém, depois concluímos que eram todos falsos, incapazes e mentirosos, então decidimos traçar o nosso próprio plano. Isso começou a mudar as coisas.

Terminamos a primeira rodada de conversas. São quase três da madrugada quando nos despedimos.

PARTE TRÊS

Iniciamos nova rodada de conversas às quinze para cinco da tarde de sexta-feira, 24 de maio de 1985.

Ataque ao quartel Moncada

Gostaria de que o senhor se referisse especificamente aos revolucionários reconhecidamente cristãos, como Frank País, e de outro que não esteve em Moncada, pois atuava em Havana, José Antonio Echeverría. Que tipo de relação havia entre eles e os que já tinham uma visão marxista?

Veja, quando ocorre Moncada, realmente havia um grupo reduzido, de mais responsabilidade e autoridade, que já tinha formação marxista. Eu mesmo trabalhara, nesse sentido, com um número de militantes mais responsáveis. Mas as qualidades que exigíamos daqueles companheiros eram, em primeiro lugar, o patriotismo, o espírito revolucionário, a seriedade, a honradez, a disposição de luta, de acordo com os objetivos e os riscos da luta armada contra Batista. Eram essas as exigências fundamentais. Ninguém era questionado se tinha ou não uma convicção religiosa. Esse problema nunca se colocou. Não me lembro de uma só exceção. Isso era uma questão de foro íntimo de cada pessoa. E embora não haja dados ou estatísticas, porque ninguém pesquisou sobre essa questão, é indiscutível que muitos participantes de Moncada eram cristãos. Você mencionou alguns exemplos. Por ocasião de Moncada, Frank País ainda não tinha contato conosco, era muito jovem e só se incorporou propriamente ao Moncada, onde se destacou, meses depois daquela ação. Pelo que sei, ele tinha formação religiosa, vinda de sua família.

O pai era pastor.

O pai era pastor. Mas nunca conversamos sobre a questão religiosa.

Tampouco havia proselitismo antirreligioso?

Não podia haver, não tinha sentido. Buscávamos era gente com disposição de luta. Nunca se colocou esse problema. Pelo que sei, também Echeverría tinha uma formação religiosa. E não conversei com ele sobre isso, falávamos da luta contra Batista. O certo é que, em uma comemoração do aniversário de sua morte, 13 de março, fiz uma crítica muito dura por terem omitido uma invocação a Deus que Echeverría fizera em seu testamento político.

O que fizera ele?

Redigira um manifesto antes da ação que causou a sua morte. Anos depois, me preparava para falar na comemoração do aniversário de seu falecimento, quando percebi que, na leitura do testamento, fora omitida a invocação religiosa que ele fizera. Fiquei muito irritado com aquilo. Quando falei, fiz uma crítica, que deve estar nos jornais, e perguntei como era possível omitirem aquela invocação, sabotando o documento, e por que tanta preocupação com a invocação que em nada diminuía o mérito de Echeverría. Não deviam fazer aquilo. Fiz uma crítica tanto do ponto de vista de verdade histórica, que deve ser respeitada, quanto do preconceito de pensar que aquela invocação não deveria ser lembrada porque, talvez, não fosse bem entendida e poderia diminuir ou tirar o mérito do homenageado. Isso me levou a fazer um forte questionamento público sobre a questão. Com certeza está publicado nos jornais. Não sei se alguma vez já lhe falaram disso.

Sim, me falaram uma vez. Bem, depois vocês foram presos. Como foi a intervenção do bispo de Santiago de Cuba em favor dos assaltantes do quartel Moncada?

Veja, para entender bem isso é preciso considerar que, na impossibilidade de tomar o quartel Moncada — por razões meramente acidentais, mas com consequências decisivas —, houve uma retirada dos combatentes que ocupavam diferentes posições. Ao ser dada a ordem de retirada, uma parte regressou à casa em Siboney,* de onde havíamos saído. Eu es-

---

* Nome da granja, situada na periferia de Santiago de Cuba, na qual se prepararam

tava preocupado com os companheiros que se encontravam em Bayamo, e imaginava que eles tinham cumprido seu objetivo e tomado o quartel local. Se tivesse dado tudo certo, eles ficariam isolados e, portanto, pensei em reagrupar alguns companheiros e realizar outra ação contra um quartel menor, a fim de apoiar os que haviam ido para Bayamo.

Uma curiosidade histórica. Visitei aquela pequena chácara em Siboney. Suponho que, entre os companheiros que não regressaram à chácara, alguns já tinham sido presos.

Não foi bem assim.

Não? Porque eu me perguntava se o senhor não teve medo de que eles falassem e que toda...

[Fidel me interrompe.]

Não, naquele momento nem sequer pensei nesse problema, pois imaginava que o inimigo não teria tempo de reagir frente a uma ação tão surpreendente e certamente traumatizante, como foi o ataque a seu principal quartel. Retornamos à casa de onde havíamos saído, como o fizeram outros companheiros. Procurei organizar o grupo, pegamos munição e algumas armas mais adequadas, e distribuímos aos que estavam decididos a subir a montanha. Com mais precisão: minha ideia era dirigir-nos até Caney, que ficava ao norte, a quilômetros de Santiago, e, com um grupo de vinte ou trinta companheiros, tomar de surpresa um quartel menor. Mas observei que os nossos carros — naquela época não tínhamos comunicações — tomavam o rumo da chácara de onde havíamos partido. Também fomos para lá, para onde os companheiros se dirigiam. E não foi possível reunir o número mínimo de gente para realizar a ação sobre o quartel de Caney, que era o que eu havia planejado para ajudar o grupo de Bayamo.

Quantos assaltaram o quartel Moncada?

Eram cerca de 120 homens.

---

os combatentes que assaltaram o quartel Moncada, em 1956. Ali se alojaram e esconderam as armas. Hoje é um museu.

Dos quais morreram...?

Depois lhe explico. Uns ocuparam alguns prédios, como o da Audiência,* que dominava o quartel por um ângulo; outros ocuparam as casas diante da parte de trás do quartel, e o nosso grupo se dirigiu à porta principal, para entrar pela frente. Eu ia no segundo carro. O tiroteio iniciou-se ao meu lado, ao passarmos por uma patrulha de ronda. Nosso grupo tinha cerca de noventa homens. Mas só chegaram à porta principal uns sessenta ou setenta, porque alguns não conheciam bem as ruas e, em vez de dobrar da avenida para o quartel, seguiram adiante em seus carros. Esse era o grupo que estava comigo. Os planos eram conhecidos pelos que estavam em outras áreas, no prédio da Audiência e no hospital. Supunha-se que o nosso grupo tomaria o posto de comando e obrigaria os soldados a recuar até o fundo, onde cairiam prisioneiros entre os que haviam entrado pela frente e os que, de suas posições, dominavam o pátio traseiro, onde ficava o alojamento. Ao dar-se o enfrentamento com a patrulha, o combate começou fora do quartel e não dentro, como previsto. Os soldados se mobilizaram, eram mais de mil homens; perdeu-se o fator-surpresa e tornou-se impossível concretizar o plano. O primeiro carro conseguira, apesar de tudo, ocupar e dominar a entrada do quartel. Quando nos retirávamos, fiz parar o último carro, no qual me encontrava, e cedi meu lugar a um companheiro que andava perdido por ali. Um companheiro de Artemisa retornou e me apanhou. Por isso, ao sair pela mesma avenida pela qual havíamos entrado, não pude contar com número suficiente de companheiros para ir até o quartel de Caney, pois mais ou menos a metade dos sessenta ou setenta homens já tinha regressado, na frente, à casa de Siboney. Depois do fracasso da ação — não se esqueça que, embora organizados, eram civis e realizavam sua primeira ação —, alguns desanimaram e tiraram a roupa militar. Mas havia ainda um grupo decidido a continuar a luta. Então esse grupo dirigiu-se comigo às montanhas que estão em frente à chácara, a Sierra Maestra, nas

---

* Antigo nome do Tribunal de Justiça, local também conhecido como Palácio da Justiça. Ali Raúl Castro se alojou no dia do assalto ao quartel Moncada.

proximidades de Santiago. Não a conhecíamos. Armados, nos embrenhamos pelas matas. Não eram armas apropriadas para luta em campo aberto, mas era o que tínhamos: alguns fuzis automáticos calibre .22 e escopetas automáticas calibre .12, adequadas para o enfrentamento corpo a corpo, como o que havíamos planejado. Com aquelas armas, subimos as montanhas. Como não conhecíamos o terreno, ao anoitecer ainda não havíamos chegado ao cume e, àquela hora, o inimigo já distribuíra soldados por todas as áreas, e todos os pontos-chave daquela região estavam tomados. Mesmo assim, se já tivéssemos a experiência que adquirimos depois, teríamos furado o bloqueio. Porém, a falta de experiência e o desconhecimento do lugar faziam com que nós, ao não encontrar os caminhos, regressássemos sempre ao meio da montanha. Nosso plano era chegar ao outro lado da Sierra Maestra, onde fica a baía de Santiago de Cuba, a parte oeste da cidade.

Nosso plano original era tomar o quartel Moncada e, graças ao apoio da população de Santiago, decretar a greve geral e paralisar o país. Se o inimigo atacasse com uma força superior à nossa capacidade de defender a cidade, recuaríamos para a Sierra Maestra com 2 ou 3 mil homens armados. Digo a você que, com os conhecimentos que posteriormente adquirimos, não teríamos menosprezado aquelas posições e aqueles soldados. Contudo, naquele momento, nossa ignorância nos fez imaginar que não era possível atravessar para o outro lado da Sierra Maestra, a fim de nos distanciarmos dos soldados que nos caçavam. Planejamos cruzar a baía de Santiago de Cuba rumo a oeste e, assim, penetrar na zona mais abrupta e estratégica da Sierra Maestra. No nosso pequeno grupo havia inclusive alguns feridos, mas sem gravidade. Ocorreu, entretanto, um acidente: a arma de um companheiro disparou, provocando-lhe uma ferida grave. Tivemos que procurar uma maneira de salvá-lo, o que reduziu ainda mais o grupo. Outros companheiros encontravam-se muito esgotados, não estavam em condições físicas de suportar a dureza da luta nas montanhas. Devido à pouca capacidade de mobilidade deles, decidimos fazê-los retornar a Santiago. Por que naquele momento já podiam regressar? Pelo seguinte: imediatamente depois do ataque, nas horas e nos dias seguintes, o exército começou a capturar muitos companheiros, uns que haviam se perdido quando nos dirigimos ao Moncada, outros que ocupavam posições do outro lado do quartel e, aparentemente, tardaram a perceber que a operação principal havia fracassado. Desses, alguns saíram a tempo e os demais foram cercados. Foram presos companheiros já em roupas de civil, tentando hospedar-se em um hotel, buscar refúgio ou sair de Santiago de Cuba. Por fim, outros foram apanhados no campo.

Vocês vestiam uniforme militar?

Sim. Felizmente, foram pouquíssimas as baixas em combate. Eles, sim, tiveram um número elevado: se bem me lembro, uns onze mortos e 22 feridos.

E vocês tiveram quantos mortos?

Soubemos que, em combate, morreram dois ou três companheiros e alguns ficaram feridos. Todavia, na segunda-feira, Batista noticiou a morte de setenta revolucionários. É possível que naquela segunda-feira eles ainda não houvessem assassinado setenta companheiros, do total de 160 que haviam participado das ações de Santiago e Bayamo. Porém, divulgaram a morte de setenta rebeldes. Já na tarde de domingo, dezenas de companheiros foram presos e assassinados. E, durante quase toda a semana, os prisioneiros foram submetidos a horríveis torturas e à morte. Tudo isso provocou na população de Santiago de Cuba enorme reação de profundo repúdio, uma comoção nacional. A cidade tomou conhecimento do assassinato de todos os combatentes presos. A sociedade civil se organizou, se mobilizou e visitou o arcebispo de Santiago de Cuba, monsenhor Pérez Serantes, de origem espanhola. Por razões humanitárias, ele interveio para salvar os sobreviventes. É preciso lembrar que os quarenta companheiros que estavam em Bayamo também tiveram dificuldades para cumprir a missão, e um bom número deles foi capturado em diferentes lugares.

A regra geral adotada pelo exército de Batista foi a de levantar uma série de calúnias, procurando instigar o ódio dos militares contra nós, com a infame acusação de que havíamos degolado soldados enfermos no hospital de Santiago de Cuba. O que ocorreu de fato, como lhe contei, foi que o combate teve início fora e não dentro, como estava planejado, devido ao encontro acidental com uma patrulha de ronda que habitualmente não ficava naquele local, mas por ser um domingo de Carnaval a puseram ali e então...

Uma patrulha do quartel?

Sim, porque era dia de Carnaval e, embora o primeiro carro tenha conseguido chegar à porta, houve o enfrentamento quando viram o nosso carro, que era o segundo. Ao parar o nosso carro, como todas aquelas instalações tinham o mesmo estilo militar, desceu o pessoal dos carros que estavam atrás e avançou em direção à esquerda. Um grupo entrou no hospital pensando que estava entrando no quartel. Percebi o equívoco, entrei no hospital e, depressa, o retirei dali. Como desapareceram o fator-surpresa e o nosso ímpeto inicial, o ataque cessou e fiquei tentando reorganizar o grupo outra vez. Procuramos repetir o ataque ao quartel, mas já não foi possível: a guarnição estava em pé e havia tomado posições defensivas. Isso impedia que se alcançasse um êxito que dependia, exclusivamente, do fator-surpresa. Por não contarmos com armas apropriadas nem um número de homens suficiente para enfrentar os soldados, fracassamos quando eles despertaram e tomaram posições. Bem próximo a mim, alguém disparou, quase me deixando surdo, contra um homem em traje militar que apareceu na janela do hospital. Por isso, uma pessoa do corpo de saúde foi morta ou ferida. E o fato de termos entrado no hospital, embora só no térreo, na entrada, serviu de pretexto para se promover uma enorme campanha de calúnias de que havíamos degolado soldados doentes. Pura mentira, mas na qual muitos soldados acreditaram. Assim, Batista tinha o propósito de despertar e excitar o ódio dos soldados. Acrescia-se a isso a tradição, digamos, de brutalidade do exército, a dignidade ofendida pelo ataque de civis que se atreveram a enfrentá-los. Os prisioneiros eram sistematicamente assassinados. Uns eram levados, interrogados, barbaramente torturados e depois mortos. Tais circunstâncias produziram forte reação na opinião pública, e o arcebispo de Santiago de Cuba, como autoridade eclesiástica, e junto com outras personalidades da cidade, começou a agir para salvar a vida dos prisioneiros. Efetivamente, alguns sobreviveram graças às gestões do arcebispo e do grupo de personalidades, ajudados pela atmosfera de profunda indignação da população. Frente a essa nova situação, decidimos que um grupo que estava comigo, em péssimas condições físicas, se apresentaria às autoridades por meio do arcebispo. Eram seis ou sete companheiros. Fiquei com mais dois dirigentes, com o propósito de atravessar a baía para chegar à Sierra Maestra e organizar de novo a luta. Os outros estavam extremamente esgotados, e era preciso preservar-lhes a vida.

Prisão

Eram mais ou menos quantos companheiros?

Seis ou sete. Aproximamo-nos de uma casa, falamos com um cidadão, e foi ele quem arranjou o encontro daquele grupo com o arcebispo. Ao amanhecer, aqueles companheiros seriam apanhados pelo arcebispo. Eu e os dois que estavam comigo nos separamos deles, nos afastamos uns dois quilômetros daquele lugar, no propósito de pegar a estrada que conduzia à baía de Santiago de Cuba à noite. Porém, o exército soube, talvez tenha interceptado a ligação telefônica entre aquela família e o arcebispo, e bem cedo, antes de amanhecer, patrulhas ocuparam toda aquela região, inclusive as proximidades da estrada. Estávamos a dois quilômetros e cometemos um erro que, até então, não havíamos cometido em todos aqueles dias. Um pouco cansados, tínhamos que dormir nas piores condições, nas ladeiras das montanhas, sem saco de dormir ou coisa parecida, e justamente naquela noite encontramos uma pequena cabana, de quatro metros de comprimento por três de largura, o que aqui chamam de *vara en tierra*, lugar onde se guarda material de trabalho. Para nos proteger da neblina, da umidade e do frio, decidimos ficar ali até amanhecer. De manhã, antes de despertarmos, uma patrulha de soldados entrou na cabana e nos acordou com os fuzis sobre o peito. Ser despertado pelos fuzis do inimigo foi consequência de um erro que jamais deveríamos ter cometido.

Nenhum de vocês montou guarda?

Não, ninguém montou guarda, os três dormiram, entende? Estávamos um pouco confiantes, pois havia uma semana que, apesar de rastrearem toda a região, continuávamos furando o cerco. Subestimamos o inimigo, cometemos um erro e caímos em suas mãos. Certamente interceptaram o telefonema, não posso admitir que as pessoas com as quais fizemos contato tenham nos delatado. É certo que cometeram indiscrições, como a de falar ao telefone; isso alertou o exército que, imediatamente, enviou patrulhas para nos capturar. Do jeito que aqueles indivíduos andavam sedentos de sangue, teriam nos assassinado de cara. Porém, ocorreu uma incrível casualidade: havia um tenente negro, chamado Sarría, que não era assassino e tinha certa autoridade. Os soldados estavam excitados, nos amarraram, apontaram os fuzis contra nós e queriam nos matar. Pediram a nossa identidade e demos outro nome. Vi logo que não me reconheceram.

O senhor já era muito conhecido em Cuba?

Relativamente, mas por alguma razão aqueles soldados não me reconheceram. Não obstante, queriam nos matar e, se tivéssemos nos identificado, teriam disparado. Começamos a discutir com eles. Diziam que éramos assassinos, que queríamos matar soldados, e que eles eram os continuadores do Exército Libertador. Perdi um pouco a calma e retruquei que eles eram os continuadores do exército espanhol, e nós éramos os verdadeiros continuadores do Exército Libertador. Eles ficaram ainda mais furiosos. A gente já se dava por morto; eu não imaginava a mais remota possibilidade de sobreviver. Durante a discussão com eles, o tenente interveio e disse: "Não disparem, não disparem". Impôs-se aos soldados, enquanto repetia em voz baixa: "Não disparem, as ideias não se matam". Três vezes aquele homem repetiu: "As ideias não se matam". Por acaso, um dos dois companheiros era maçom. Trata-se de Oscar Alcalde, que está vivo e hoje preside o Banco da Poupança. Financista, era ele quem controlava os fundos do Movimento. Resolveu dizer ao tenente que era maçom. Isso surtiu efeito, pois havia muitos militares maçons. Bem amarrados, nos levantaram e nos levaram. Impressionara-me a atitude daquele tenente e, depois de caminharmos um pouco, chamei-o e disse: "Vi como o senhor procedeu e não quero enganá-lo, eu sou Fidel

Castro". Ele me advertiu: "Não diga nada a ninguém". Avançamos um pouco mais e logo, a uns setecentos ou oitocentos metros dali, tiros foram ouvidos. Os soldados, muito nervosos, estenderam-se sobre o chão.

Eram mais ou menos quantos soldados?

A patrulha teria uns doze soldados.

E o tenente, quantos anos tinha?

Tinha quarenta ou 42, mais ou menos. Quando os vi se deitarem, pensei que tudo era uma artimanha para atirarem em nós e permaneci em pé, parado. O tenente se aproximou e eu lhe disse: "Não me deito. Se querem atirar, têm que nos matar de pé". O tenente comentou: "Vocês são muito corajosos, rapazes". Creio que aquela foi uma possibilidade em mil. Nem por isso estávamos salvos ou tínhamos garantia de sobreviver. No entanto, o tenente nos salvou pela segunda vez.

Pela segunda vez?

Sim, pela segunda vez, porque antes que aparecesse o arcebispo, o outro grupo que estava próximo à estrada foi localizado e preso. Isso provocara o tiroteio a que me referi. Fomos todos reunidos e colocados em um caminhão. O tenente me pôs na frente, entre ele e o motorista. Mais adiante surgiu um comandante, que se chamava Pérez Chaumont, um dos principais assassinos e responsável pela morte de muita gente. Ordenou que nos levassem ao quartel. O tenente discutiu com ele e não obedeceu. Levou-nos à Casa de Detenção de Santiago de Cuba, onde ficamos à disposição da justiça civil. Se tivéssemos chegado ao quartel, teriam feito picadinho de todos nós.

Toda a população de Santiago de Cuba fica sabendo que fomos presos e que nos encontramos ali. Começa uma forte pressão para salvar-nos a vida. O comandante do regimento aparece para nos interrogar. Sentia-se que os próprios militares estavam impressionados com tudo aquilo, olhavam-nos com certo respeito e até admiração, além da satisfação de o invencível exército ter frustrado o ataque e capturado os rebeldes. Somava-se a isso um fator psicológico: já tinham a consciência pesada, pois haviam assassinado setenta ou oitenta prisioneiros, e toda a população sabia disso.

Seus companheiros?

Sim, que foram presos em diferentes circunstâncias. Mataram setenta ou oitenta, poucos escaparam e ficaram presos, entre eles o grupo que estava comigo e alguns que foram capturados em outros lugares e só não morreram graças aos protestos da opinião pública e às gestões das personalidades e do arcebispo. Alguns foram salvos porque se apresentaram por meio do arcebispo. Mas, no caso de nosso grupo, o fator determinante foi o tenente.

O que ocorreu com ele depois da vitória da Revolução?

Bem, antes do triunfo o denunciaram como responsável pela nossa sobrevivência. Culpavam-no de não nos ter assassinado. Posteriormente, houve tentativas fracassadas para me eliminar. Depois vieram a prisão, a saída da prisão, o exílio, a expedição do *Granma*, a luta nas montanhas e a organização de nosso exército guerrilheiro. No princípio, tivemos novos reveses, e eles acreditaram que haviam liquidado o nosso exército; contudo, ele renasceu das cinzas, converteu-se em uma força real e lutava com perspectivas de vitória. Naquele momento, o tenente foi afastado do exército. Quando triunfou a Revolução, o incorporamos ao novo exército, com o grau de capitão. Ele foi chefe da escolta do primeiro presidente escolhido pela Revolução. Trabalhava no palácio presidencial. Infelizmente — e por isso suponho que ele tivesse pouco mais de quarenta anos —, depois de oito ou nove anos, Pedro Sarría contraiu um câncer e veio a morrer, já como oficial, por quem todos tinham grande respeito e consideração, em 29 de setembro de 1972. Era um autodidata e, às vezes, aparecia na universidade, onde certamente me vira antes. Era um homem honrado, com acentuada predisposição à justiça. O curioso é que, como reflexo de seu pensamento, nos momentos mais críticos o ouço repetir, em voz baixa, as instruções aos soldados para que não disparassem: "as ideias não se matam". De onde tirou essa frase? Nunca tive a curiosidade de lhe perguntar, talvez saibam os jornalistas que o entrevistaram depois.* Esperava que ele vivesse muito tempo. Nos primeiros anos da revolução, sempre se imagina que há bastante tempo pela frente para fazer, pesquisar e esclarecer as coisas. De onde tirou aquela frase? "Não disparem, as ideias não se matam!" Aquele honrado oficial repetiu isso várias vezes. E quando digo a ele quem sou, me adverte: "Não diga nada a ninguém". E ainda a outra frase, quando ocorreu o tiroteio: "Vocês são muito corajosos, rapazes". Repetiu isso umas duas vezes. Aquele homem, um entre mil, indiscutivelmente simpatizava de algum modo ou tinha certa afinidade moral com a nossa causa. Foi ele quem determinou a nossa sobrevivência naquele momento.

Depois o senhor foi para a prisão, onde ficou 22 meses, na Ilha da Juventude.
Sim, foi isso mais ou menos, desde 1º de agosto.

E saiu graças à campanha nacional de anistia aos prisioneiros. O senhor se lembra se a Igreja Católica participou da campanha pela anistia?
Realmente a anistia consistiu em um movimento de opinião muito amplo: muita gente participou da campanha, os partidos políticos de oposição, as forças cívicas, as organizações sociais, personalidades, intelectuais e jornalistas. Com certeza a Igreja apoiou, embora não fosse o centro da campanha, se bem que ganhou prestígio graças à conduta de monsenhor Pérez Serantes, em Santiago de Cuba, pelos esforços que fez e pelas vidas que salvou por ocasião do ataque ao Moncada. Toda a opinião pública nacional o reconheceu. Além da forte pressão pública, diferentes fatores determinaram a anistia, entre os quais os crimes cometidos, que deixaram no povo um profundo sentimento de indignação. No princípio, eram conhecidos em Santiago de Cuba, mas não no resto do país. Por ocasião do julgamento, denunciamos todos aqueles crimes, apesar da total censura à imprensa. Nos primeiros dias do julgamento, me levaram a duas ou três sessões e, depois, me tiraram de lá arbitrariamente, porque

---

* Tudo indica que a frase foi tirada do filme *Viva Zapata!* (1952), dirigido por Elia Kazan, estrelado por Marlon Brando e Anthony Quinn. Com roteiro de John Steinbeck e Edgecumb Pinchon, o filme narra a saga de Emiliano Zapata, líder da revolução mexicana de 1910 contra a ditadura de Porfírio Díaz.

eu era o meu próprio advogado de defesa e denunciava todos os crimes.*
Adotamos a atitude de assumir toda a responsabilidade e de justificar moral, legal e constitucionalmente a ação de rebeldia. Foi a nossa posição e ninguém se esquivou da honrosa responsabilidade. De acordo com a política que adotamos, todos disseram que se sentiam orgulhosos do que haviam feito. E todos os documentos circularam clandestinamente, de modo que o povo soube da monstruosidade dos crimes, os maiores cometidos na história de Cuba. Havia má consciência por parte do governo que, por outro lado, já se considerava consolidado. Todas as forças políticas, supostamente favoráveis à luta armada, nada fizeram. Foram se desativando, muitos entraram no jogo eleitoral enquanto estávamos presos. Batista já se sentia consolidado e queria legalizar seu poder, transformar o governo de transição em governo constitucional, eleito. Convocou eleições, para as quais era o principal candidato, seguro de que legalizaria seu governo, pois muitas forças políticas iriam se abster, a oposição andava muito desprestigiada e ele, além dos recursos do governo, contava com o apoio de um grupo de partidos. Assim, daria uma cobertura legal ao regime. Esse fator influiu consideravelmente, pois, por tradição de nossa história, em Cuba não se concebiam eleições sem anistia. Portanto, esta não resultou apenas das pressões da opinião pública, mas também de outros fatores: a consciência dos crimes que foram cometidos, a campanha de denúncia e de orientação do povo que desencadeamos de dentro da prisão e, além disso, o desejo e a necessidade que tinha Batista de dar uma cobertura legal a seu governo e que o levara a convocar eleições. Por subestimar aquele pequeno grupo que restara, uns vinte e poucos companheiros, e considerar que a luta armada fora vencida e já não tínhamos recursos nem forças, é que ele aprovou a lei da anistia.

---

* Foi quando Fidel proferiu, em sua defesa, o famoso discurso "A história me absolverá".

Padre Sardiñas

Quando o senhor se encontrava preso, o lugar se chamava Ilha de Pinos?
   Sim.

Foi lá que, pela primeira vez, vocês tiveram contato com o padre Sardiñas, que depois participou da luta na Sierra Maestra?
   É possível, pois, quando estávamos na prisão, algumas freiras nos visitaram uma ou duas vezes. Porém, fiquei pouco tempo junto aos demais companheiros.

Estava isolado.
   Mais ou menos três meses depois de estarmos ali, Batista visitou o presídio, na atual Ilha da Juventude. Foi por um motivo ridículo: inaugurar um gerador de algumas dezenas de quilowatts. Quando penso que depois construímos aqui inúmeras unidades de milhares de quilowatts sem inaugurá-las, porque não sobrava tempo para inaugurar tantas obras! Naturalmente as autoridades da prisão prepararam homenagens a Batista e nós, em reação, decidimos não comer naquele dia, nem sair para o pátio. Ficamos trancados. Porém, como o gerador ficava nas proximidades do pavilhão onde nos encontrávamos, o companheiro Juan Almeida* observou pela grade quando Batista chegou ao local. Ficamos esperando que ele saísse e, quando passou rente ao nosso pavilhão, cantamos o hino do 26 de Julho. A princípio Batista pensou que aquilo fazia parte das ho-

---

* Juan Almeida Bosque (1927-2009), comandante da Revolução Cubana, era escritor e ocupou importantes funções no governo de seu país.

menagens que lhe prestavam e que se tratava de um coro entoando loas. Contente, fez calar os que o acompanhavam, mas logo se irritou quando a letra de nosso hino falou dos "tiranos insaciáveis, que afundaram Cuba no mal". Almeida viu tudo pela grade. Veio a polícia à cela e continuamos cantando, apesar da presença de um temível torturador conhecido como Pistolita. Permanecemos trancados e, depois disso, me isolaram até o final da prisão. Já em Santiago, eu ficara isolado até o julgamento. De modo que, dos 22 meses em que estive no cárcere, fiquei dezenove isolado. Ao final, meses antes da anistia, o isolamento foi aliviado porque mandaram Raúl me fazer companhia. Não posso, portanto, lhe afirmar que, naquela ocasião, o padre Sardiñas tenha mantido contato com os prisioneiros de Moncada. Haveria que perguntar a Montané, que era da Ilha da Juventude.

Como foi a integração do padre Sardiñas ao grupo de Sierra Maestra, e que lembranças tem dele?

Não lembro exatamente como foi. Não nos despertava atenção especial, já que contávamos com o crescente apoio de toda a população. Ocorreu quando a guerrilha se consolidava na Sierra Maestra. Chegavam várias pessoas, às vezes um médico, outras um técnico. Os médicos eram especialmente apreciados pelos serviços que prestavam à tropa e à população. Um dia, na metade da guerra, chegou o padre Sardiñas, um sacerdote revolucionário que simpatizava com a causa, e se incorporou à guerrilha. Ficou muito tempo conosco.

Não sei se o senhor conhece esse dado interessante: ele não se incorporou como um gesto pessoal, isolado, e sim com o apoio de seu bispo. E isso em um momento da vida da Igreja Católica em que ainda não havia sacerdotes pelo socialismo ou coisas no gênero.

Não foi como soldado, manteve-se em sua condição de sacerdote. Convivia conosco na tropa e conservava todo o necessário para o exercício de seu ministério, inclusive para celebrar missas. Como nos deslocávamos muito, designou-se um ajudante para auxiliá-lo. E, quando já dominávamos a área, ele ficava dez dias em um lugar ou quinze em outro. Nossa tropa o recebeu com muita simpatia. E como aqui o batismo era uma instituição social, conforme já lhe falei, o camponês dava muita importância, e muitas famílias queriam que eu fosse o padrinho de seus filhos. O padre Sardiñas batizou centenas de crianças camponesas. As famílias vinham com seus filhos e pediam que eu fosse padrinho, que em Cuba é considerado o segundo pai. Tenho uma porção de afilhados na Sierra Maestra, talvez muitos já sejam oficiais do Exército ou tenham concluído a universidade. O vínculo que os camponeses estabeleceram conosco foi não apenas de amizade, mas também de caráter familiar.

Ele pregava aos camponeses, explicava-lhes a luta a partir da fé?

Ele se manifestava politicamente simpático à Revolução e passou a apoiá-la, o que se comprovou com a sua própria disposição de incorporar-se. Passou muitas dificuldades conosco. Mas não chegava a fazer uma pregação como se faz hoje ou que pudesse ser feita por um padre que tenha aderido a movimentos guerrilheiros porque, quando o padre Sardiñas chegou, os camponeses já tinham ligação com o nosso pessoal. Refiro-me aos que ficaram, pois outros se retiraram da Sierra Maestra, por medo dos bombardeios e da repressão do exército, que queimava casas e assassinava. Que eu me lembre, ele não fazia esse tipo de pregação. Muitas vezes permanecia em alguma região de camponeses, e suponho que lhes pregasse especificamente a fé. O trabalho que ele fazia entre os camponeses não era de caráter político, mas sim religioso. E como nunca um sacerdote chegava ali, como já lhe contei, os camponeses procuravam com muito interesse o batismo, uma cerimônia social de grande importância e transcendência. A presença dele e o fato de atuar como sacerdote, batizando muitas crianças, eram um modo de vincular ainda mais aquelas famílias à Revolução, à guerrilha, estreitando os laços entre a população e o comando guerrilheiro. Eu diria que a sua pregação, ou o seu trabalho político favorável à Revolução, foi de modo indireto. Todos eram muito atenciosos com ele, gostavam dele, pois era um homem simpático.

E posteriormente chegou a ser considerado comandante?

Sim, foi-lhe concedido esse grau pelo tempo em que esteve na guerra e por seu comportamento digno. Aqui não existia propriamente a instituição de capelão. Outorgou-se a ele o título de comandante, em reconhecimento à sua hierarquia e a seus méritos.

O senhor trazia uma pequena cruz em seu uniforme de guerrilheiro?

Bem, eu recebia muitas lembranças do pessoal de Santiago, de crianças e adultos. E uma menina de Santiago me mandou aquela correntinha com a cruz e uma carinhosa mensagem. Sim, eu a usei. Mas se você me perguntar se o fiz por uma questão de fé, honestamente eu diria que não, foi um gesto de consideração àquela menina. Por outro lado, não havia nenhum preconceito em relação a essas coisas, pois tínhamos conosco um sacerdote, e eu era padrinho de inúmeras crianças camponesas.

Era sua amiga?

Sim, uma simpatizante, uma menina de Santiago de Cuba.

Eu pensava que havia sido sua mãe.

Não, porque não tínhamos contato. Era muito difícil, porque ela tinha todos os passos vigiados.

Primeiras leis revolucionárias

Entremos, agora, um pouco mais na questão das relações da Revolução com a Igreja Católica, a partir da vitória. Como reagiram os cristãos e a Igreja perante o triunfo da Revolução? Como foram as relações iniciais, em que momento surgiu uma crise nessas relações e por que razão?

No princípio, eram excelentes as relações com todos os setores sociais. A queda de Batista foi recebida com alegria por todas as camadas sociais, sem exceção, incluindo os elementos comprometidos com o regime dele, os que tinham enriquecido, desviado e roubado dinheiro, e alguns setores da alta burguesia que estiveram associados a ele. Ao menos 95% da população recebeu o triunfo com muita alegria e satisfação — segundo pesquisas feitas à época —, pois o regime de Batista era bastante odiado pelos crimes e abusos que cometera. O povo encarou a vitória com muita esperança e, sobretudo, com a enorme satisfação de ter ficado livre daquele terror que durara sete anos. Os últimos anos, especialmente, foram os mais sangrentos. As dificuldades começaram com as primeiras leis revolucionárias.

Por exemplo...

Bem, uma das primeiras leis, que não afetou tanto, foi a do confisco de todos os bens ilicitamente adquiridos. Foram confiscados todos os bens das pessoas que roubaram durante a tirania: fazendas, comércios, indústrias. Tudo o que não puderam levar daqui foi confiscado. Não se quis estender o limite dessa medida além da data do golpe de Estado, porque, durante a luta contra Batista, vários partidos, que anteriormente estiveram no governo, deram alguma forma de apoio ou colaboração. Se tivéssemos estendido o alcance da lei mais atrás, teria sido muito maior o número de pessoas a serem confiscadas. Porém, concedemos uma espécie de anistia às malversações anteriores a Batista, justamente para não criar divisões e não desgastar a Revolução, para manter a unidade possível entre todas as forças políticas que se opuseram ao regime. Por isso, só confiscamos as malversações feitas a partir de 10 de março de 1952. Se tivéssemos ido mais atrás, desde o início da República, teríamos que confiscar até os netos dos ladrões deste país, já que houve ladrões em quantidade. A segunda coisa que fizemos, e também contou com amplo apoio, foi levar aos tribunais de Justiça todos os responsáveis por torturas e crimes, pois milhares de pessoas morreram torturadas e assassinadas. Se bem que naquela época a repressão não tinha o refinamento que depois demonstrou em outros países da América Latina, como no Chile, na Argentina e no Uruguai. O que ocorreu aqui foi nos anos 1950 e naqueles países, vinte anos depois, quando os norte-americanos já tinham passado pela experiência do Vietnã, e a CIA já adquirira farta tecnologia em matéria de repressão e de tortura, transmitida às forças repressivas da América Latina, policiais e militares. No Vietnã, o imperialismo aperfeiçoou suas técnicas de crime e terror, de modo que aqueles países, na década de 1970, puderam contar com sistemas repressivos bem mais refinados e aparelhados.

Devemos reconhecer a verdade: embora a repressão de Batista tivesse sido sangrenta, a que ocorreu em alguns daqueles países foi indiscutivelmente pior. Responsáveis por isso são os Estados Unidos e a CIA, que instruíram todo aquele pessoal na arte de matar, torturar, assassinar e sequestrar. Esse diabólico fenômeno dos desaparecidos já existia aqui na época de Batista, mas foram bem poucos os casos de pessoas assassinadas cujos cadáveres desapareceram.

Em Belo Horizonte, cidade em que nasci no Brasil, Dan Mitrione* torturava mendigos para ensinar às forças militares como aplicar torturas.

* Policial do FBI e agente da CIA, Dan Mitrione (1920-1970) era instrutor de torturas a presos políticos. Em Belo Horizonte, utilizou moradores de rua como cobaias em suas aulas. Os guerrilheiros tupamaros o mataram em Montevidéu.

Da última vez em que esteve aqui você me contou isso. Lamentavelmente aconteceu. Batista matou muita gente: estudantes, camponeses, operários; praticou toda espécie de crimes. Por exemplo, uma ocasião, em uma aldeia da Sierra Maestra, as tropas de Batista assassinaram 62 pessoas, todos os homens do lugar. Ignoro se quiseram imitar o exemplo de Lídice,* na Tchecoslováquia, ou os nazistas. Foi depois de um combate em que uma coluna do Exército caiu em uma emboscada. Nem chegava a ser uma aldeia: os camponeses viviam isolados, cada um em sua casa, e não tinham nada a ver com o que ocorrera. Mataram todos os homens. De uma família, assassinaram o pai e cinco dos seis filhos. Uma atrocidade. Antes do triunfo da Revolução, ainda em Sierra Maestra, quando éramos um embrião de Estado, elaboramos leis penais prévias para julgar os crimes de guerra. Nem sequer foi como em Nuremberg,** onde não existiam leis prévias para julgar os criminosos de guerra. As potências aliadas entraram em acordo e julgaram. Eu não diria que as sentenças foram injustas, pois não há dúvidas de que os condenados mereciam as penas. Mas juridicamente não é muito defensável a forma como procederam, devido ao princípio jurídico de que as leis devem ser prévias ao delito. Com base nesse critério, desde Sierra Maestra decretamos as leis de punição aos criminosos de guerra. Quando a Revolução venceu, os tribunais do país aceitaram a vigência daquelas leis, legitimadas pela Revolução vitoriosa. Em virtude delas e por meio dos tribunais, muitos criminosos de guerra que não puderam escapar foram julgados e receberam penas severas. Alguns foram condenados à pena capital e outros, à prisão. Ora, isso serviu para suscitar, no exterior, as primeiras campanhas contra Cuba, especialmente nos Estados Unidos, que logo constataram que aqui havia um governo diferente e não muito dócil. Desencadearam violentas campanhas contra a Revolução. Mas isso ainda não nos criou problemas

---

* Nome da pequena cidade da antiga Tchecoslováquia, cujos habitantes foram todos assassinados pelos nazistas, em maio de 1942, como forma de vingança à morte, distante dali, de um oficial alemão amigo de Hitler.
** De novembro de 1945 a outubro de 1946, os aliados julgaram, na cidade alemã de Nuremberg, os nazistas acusados de crimes de guerra. Muitos foram condenados à morte por enforcamento.

com nenhum setor em Cuba, nem com a classe rica, nem com a Igreja Católica. Ao contrário, pesquisas feitas à época comprovaram que todos os setores estavam de acordo com estas duas leis: o confisco dos bens ilegitimamente adquiridos desde o golpe, e a condenação exemplar dos que haviam torturado e cometido crimes de guerra. Em seguida, promulgaram-se leis de caráter econômico, como a redução quase à metade das tarifas de energia elétrica, antiga reivindicação do povo, que nutria muito ódio e muita repulsa contra os preços abusivos. Foram anuladas medidas e leis de Batista que beneficiavam empresas multinacionais, como a Companhia Telefônica. Surgiram, pois, conflitos com as empresas estrangeiras em nosso país. Depois veio a Reforma Urbana, uma lei de caráter social e econômico muito importante. Todos os aluguéis foram reduzidos em 50%. Foi uma lei recebida com satisfação por milhares de pessoas. Decretou-se ainda que os inquilinos, por força do aluguel que pagavam, podiam adquirir a moradia.

Discriminação racial

Junto àquelas leis, outra série de medidas: cessaram todas as demissões de trabalhadores e foram reintegrados ao trabalho todos os que haviam sido demitidos durante a tirania, como medidas elementares de retificação e justiça. Construíram-se praças de esporte e áreas de recreação nas praias; todas as praias e lugares públicos foram abertos à população, eliminando-se as medidas discriminatórias em clubes e praias. Muitas das melhores praias do país eram privadas. Os negros eram proibidos de entrar em muitos hotéis, bares e locais de diversão. Com a vitória da Revolução, tudo aquilo acabou. Em alguns lugares não foi fácil, como em um parque de Santa Clara, onde o costume era os brancos passarem por um caminho e os negros por outro. Alguns companheiros tomaram medidas imediatas contra isso. Recomendamos a eles que fossem prudentes e não agissem precipitadamente, pois muita coisa dependia, em grande parte, da conscientização. Ou seja, não misturamos todos no parque, porque de fato havia preconceitos criados pela sociedade burguesa e pela própria influência dos Estados Unidos, que os introduziram aqui. Não se podia eliminá-los em um dia. Exclusivismos irritantes foram desaparecendo, e os privilegiados começaram a reclamar a partir do momento em que não mais se toleravam clubes exclusivos para brancos ou praias particulares. Não se fez isso de forma drástica; para essas situações, não convém adotar medidas de força porque, longe de resolvê-las, podem agravar-se. Como os preconceitos eram muito arraigados, as medidas legais fizeram-se acompanhar de conscientização, persuasão e trabalho político. Eu mesmo me surpreendi ao constatar até que ponto os preconceitos raciais existiam em nosso país. Logo surgiram as primeiras campanhas insidiosas: como a que a Revolução arbitrariamente iria misturar brancos e negros, propondo que se casassem entre si. Mais de uma vez tive que ir à televisão para explicar que isso era falso, que respeitávamos a liberdade de cada pessoa no que concerne a essa questão, mas jamais permitiríamos injustiças de discriminação no trabalho, na escola, na fábrica, nos locais de diversão. É claro que os setores privilegiados começaram a se sentir atingidos pela Revolução. Depois veio a reforma agrária. Foi essa a primeira lei que verdadeiramente estabeleceu a ruptura entre a Revolução e os setores mais ricos e privilegiados do país. Inclusive o rompimento com os Estados Unidos e empresas multinacionais, porque desde o início da República as melhores terras eram propriedade de companhias norte-americanas, que delas se haviam apropriado ou as tinham comprado a preço de banana. A lei não nos parecia radical, pois estabelecia um limite máximo de quatrocentos hectares, exceto em unidades de agricultura intensiva muito bem organizadas, com alta produtividade, onde se admitiam até 1200 hectares. Duvido que depois da Revolução Chinesa algum proprietário de terra tenha ficado com quatrocentos ou 1200 hectares. No entanto, aqui essa lei foi considerada muito radical, já que havia empresas norte-americanas que possuíam até 200 mil hectares. Com essa lei, as terras de minha própria família foram atingidas e limitadas a quatrocentos hectares. Ela perdeu a metade das terras que possuía e todas as terras arrendadas. Foram atingidos pela lei umas cem empresas e uns mil proprietários. O número só não foi maior porque havia grandes latifúndios. Os setores privilegiados começaram a desconfiar de que havia uma revolução de verdade; e os norte-americanos, que havia um governo diferente. O que fizemos inicialmente foi pôr em prática o programa de Moncada, do qual lhe falei, e que eu já tinha na cabeça desde 1951, tendo-o divulgado em 1953, por ocasião do ataque ao quartel. Ele falava da reforma agrária e de uma série de medidas sociais, as mesmas que aplicamos na primeira fase da Revolução. Talvez muita gente estivesse convencida de que nenhum daqueles programas seria cumprido, porque muitas vezes eles não eram aplicados quando os governos chegavam ao poder. Certos setores mais acomodados sequer admitiam a ideia de uma revolução em nosso país, a 90 milhas dos Estados Unidos.* Imaginavam que os Estados Unidos não permitiriam uma revolução aqui. Julgavam que se tratava de entusiasmo revolucionário da juventude, como houve tantos na história de Cuba e que nunca se concretizaram. De repente, todos aqueles setores, acostumados a administrar o governo, se deram conta de que havia um governo diferente, que eles não conseguiriam administrar, que começaria a agir com retidão e justiça, e não admitia ser controlado pelos Estados Unidos. O povo começa a perceber que há um governo que o defende e realmente se identifica com seus interesses. De fato, embora todos apoiassem e aplaudissem, o que havia de início era uma simpatia generalizada e não uma militância revolucionária de todo o povo. Com suas primeiras leis, a Revolução perdeu um pouco de força em quantidade, ou seja, o apoio de 95% ou 96% da população reduziu-se a 92% ou 90%. Contudo, começou a ganhar em profundidade: esses 90% tornam-se mais militantemente revolucionários e se comprometem cada vez mais com a Revolução. Portanto, tomou-se a série de medidas a que me referi: fim da discriminação racial, reintegração ao trabalho dos que foram demitidos no tempo de Batista, redução dos aluguéis, proteção aos trabalhadores, reforma agrária. Tudo isso foi surtindo efeito. Com o triunfo da Revolução, os operários que haviam sido reprimidos começaram a reivindicar, e muitos industriais, inclusive para ficarem bem conosco, passaram a atendê-los em muitos pontos. Mais do que nós que estávamos no governo, foram de fato os próprios empresários que cederam a diversas reivindicações dos operários. Naqueles primeiros momentos, os sindicatos, por iniciativa própria, obtiveram inúmeras conquistas trabalhistas. Tive que me reunir com os trabalhadores das usinas açucareiras, que reclamavam o quarto turno de trabalho, pois, como só havia três e eram muitos os desempregados, essa reivindicação

* A distância entre Havana e Miami é de 366,86 quilômetros. Para comparar: entre Rio de Janeiro e São Paulo, é de 375,65 quilômetros.

tornou-se acentuada. Estavam todos os representantes reunidos em um teatro e defendiam insistentemente essa exigência, apoiados pelo pessoal da nossa organização. Uma noite, conversei longamente com eles, explicando a razão pela qual aquele não era o caminho para a solução do desemprego. Não foi fácil, as empresas ainda eram privadas e tinha-se a impressão de serem contraditórios os interesses da empresa com os dos trabalhadores. Explicamos que os recursos poupados e os lucros ganhos teriam de ser investidos no desenvolvimento do país, e não permitiríamos que saíssem daqui. Embora eu já tivesse uma concepção socialista, aquele não era o momento de se começar a aplicar um programa socialista. É mais fácil dar ao trabalhador uma explicação pela ótica socialista, pedindo-lhe compreensão e sacrifício, do que uma circunstância em que ele vê seus interesses em contradição com os da empresa e dos proprietários, e imagina que cada peso a menos que recebe é um peso a mais que ganha o proprietário. Não era nada fácil, naquele contexto, explicar os problemas aos operários com clareza e objetividade, pois sempre nos esforçamos ao máximo para não cair em demagogia. Outras medidas, como a redução dos aluguéis, eram economicamente anti-inflacionárias, pois liberavam muito dinheiro. Uma antiga reivindicação, pois a população era realmente vítima de uma terrível extorsão por meio dos aluguéis.

Renúncia de Fidel

E como foram as tensões com a Igreja Católica naquele momento?

Bem, as tensões com a Igreja Católica começaram quando a Revolução se chocou com os setores privilegiados. Essa é a verdade histórica. Inclusive o arcebispo de Havana, depois nomeado cardeal — creio que o nomearam antes da Revolução —, tinha excelentes relações formais com a ditadura de Batista.

Como ele se chamava?

Manuel Arteaga. Suas relações com Batista eram muito criticadas. Lembro que nos primeiros dias da revolução cumprimentamos todas as autoridades. Muitos me solicitavam audiência e, por amabilidade e cortesia, procurava atender todos. Comecei a receber a chamada "elite": o presidente da federação das indústrias, o presidente da associação comercial ou de outra qualquer, a alta hierarquia eclesiástica e outras afins. Três ou quatro semanas depois, quando já havíamos conseguido pôr certa ordem na casa, constatei em minha agenda uma série infindável de audiências. Tomei consciência de que minha vida era a mais estéril do mundo, pois, do jeito que as coisas iam, teria que me dedicar exclusivamente a receber autoridades, embora não tivesse nenhum cargo executivo no governo que já funcionava. Meu cargo era de comandante em chefe do Exército Rebelde. Fui muito cauteloso em não me imiscuir nos assuntos do governo.

Urrutia era o presidente.*

Sim, havia um presidente provisório, um juiz cujos méritos e prestígio decorriam de sua conduta plausível em Santiago de Cuba, onde absolveu alguns revolucionários. Apesar de não ter tido nenhuma participação no processo revolucionário, decidimos promovê-lo a esse cargo; queríamos deixar bem claro que não lutávamos por cargos públicos. Efetivamente, a Revolução triunfou e entregamos o governo a ele. O diabo é que aquele indivíduo vivia com a cabeça nas nuvens. Desde o primeiro dia, começou a criar problemas, inclusive adotando medidas contra os operários. Colocou-nos em situações difíceis, tive que me reunir com os operários para aclarar as coisas e pedir-lhes paciência. Reuni-me com o Conselho de Ministros para advertir que ele criava problemas políticos. Embora não houvesse dificuldades com as primeiras leis da Revolução, aquele juiz era o que poderíamos considerar um presidente de direita que, em certo momento, criou um sério conflito. Começou a dar declarações anticomunistas aos setores e jornais mais reacionários, fazendo o jogo dos Estados Unidos e, mais tarde, provocando divisões entre as forças revolucionárias. Eu me perguntei: "O que faremos?". O povo estava conosco, a Revolução tinha, naquele momento, 90% ou mais de apoio popular. Apoiavam a Revolução, o Exército Rebelde, a direção revolucionária, mas não apoiavam Urrutia. Se por um segundo Urrutia imaginou que aquele apoio era para ele, estranho muito. Porém, passou a agir como se assim fosse e acabou criando um conflito. Fiquei pensando em como resolver aquela situação. Sabíamos que não poderia ser solucionada pela força. O que fazer se a contradição entre a força revolucionária e o presidente nos obrigasse a destituí-lo? Ficaria parecendo um novo golpe de Estado. Meditei muito sobre o caso. Já havia alguns meses, antes da aplicação das leis revolucionárias, eu tinha sido nomeado primeiro-ministro, a pedido do próprio Ministério. Foi uma solicitação de quem antes ocupava aquele cargo, depois de encaminhá-la com Urrutia e a

---

* Trata-se de Manuel Urrutia (1908-81), advogado. Seu mandato durou de janeiro a julho de 1959.

assembleia do Conselho de Ministros. Só coloquei uma condição: para aceitar ser primeiro-ministro, quero assumir a responsabilidade pela política e pelas leis revolucionárias que serão implantadas. A condição foi aceita, sem problemas. Como primeiro-ministro, era eu o responsável pela emissão dos decretos revolucionários. Houve então, em seguida, uma série de leis revolucionárias, e só depois se criou o impasse institucional entre o primeiro-ministro e o presidente da República. Refleti muito, evitando todo tipo de provocação, e decidi renunciar. Disse aos companheiros: prefiro renunciar ao cargo do que permitir que ocorra algo semelhante a um golpe de Estado. Diante da TV e dos jornais, expliquei as razões da minha renúncia. Enquanto Urrutia ocupava o Palácio, eu me encontrava na emissora de televisão.

Em que data isso ocorreu, quanto tempo após a vitória?

Se não me engano, uns cinco meses depois.

Ainda em 1959.

Ainda em 1959, meses depois da vitória. Quando Urrutia, no Palácio, me viu na televisão, convocou os jornalistas para emitir uma declaração. Ao ser informado disso, ainda no ar, propus: "Levem a TV ao Palácio, vamos discutir publicamente, diante do povo". Ele não aceitou e, horas depois, devido à pressão da opinião pública, renunciou. O Conselho de Ministros nomeou presidente um companheiro de muito prestígio que participara da Revolução.* Como eu não queria aceitar de novo o cargo de primeiro-ministro, transcorreu um período sem que eu participasse do governo. De nenhum modo eu queria dar a impressão de que a renúncia havia sido mera tática para resolver o problema. Minha decisão foi simples: para não sermos obrigados a usar a força, renuncio. Evidentemente eu não iria renunciar à Revolução. Renunciei ao cargo que, naquelas condições, não tinha como exercê-lo. Estávamos decididos a não usar a força para resolver aquela contradição. Ela foi definida pelo povo,

---

* Trata-se de Osvaldo Dorticós Torrado (1919-83), advogado. Seu mandato durou de julho de 1959 a dezembro de 1976, quando foi substituído por Fidel Castro.

que é capaz de solucionar muitos problemas. Fiquei com resistência a ocupar o cargo, mas, frente à pressão dos companheiros e do povo, vi que não tinha sentido. Reassumi como primeiro-ministro, responsável pelo governo.

Conflitos com a Igreja

O senhor ia falar dos contatos com o cardeal.

Bem, eu lhe contava que percebi, nos primeiros dias — creio que já em fevereiro —, que me dedicar a tarefas protocolares e a receber personalidades tornaria a minha vida inteiramente inútil, a mais estéril do mundo. Entre aquelas figuras, mais de uma vez apareceram, para pedir audiências, dois sujeitos gorduchos. Eu indagava: "Quem são?". "São os sobrinhos do cardeal." Depois de duas ou três audiências que lhes concedi, pensei: "Desse jeito terei que me dedicar exclusivamente a receber os sobrinhos do cardeal". Queriam tratar de negócios que tinham e estavam interessados em sair nos jornais para angariar prestígio social. Os jornais noticiavam no dia seguinte: "Foram recebidos Fulano e Beltrano". Era o tipo de trabalho que só me aborrecia e, felizmente, logo fiquei livre daquilo. Decidi: verei as pessoas que realmente me interessam, irei aos lugares que me interessam e não me escravizarei a receber figurões que nada produzem ou resolvem e, no entanto, querem me ver. Mudei de método. Mas me lembro bem daqueles gorduchos, gente bem nutrida que, vira e mexe, solicitava uma audiência. Eu tinha a impressão de não fazer outra coisa. O cardeal também mantinha muito boas relações formais com o governo revolucionário. Por aí não houve problemas. Eles surgiram com as leis revolucionárias de reformas urbana e agrária.

Quando foram elaboradas as leis de intervenção nas escolas?

De início, nada se fez. Não havia um programa de imediata estatização das escolas particulares. Isso não figurava entre as primeiras medidas. Nosso programa era realizar a campanha de alfabetização e levar os professores a todos os recantos do país. Simultaneamente, começamos a construir estradas, hospitais e policlínicas nas montanhas, além de muitas escolas. Criamos 10 mil novas vagas para professores. Eles foram mobilizados em todo o país. As leis revolucionárias geraram conflitos, os setores burgueses e os latifundiários mudaram de atitude e decidiram fazer oposição à Revolução. E as instituições que serviam a seus interesses também começaram a fazer campanhas contra a Revolução. Produziram-se então os primeiros conflitos com a Igreja Católica, porque aqueles setores procuraram instrumentalizar a Igreja contra a revolução. Por que procuraram fazer isso? Por uma razão bem particular de Cuba, que não é a mesma do Brasil ou da Colômbia, do México e do Peru, nem de muitos países latino-americanos: é que a Igreja Católica de Cuba não era popular, não era propriamente uma Igreja do povo, não era a Igreja dos trabalhadores, dos camponeses, dos favelados, dos setores humildes da população. Aqui nunca houve sacerdotes trabalhando com favelados, operários ou no campo, como já ocorria em certos países e depois tornou-se frequente na América Latina. Neste país, onde 70% da população era camponesa, não havia uma só igreja no campo. Esse é um dado importante: nenhum padre onde vivia 70% da população! Em todos os lugares era como o lugar em que nasci, como lhe contei. Não havia nenhum trabalho evangélico, apostólico, digamos — não sei como vocês chamam —, de educação religiosa da população.

Evangelização.

Evangelização. Como lhe dizia, a sociedade se considerava católica, existia o costume do batismo e de tudo aquilo que lhe expliquei antes, mas realmente não havia instrução e prática da religião. A religião em Cuba era propagada principalmente pelas escolas particulares dirigidas por religiosos, frequentadas pelos filhos das famílias mais ricas do país, pela nata da aristocracia ou que se julgava aristocrata, pelas classes médias altas ou por uma parte da classe média em geral. Como já lhe disse, talvez um médico pudesse mandar um filho como aluno externo, pagando o equivalente a dez dólares. Aquele era o veículo principal de propagação da religião em nosso país e, portanto, eram eles que recebiam uma educação religiosa e participavam das atividades religiosas, embora de modo não muito metódico ou rigoroso. Talvez porque aquelas classes tivessem, como uma de suas características, costumes bem relaxados e falta de disciplina na vivência da religião. Alguns nem iam à missa, por exemplo. Um autêntico católico militante não deixava de ir à missa no domingo. Outros iam à missa como mero costume social, algo assim de bom gosto, e depois iam desfrutar de seu bem-estar e de sua riqueza. Não era gente que se caracterizasse pela fidelidade à prática dos princípios de sua religião. O núcleo principal da Igreja Católica em nosso país estava integrado por esses setores. Eram os que tinham mais ligações com as paróquias que, em geral, se encontravam nos bairros ricos. Existiam algumas igrejas nas áreas urbanas comuns. Porém, excelentes igrejas foram construídas na nova área onde se implantaram os bairros residenciais da alta burguesia e do pessoal muito rico. Para esses, o serviço estava garantido, ao contrário dos bairros de indigentes, pobres, camponeses e operários. Em geral, as classes ricas tinham relações de família com os bispos e a alta hierarquia. Além disso, como contei quando falávamos dos jesuítas, a maior parte do clero era estrangeira, sobretudo espanhóis imbuídos de ideias reacionárias, de direita, nacionalistas e franquistas. Os primeiros conflitos com a Igreja surgiram quando aquele pessoal começou a instrumentalizar a Igreja Católica como um partido contrário à Revolução. Claro, não apenas a Igreja Católica tinha colégios particulares; as protestantes possuíam algumas escolas de considerável prestígio. Lembro, por exemplo, de uma em El Cristo, na província de Oriente, onde estudou minha irmã caçula. Era uma escola protestante afamada. Não era muito cara, talvez recebesse alguma ajuda da Igreja. Em Cárdenas havia a Escola Progressiva, protestante e de renome, e muitos de seus ex-alunos estavam com a Revolução, como o companheiro Pepín Naranjo. Ainda vive o mais famoso diretor daquela escola, Emilio Rodríguez Busto, que sempre apoiou a Revolução. Era um setor mais humilde e não houve problemas. Em Havana, havia escolas protestantes, algumas com nome em inglês. Se não me equivoco, uma delas, bem luxuosa, chamava-se Candler College. Lembro-me porque era nossa rival nos jogos de basquete e beisebol, quando me encontrava no Colégio Belém. Havia ainda escolas particulares leigas. Portanto, com poucas exceções, a maioria das escolas era católica, como aquela em que estudei, a maior do país, com mil alunos! Hoje temos várias escolas com 4500 alunos internos cada uma. Daqueles mil alunos do mais famoso colégio do país, uns 150 a duzentos eram internos. A Igreja Católica se nutria fundamentalmente daqueles colégios. Sem considerar o que poderíamos chamar de crenças populares: o fervor pela Virgem da Caridade, por são Lázaro, a quem acendiam vela, e o costume que a maioria da população tinha de se batizar.

Religiosidade do povo

Então o senhor não nega que há uma religiosidade difusa na cultura do povo cubano? Por exemplo, isso se nota nas obras de Martí. Apesar de o povo daqui ter sido sempre laico, há quem queira dar a impressão de que não houve nenhuma tradição religiosa. Pelo pouco que conheço deste país, penso que tiveram influência as religiões de origem africana e a devoção aos santos, e que existe uma religiosidade difusa na cultura. O senhor confirma isso? Como é?

Era disso que eu lhe falava: do culto à Virgem da Caridade, a são Lázaro e a diversas divindades. Havia crenças de todo tipo. Difundia-se também o espiritismo. Recebemos ainda a herança da África, das religiões nativas africanas que, depois, se misturaram com a católica. Você se refere a uma religiosidade difusa. Bem, creio que, na história humana, não há nenhum povo que não tenha tido uma religiosidade difusa. Quando Colombo aqui chegou com sua Igreja, que era a católica, trazendo a espada e a cruz, com a espada ele consagrou o direito à conquista e com a cruz o abençoou. Inclusive os índios que aqui viviam tinham suas convicções religiosas. Quando Cortez chegou ao México, a cultura e a religiosidade estavam amplamente difundidas, mais do que na Espanha. Estou convencido de que os astecas eram mais religiosos que os espanhóis, de tal modo que ainda nos surpreende ver até que ponto os sacerdotes se consagravam à religião na qual havia sacrifícios humanos. Os governos eram teocráticos. Há uma vasta literatura sobre aqueles métodos. Bem, chegaram os cristãos com a sua moral e os consideraram cruéis. Imagina se um asteca chega à Espanha e considera muito cruel que, no calor do verão, um sacerdote vista batina. Há muitas coisas que eles poderiam qualificar de cruéis, pois, se tivessem sido os juízes, teriam queimado vivos aqueles hereges espanhóis que, como bárbaros, não ofereciam sacrifícios aos deuses. É preciso analisar quanto há de barbárie ou crueldade num e noutro. Todavia, os astecas não sacrificavam uma vida humana como um gesto de crueldade contra a pessoa, e sim como um privilégio especial para a vítima. Como em certas religiões asiáticas, em que a mulher considera um privilégio ser incinerada junto ao marido morto. Serem sacrificados aos seus deuses de pedra era, para eles, uma enorme felicidade, uma sorte grande, digna dos maiores prêmios. É difícil encontrar povo mais religioso do que astecas e maias. Encheram o México de pirâmides, de construções religiosas. De modo que quando se pergunta: essa pirâmide ou essa obra, para que serviam? Tudo tinha uma finalidade religiosa. Os astecas tinham uma religiosidade mais profunda do que os espanhóis. Os incas do Peru tinham uma religiosidade maior do que Pizarro e todo aquele pessoal. Pizarro pensava muito mais no ouro do que na Bíblia. Os conquistadores pensavam principalmente no ouro. Criticavam os índios que adoravam as pedras e, no entanto, eles adoravam o ouro. Criticavam os que faziam sacrifícios humanos aos deuses de pedra, enquanto eles promoviam milhares de sacrifícios humanos aos deuses da riqueza e do ouro, matando milhões de índios nos trabalhos das minas, inclusive espanhóis. Prenderam Atahualpa* e depois o enganaram, porque, após cobrarem dele o resgate de um salão repleto de ouro, o assassinaram. Nem sequer se pode afirmar que os conquistadores deste hemisfério tinham muita religiosidade. A meu ver, não creio que a tivessem. Quando se estuda a história da Índia, da China, da África e de todos os povos, o que primeiro se encontra é a religiosidade. E com uma pureza enorme, mesmo que não se compreendam ou pareçam bárbaros e absurdos seus métodos e suas características. Muitas vezes se ouve: "É uma gente bárbara, crê

---

* Atahualpa (1502-33), imperador inca, foi garroteado pelo colonizador espanhol Francisco Pizarro.

na lua, em um animal ou em um objeto". Portanto, o que primeiro se destaca na história humana, em todo o mundo, é a religiosidade difusa. Não é um princípio aplicável a um povo em particular, mas, de uma forma ou de outra, a todos os povos. É indiscutível que também existia em Cuba. O que lhe posso afirmar é que não havia a tradição da religião organizada, sistemática, metódica, ou seja, prática e militância de uma religião. Mas sim uma grande mistura de religiões e, além disso, um espírito geralmente influenciado por ideias e convicções religiosas. Acredito que nenhuma sociedade foi exceção, embora no México, para citar um exemplo, a coisa tenha sido mais forte do que aqui. Tenho a impressão de que também em outros países latino-americanos. Na própria Espanha foi mais profunda essa religiosidade difusa a que você se refere, e que, aqui, se manifestava de mil formas diferentes e não por meio da prática sistemática da religião.

Gostaria de retomar a questão das tensões iniciais. Por exemplo, a situação do ensino das escolas. Imagino que esse deve ter sido um dos pontos mais conflitantes nas relações da Revolução com a Igreja Católica.

O que houve foram conflitos de classe. Expliquei-lhe que a classe rica monopolizava as Igrejas e procurou instrumentalizá-las, induzindo bispos, padres e fiéis a posições contrarrevolucionárias. Isso provocou uma reação oposta em setores católicos, tanto da classe média como do meio popular, que não aceitaram aquela linha contrarrevolucionária. Um grupo ativo de católicos, a maior parte constituído por mulheres — setor que sempre teve muita sensibilidade pela obra revolucionária —, criou uma organização chamada Com a Cruz e com a Pátria, que apoiou decididamente a Revolução. Muitas delas foram fundadoras da Federação de Mulheres Cubanas. Por outro lado, via-se uma diferença no comportamento das Igrejas evangélicas. Pelo que sempre observei, as Igrejas evangélicas propagaram-se nos setores mais humildes da população. Tinham uma vivência mais militante da religião, ou seja, maior disciplina no que concerne às suas concepções, ao seu modo de ser, aos seus métodos, à sua maneira de rezar.

Mais coerência.

Sim, eram mais coerentes em sua prática cristã. Não eram muitos, mas quem pertencia à tal Igreja evangélica ou frequentava tal escola — entre as inúmeras que havia — era, em geral, mais disciplinado, muito mais consequente em seus sentimentos e em suas convicções religiosas do que os católicos. De modo que não houve problemas com os setores evangélicos; ao contrário, quase sempre foram boas e fáceis as relações com eles. Tampouco houve problemas com as crenças de origem africana ou com quaisquer outras. Nem mesmo houve problemas com a fé católica, mas sim com as instituições católicas, o que não é o mesmo. Dentro da Igreja Evangélica, a Revolução teve problemas com certas Igrejas por suas características especiais, como foi o caso das Testemunhas de Jeová. Já li que essa gente cria problemas em toda parte.

Em todas, inclusive com os militares brasileiros durante a ditadura.

Entram em conflito com os símbolos patrióticos, com a escola, a saúde, a defesa do país e com muitas outras coisas. Ao nos depararmos com uma pregação que se opunha ao serviço militar, nos sentimos especialmente atingidos, devido à ameaça dos Estados Unidos e à necessidade de se organizar uma forte defesa. Os conflitos não foram com as convicções religiosas, e sim com certas concepções mais políticas do que religiosas, considerando as condições especiais de Cuba. Deram-se dois ou três casos de Igrejas evangélicas. Com as instituições católicas houve, sim, conflitos e enfrentamentos políticos. De fato, nenhum deles foi violento. No início não se planejava nem se falava em estatizar as escolas particulares. É claro que, por princípio revolucionário, desejávamos aprimorar as escolas públicas, tão boas ou melhores do que as escolas particulares. E penso que realizamos esse princípio, porque agora temos milhares de escolas. Entre creches, alunos semi-internos e internos, o país conta atualmente com mais de 1 milhão de novas vagas que foram criadas. Como eu lhe dizia, uma só de nossas escolas vocacionais, das maiores, de 4500 alunos, tem mais internos do que todos os alunos internos que havia neste país antes da Revolução. Os que tinham mais alunos eram o Colégio Belém, com uns duzentos, e o Dolores, em Santiago de Cuba, com uns trinta. Falo dos que conheci. Duvido que estudantes propriamente internos, o que aqui chamamos de "aluno becado", houvesse 2 mil no passado, e hoje temos 600 mil alunos internos, que recebem não apenas instrução, moradia e alimentação, mas também roupas, livros, assistência médica e transporte. Isso significa que devemos ter trezentas vezes mais alunos internos do que os alunos internos filhos dos burgueses e dos latifundiários no passado. De modo que, agora, um simples camponês de uma humilde família das montanhas ou da Sierra Maestra tem educação assegurada ao seu filho ou à sua filha em melhores condições que a dos filhos da minoria privilegiada do país. Hoje temos a instituição da creche, aqui chamada "círculo infantil", que outrora não existia. Dispomos de cerca de mil creches. Com capacidade para 42 mil alunos, temos escolas especiais para alunos com problemas de surdez, visão, fala ou qualquer outro tipo de deficiência. Contamos com muitos centros pré-escolares. Nas universidades, há milhares de alunos em regime de internato. Isso significa que, em 26 anos de Revolução, conseguimos realizar o princípio de pôr ao alcance das famílias mais humildes melhores escolas do que aquelas das famílias privilegiadas. E isso é dado pela sociedade, proporcionado pelo Estado socialista. Pois bem, sem aqueles conflitos, não teria sido necessário estatizar as escolas. É provável que muita gente, em vez de pagar uma escola particular, preferisse uma escola pública. Talvez houvesse uma emulação entre aquelas escolas e as nossas. Não estava prevista a estatização das escolas particulares. Os conflitos daquele período, quando ainda não havia as novas escolas, suscitaram a necessidade de estatização das escolas particulares, sobretudo católicas, frequentadas pelos filhos das famílias que se opunham à Revolução e transformavam aquelas instituições em centros de atividades contrarrevolucionárias. Isso impôs a necessidade de estatização de todas as escolas particulares, católicas, protestantes ou leigas, sem distinção. Todas foram estatizadas. Do que me lembro — considerando que estamos conversando improvisadamente —, foi esse o fator que desencadeou aquele processo. Poder-se-ia analisá-lo melhor. Se você me perguntasse: "E agora, 26 anos depois, poderiam existir tais escolas?", talvez sim. Não defendo e não exijo que as escolas particulares tenham que necessariamente ser estatizadas, se não há conflitos entre as famílias que enviam seus filhos àquelas escolas e a Revolução, se as escolas não se transformam em ninhos de atividades contrarrevolucionárias, especialmente quando há violência. Porém, quando são associadas às agressões dos Estados Unidos, às ações de sabotagem e bombas da CIA e ao bloqueio econômico, que obrigam o país a se defender, não há alternativa. Se há relações harmoniosas dentro da sociedade, do ponto de vista econômico se poderia considerar: de 300 milhões de pesos destinados à educação, seria possível destinar 200 milhões aos setores que não podem pagar escola, e os 100 milhões restantes não precisariam ser empregados com quem pode pagar pelos estudos, mas sim destinados à saúde pública, à construção de moradias e ao desenvolvimento econômico. Ainda hoje há famílias em Cuba que poderiam pagar uma escola particular, não porque sejam empresárias ou latifundiárias, e sim porque têm renda mensal acima de mil pesos. São famílias de médicos, engenheiros ou operários. Várias famílias têm renda mensal acima de mil pesos porque muitos de seus membros trabalham e, portanto, poderiam pagar cinquenta ou cem pesos para que um filho frequentasse a escola. O Estado socialista poderia ter escolas pagas, desde que fosse conveniente, que elas não oferecessem ensino pior que as demais nem que isso significasse falta de escolas para as outras crianças. Se há escolas particulares, religiosas, em um país que inicia sua revolução, é preciso considerar o serviço que prestam à educação do país e em que medida ajudam a reduzir os gastos nesse setor. Os países do Terceiro Mundo, que têm muitas necessidades e pouco dinheiro para o seu desenvolvimento, poderiam estabelecer: esses 100 milhões serão destinados a outros fins. De modo que, longe de encarar a estatização da escola particular como uma exigência dogmática, vejo-a inclusive como uma contribuição de certos setores à economia do país e à possibilidade de se destinarem verbas a outras necessidades igualmente importantes. Não a considero um dogma da Revolução. Falo de nossa necessidade particular, que foi diferente. Conseguimos realizar o que se considera ideal: dar a todas as crianças do país a mesma possibilidade de educação e com qualidade.

Igreja e processos revolucionários

Comandante, em minha infância ouvia certos padres dizerem que precisávamos lutar contra o comunismo e o socialismo, pois quando o socialismo chega, as igrejas são fechadas, os padres assassinados, as freiras violentadas e os bispos enforcados. Pergunto-lhe: em Cuba, as igrejas foram fechadas, os padres fuzilados, os bispos torturados, como ocorreu no Brasil durante o regime militar, embora não tenha havido fuzilamentos? Como foi?

Vou lhe explicar. Penso que nas revoluções históricas clássicas existiram sérios conflitos entre os movimentos políticos e a Igreja. Algumas vezes com a Igreja Católica. No antigo império dos tsares, ocorreu com a Igreja Ortodoxa.

E também na Revolução Mexicana.

Sim, eu ia citá-la, mas antes me remetia a épocas ainda mais remotas. Inclusive na Reforma, quando surgiu o movimento de Lutero, de Calvino e as diferentes Igrejas, houve violentos conflitos, até derramamento de sangue. Desde criança ouvia falar da Noite de São Bartolomeu, na França.* Isso é histórico: por causa de conflitos religiosos, milhares de pessoas foram assassinadas. De modo que a violência não é específica dos conflitos políticos e sociais, mas ela existiu, em grande escala e intensidade, nos próprios movimentos religiosos. Não sei se alguém calculou quantas pessoas foram sacrificadas por causa disso.

* A Noite de São Bartolomeu ocorreu em Paris, na madrugada de 23 para 24 de agosto de 1572, quando católicos trucidaram protestantes.

*Pela Inquisição.**

Sim, desde a Inquisição, tanto um lado como o outro adotaram a violência. Às vezes, foi o Estado; outras, a Igreja. Assim, não só nos conflitos políticos houve violência entre a Igreja e o movimento político, mas também nos próprios movimentos religiosos. Basta dizer que, quando surgiu o cristianismo, milhares de cristãos foram sacrificados pela velha religião pagã de Roma. Não se sabe quantos cristãos foram sacrificados em trezentos anos de Império Romano, desde Cristo, que foi o primeiro, até o último, antes que o cristianismo se tornasse religião oficial do Império. Portanto, houve violência e muito sacrifício nas próprias lutas da Igreja. Não só contra ela, mas a própria Igreja aplicou a violência em grau considerável. Sendo assim, não é uma coisa absurda que haja violência entre o movimento político revolucionário e a Igreja.

Nas revoluções clássicas, começando pela francesa — um acontecimento de muito interesse histórico —, houve violência com uma parte da Igreja. Não se deve esquecer como surgiu a Revolução Francesa, em uma assembleia onde havia três estamentos sociais: a nobreza, o clero e a sociedade civil, ou seja, comerciantes, profissionais liberais, artesãos, o que poderíamos considerar a classe média. E foram precisamente o clero e o baixo clero, embora não faltassem alguns bispos, que determinaram a maioria da sociedade civil. Essa foi a assembleia que convocou o rei. Inclusive alguns nobres apoiaram os setores médios da população. Mas os que garantiram a maioria foram o clero e o baixo clero, alguns arcebispos e alguns nobres. Não se pode esquecer que Lafayette** e outros apoiaram a Revolução. Essa foi a primeira revolução clássica da era moderna e foi violenta. De um lado e de outro, houve padres e bispos sacrificados. Não

---

* A Inquisição, instituição fundamentalista católica (o nome vem de "inquirir", "interrogar"), teve início no século XII e se estendeu até o século XIX. Condenou a torturas, degredos e fogueira milhares de pessoas suspeitas de heresia, bruxaria ou apenas por professarem outra convicção religiosa.

** Marie-Joseph-Paul-Yves-Roch-Gilbert du Motier, marquês de Lafayette (1757-1834), é herói de dois países, pois lutou como general pela independência dos Estados Unidos, e, depois, na Revolução Francesa.

se pode esquecer que os padres tiveram papel decisivo na eclosão da Revolução Francesa.

De certa forma, esses conflitos se repetem na segunda grande revolução social de nossa era, a Revolução Bolchevista. Não tenho muitos dados, mas imagino que, como em toda revolução, houve conflitos com a Igreja, sacerdotes podem ter sido fuzilados. Não me consta, porque de fato a gente não presta muita atenção nesses dados nos grandes processos históricos. Conheço mais o que ocorreu na Revolução Francesa, sobre a qual se escreveram muitos livros. No nosso hemisfério, a mexicana também foi uma revolução social. Não uma revolução socialista, e sim social, na qual aconteceu de tudo: uma parte da Igreja a favor, outra contra. Houve conflitos sangrentos. Como na Guerra Civil Espanhola, teve violência de ambos os lados. Fuzilaram-se padres e, possivelmente, bispos.

Quanto à nossa, foi uma revolução social profunda e, no entanto, não houve um só caso de bispo ou padre fuzilado, nem de sacerdote maltratado fisicamente ou torturado. Bem, com relação a isso, o mais admirável é que não se deu nenhum caso com sacerdote nem com leigo, porque desde Sierra Maestra, quando fizemos as leis das quais lhe falei, contra os torturadores e assassinos, criamos em nossos combatentes uma profunda consciência de respeito à vida humana e de rejeição à arbitrariedade, à injustiça, à violência física contra o prisioneiro e as pessoas. Não ganhamos a guerra apenas combatendo, mas também por causa da política adotada em relação aos prisioneiros. Não houve um só caso de soldado inimigo que, preso, tenha sido fuzilado; nem de prisioneiro torturado, ainda que fosse para arrancar uma informação importante. Tínhamos nossas leis e, ao descobrir um espião, podíamos julgá-lo, sentenciá-lo e, inclusive, fuzilá-lo. Mas jamais torturávamos para arrancar-lhe qualquer coisa! Em geral, esse tipo de gente se desmoraliza, e sujaríamos nossas próprias mãos se o fizéssemos. Se precisamente o nosso pessoal se inspirava no ódio à tortura e ao crime, nos desmoralizaríamos se déssemos aos nossos soldados o exemplo da tortura e do crime.

E quem não compreende que em uma revolução a moral é o fator fundamental está perdido e fracassado. São os valores e a moral que espiritualmente forjam um homem. Você entenderá que, independentemente da convicção religiosa, não motivamos um combatente revolucionário com a ideia de uma recompensa no outro mundo ou de que, se morrer, ganhará eternamente uma enorme felicidade. Aqueles homens, mesmo os que não eram cristãos, estavam dispostos a morrer por valores pelos quais consideravam que valia a pena sacrificar a vida, apesar de não terem nada além da vida. Portanto, só se consegue que um homem aja assim à base de determinados valores, que não se podem contradizer ou destruir.

Em nossa guerra não se deu nenhum caso de um soldado que, preso, tenha sido fuzilado. Isso ajudou muito, pois inspirou respeito, autoridade e moral nas forças revolucionárias, frente a um inimigo que, ao contrário, torturava, matava e cometia toda espécie de crimes. Mantivemos essa tradição ao longo de mais de 26 anos, em todos esses anos de Revolução, como uma política firme e decidida. Jamais toleramos o contrário. Não importa o que os inimigos dizem por aí. Dizem barbaridades e não nos importamos. Quando lemos os telegramas internacionais, percebemos irritação e ódio porque não podem apresentar uma só prova de que a Revolução torturou ou assassinou; não há registro do desaparecimento de uma única pessoa em 26 anos.

Essa tem sido uma Revolução que se processa com muita ordem. Fomos muito radicais, mas sem excessos. Jamais aceitamos violar um de nossos valores sobre os quais se sustenta a Revolução. Portanto, ninguém aqui foi vítima de tais métodos, nem um só padre ou bispo, nem o pior inimigo ou os que organizaram dezenas de atentados contra os dirigentes da Revolução, planejados pela CIA. Houve um momento em que havia aqui trezentas organizações contrarrevolucionárias. Cada cinco ou seis que se reuniam eram uma nova organização. Nelas, encontrava-se todo tipo de oportunistas. Estavam convencidos de que a Revolução não resistiria ao apoio, ao estímulo e à inspiração que eles recebiam dos Estados Unidos.

Pois bem, qualquer um daqueles tipos, responsável por um fato de muita gravidade, podia ser fuzilado, em virtude de leis prévias, de julgamentos e de provas irrefutáveis de seus atos. Refiro-me a trezentas organizações. Sabíamos o que faziam mais do que eles, precisamente porque, como nossos órgãos de segurança não torturam, aprimoraram sua eficiência buscando outros meios de se infiltrar para conhecer e saber o que fazia o inimigo. Basta dizer que, em certo momento, quase todos os chefes daquelas organizações contrarrevolucionárias eram gente nossa, revolucionários que desenvolveram um trabalho primoroso, perfeito, uma forma de luta que excluía a violência física contra as pessoas para obter informações. Sabíamos o que um contrarrevolucionário fizera em cada dia do mês de janeiro de 1961, onde e com quem se reunira. Tínhamos todas as informações. Se ao ser preso em 1962, quando já era um elemento perigoso, ele não lembrava com exatidão o que fizera em tal dia de janeiro, nem com quem se reunira, os arquivos já registravam tudo. Essa gente em geral se desmoralizava, tinha uma mentalidade egoísta, movia-se por interesses e ambições materiais e não por uma moral. Ao deparar com uma Revolução que tinha uma altíssima moral, eles não aguentavam, desmoralizavam-se tão logo iam presos e, quando se mostrava a eles que tudo já era conhecido, espontaneamente confessavam. Mediante violência física jamais se arrancou uma declaração ou uma informação de alguém. Poder-se-ia indagar: houve algum padre fuzilado por delitos contrarrevolucionários? Respondo: não. Legalmente era possível? Sim, desde que tivesse cometido delitos graves.

Havia três padres na invasão da Baía dos Porcos.

Tenho que verificar isso com exatidão, mas estou quase certo de que eram três. Tecnicamente, todos os invasores incorreram em delito de traição à pátria. Porque se você vai para um país estrangeiro inimigo de seu país e, sob as ordens daquele país, invade sua própria pátria, à custa de sangue e da vida de seus concidadãos, tecnicamente isso é traição. Quase todos os códigos a condenam com a pena capital. Houve também casos de cumplicidade com atividades contrarrevolucionárias graves, que poderiam ter resultado em severas penalidades, como o fuzilamento. Entretanto, não houve um só caso, porque procuramos evitá-lo. Sob nenhuma justificativa queríamos fazer o jogo da reação e do imperialismo, dando uma imagem da Revolução fuzilando padre. Sempre se teve esse cuidado. Delitos graves foram cometidos por padres e, no entanto, nunca a sentença maior foi aplicada a eles. Não foram muitos, porque uma coisa é a oposição política, a cobertura política e ideológica que se dá à contrarrevolução; e outra, a realização de sabotagens ou de graves delitos contrarrevolucionários. De fato, não ocorreram muitos, mas, mesmo naqueles que justificariam a pena capital, procurou-se evitá-la. Os sacerdotes sempre foram tratados com especial consideração.

Houve casos em que foram condenados à prisão por ações contrarrevolucionárias; mesmo assim, nunca cumpriram a sentença, tínhamos interesse em que saíssem, e estiveram presos o mínimo de tempo. Não nos interessava a imagem de um padre preso ou da Revolução que prende sacerdotes, ainda que a penalidade se justificasse. Nisso influiu bastante um núncio muito inteligente e capacitado que tivemos aqui, monsenhor Cesare Zacchi, uma pessoa construtiva, extraordinária, que percebeu a inconveniência de conflitos entre a Igreja Católica e a Revolução, e ajudou a evitá-los. Creio que deu importante contribuição para impedir que tais conflitos se aprofundassem. Por meio dele, pusemos em liberdade os sacerdotes dos poucos casos mencionados.

Porém, templos foram fechados e sacerdotes expulsos?

Não, nunca um só templo foi fechado no país. Em determinado momento, houve, sim, casos de forte enfrentamento político e, por causa da atitude militante de certos padres, em especial de origem espanhola, solicitamos que deixassem o país e suspendemos o visto de permanência aqui. Casos assim se deram. Contudo, autorizou-se que viessem outros sacerdotes para substituir os que saíram. Essa foi a única atitude que se precisou tomar. Depois, as relações se normalizaram.

*E o caso do cardeal que se refugiou na embaixada argentina, no momento da invasão de Girón?**

---

* A praia Girón fica na Baía dos Porcos, ao sul de Cuba. Em abril de 1961, menos

Sim, isso ocorreu por ocasião de Girón. Na segunda quinzena de abril de 1961, durante a invasão, o cardeal parece que se assustou. Ignoramos as razões pelas quais ficou amedrontado e, enquanto ocorria Girón, passou a morar na casa do embaixador da Argentina. Já era uma pessoa de idade avançada. Em fevereiro de 1962, quando a Argentina rompeu relações conosco, o encarregado de negócios da Santa Sé o convenceu a ficar em Cuba. Conduzido a um asilo no bairro de Marianao, viveu ali até a morte. Foi o que aconteceu. Vou dar a você alguns exemplos do que ocorreu aqui. Um parente do cardeal organizou um levante armado na província de Oriente. Hospedou-se no Seminário del Cobre, em Santiago de Cuba, e dali foi para as montanhas, onde desencadeou uma guerrilha contrarrevolucionária. Localizado, foi cercado e preso. Apesar da gravidade do delito, foi condenado somente à prisão. Calcule o que se passou: um parente do cardeal, com posição contrarrevolucionária, utiliza um seminário católico, organiza uma guerrilha, consegue armas e levanta-as contra a Revolução, em dias difíceis de ameaças e agressões norte-americanas. Nem nesse caso fomos muito severos. É o que sei e, de fato, não saberia lhe dizer por que razão o cardeal se refugiou em uma embaixada. Não havia justificativa. Ainda que tivesse sido cúmplice de seu parente, por motivos políticos não prenderíamos o cardeal. Falaríamos com ele e o advertiríamos. Mesmo que tivesse cumplicidade com os invasores de Girón, não deveria asilar-se ou buscar proteção, pois não tomaríamos medidas drásticas contra ele.

---

de três meses após tomar posse como presidente dos Estados Unidos, John Kennedy fez desembarcar ali mercenários preparados pela CIA, com o propósito de desestabilizar a Revolução Cubana e assassinar Fidel. Em três dias foram derrotados. A 16 de abril, Fidel declarou o caráter socialista da Revolução, aproximando-se da União Soviética.

Caráter socialista da Revolução

Foi após a praia Girón, em 1961, que se declarou o caráter socialista da Revolução?
   Não precisamente depois, e sim no mesmo dia em que se iniciou a invasão.

No início, havia as Organizações Revolucionárias Integradas, que congregavam os três movimentos revolucionários: o Movimento 26 de Julho, o Diretório Revolucionário e o Partido Socialista Popular, que era o nome do partido comunista de Cuba. Em 1965, as Organizações Revolucionárias Integradas deram origem ao Partido Comunista de Cuba.
   Sim.

Porém, no Partido Comunista cubano não se admite a presença de cristãos?
   É verdade, não se admite.

Correto. Trata-se de um partido confessional, na medida em que é um partido ateu, que proclama a não existência de Deus. Pergunto-lhe: há possibilidade de vir a ser um partido laico? E segundo: há possibilidade de, no futuro, um cubano cristão revolucionário poder pertencer às fileiras do partido?
   Bem, creio que essa é uma das perguntas mais interessantes e mais importantes que você faz em relação ao tema da religião e da Revolução. Contei-lhe que, já antes de 1951, eu tinha não apenas uma formação revolucionária, mas também uma concepção marxista-leninista e socialista da luta política. E, havia tempos, desenvolvia uma concepção estratégica de como realizá-la. Contei-lhe que o reduzido núcleo que organizou o Movimento 26 de Julho tinha a mesma formação. Expliquei ainda que

criamos uma estratégia e um programa que obedecia a etapas. Uma primeira etapa, de acordo com um programa que tecnicamente poderíamos chamar de "libertação nacional", ou de "independência nacional", consistindo em uma série de reformas sociais avançadas que, no futuro, a partir de determinado momento, seriam complementadas por novas medidas já de caráter socialista. Claro, estamos conversando agora em 1985. Imagine como éramos em 1956, 1958, 1959 e 1960, quando ainda não tínhamos esse nível de experiência atual, embora tivéssemos ideias básicas corretas: como fazer as coisas, o que se podia fazer e em que momento. Se você me perguntar se já tínhamos programado o dia, o ano e o período exato em que faríamos cada coisa, eu lhe respondo: não. Tínhamos a ideia básica de como realizar uma revolução social nas condições do nosso país, como conduzi-la por diferentes etapas, complementada pela educação do povo, das massas, pela difusão das ideias, de modo que o povo fosse tirando suas próprias conclusões, como de fato ocorreu. Aqui, o que contribuiu extraordinariamente para o avanço político e a educação política de nosso povo foram as leis revolucionárias, porque desde o primeiro momento o povo viu que havia um governo que, afinal, era seu governo. Ao longo da história — desde a conquista de Cuba pelos espanhóis —, o povo não tivera um governo que fora seu governo, porque aqui o governo de Diego Velázquez,* de Pânfilo de Narváez** e de outros que conquistaram Cuba fundaram cidades e administraram regiões do país, não era o governo dos índios. Os índios eram os trabalhadores, os escravos que procuravam pepitas de ouro nos rios, trabalhavam nas minas sob sol ardente, de tal modo que exterminaram 90% da população indígena e milhares de africanos foram arrancados de suas terras e convertidos em escravos para servir nas minas e nas lavouras de cana e de café, sob os rigores do sol, do calor e da umidade tropicais. Da mistura de

* Diego Velázquez de Cuéllar (1465-1524), conquistador espanhol, governou Cuba de 1511 até a data de sua morte.
** Pânfilo de Narváez (1470-1528), conquistador espanhol, era parente de Diego Velázquez e participou da conquista espanhola da Jamaica. Bartolomeu de las Casas o descreve como homem "cruel".

espanhóis com índios e negros surgiram os mestiços que, quando eram filhos de escravas, continuavam escravos.

Depois, ao longo dos séculos, a nacionalidade se aprimorou e surgiu o conceito de cubano entre os mestiços, descendentes de espanhóis brancos, e entre os descendentes livres de negros e de índios, mas o governo continuava sendo dos espanhóis. Em 1898, no final da última Guerra de Independência, ocorreram a intervenção e a ocupação do país por tropas norte-americanas até 1902, quando se impôs aqui um governo dos Estados Unidos, ou seja, de um homem que se tornara cidadão norte-americano e foi o candidato apoiado pelos Estados Unidos.*

A partir daí, até 1959, todos os seus sucessores constituíram o governo dos latifundiários, dos ricos, dos privilegiados, das empresas estrangeiras e dos Estados Unidos. Pela primeira vez na história — e isso, na história de qualquer nação, sempre produz efeitos extraordinários —, em 1959 há um governo do povo. Era uma coisa nova, porque antes Estado e povo eram coisas diferentes. Desde o momento em que surgem as ameaças dos Estados Unidos, o povo se organiza, se arma e começa a perceber que a autoridade é ele. Antes havia um exército divorciado da população, totalmente profissional e com o qual os cidadãos não se identificavam. Nas mãos de um homem, o fuzil servia para reprimir greves, manifestações de estudantes ou movimentos camponeses, ao lado daquele poder. Com a Revolução, o povo começou a ser soldado, funcionário, administrador, parte da ordem social, do Estado e da autoridade. De modo que, se em princípios do século XVIII um rei absolutista da França pôde dizer "o Estado sou eu",** em 1959, quando triunfou a Revolução e o povo chegou ao poder, se armou e defendeu o país, então o cidadão comum deste país pôde dizer: "O Estado sou eu".

As leis revolucionárias e as medidas de justiça social conquistaram a população. Contribuíram para aprofundar a consciência de nosso povo

---

* Fidel se refere a Tomás Estrada Palma, primeiro presidente de Cuba, que, depois de participar da Guerra de Independência ao lado de José Martí, submeteu-se à política intervencionista dos Estados Unidos em Cuba.
** Trata-se do rei Luis XIV (1638-1715).

e desenvolver uma consciência política socialista. A fundação do Movimento 26 de Julho, tendo em vista a luta contra Batista, partiu de um núcleo de direção. Criei o núcleo com o grupo de companheiros mais valiosos e capazes. Desse núcleo mais amplo se selecionou um pequeno núcleo executivo de três companheiros, para executar as tarefas mais secretas e delicadas. Aí estavam Abel Santamaría, um outro companheiro que se chamava Raúl Martínez Ararás e eu.

Era Martínez quem estava no comando do ataque ao quartel de Bayamo. Depois de Moncada, desligou-se do Movimento. Sem dúvida, era um rapaz ativo, organizado, cheio de iniciativas e que gostava especialmente da ação, embora não tivesse muito nível ideológico. Ao contrário, Abel era muito ativo, capacitado e, além disso, tinha concepções revolucionárias avançadas. Dentro daquela organização, eu tinha minhas responsabilidades e tarefas bem definidas. Desde que decidi criar uma organização para a luta, minha primeira iniciativa foi estabelecer uma direção coletiva. Depois veio a guerra. Eu era o comandante em chefe das Forças Rebeldes, apesar de, em certos momentos, ter sido o comandante em chefe de mim mesmo e de mais dois companheiros, até que organizássemos a coisa melhor. Depois fui comandante em chefe de um grupo de sete ou oito companheiros, e o primeiro combate vitorioso se realizou com dezessete companheiros em armas, em 17 de janeiro de 1957, se não me equivoco. Ou seja, um mês e meio depois que o grupo original se dispersara, enfrentamos o nosso primeiro combate vitorioso. Eu era chefe daquela tropa e, em um exército, quando há combates, você envia as unidades; este é um princípio: subordinar-se a um comando.

Pertencíamos ao Movimento 26 de Julho, cuja direção nacional funcionava integralmente. Ela detinha toda a responsabilidade na cidade e no campo. Quando estávamos no México organizando a expedição, ela era responsável pelo Movimento em Cuba. Quando nos encontrávamos nas montanhas, dirigia o Movimento no resto do país. Se havia algum assunto de muita importância, éramos consultados, discutíamos e tomávamos as decisões fundamentais, pois sempre houve uma direção nacional que funcionava, que tinha atribuições, às vezes demasiadas atribuições, o que, antes de ser um defeito, era uma qualidade, porque se tinha a aprovação da maioria, então acatávamos totalmente e cumpríamos, não havia saída. Às vezes, avalio historicamente e verifico que nem sempre era justo o critério decidido pela maioria. Mesmo assim, o nosso embrião de exército acatava. Desde que se fundou nossa organização, antes de Moncada, perdurou o consenso de uma direção coletiva e reduzida, de muita confiança, capaz de dividir responsabilidades. Não há outra forma de se desencadear um movimento político.

Quando triunfou a Revolução, em 1º de janeiro de 1959, o Exército Rebelde, que tivera papel considerável, tinha 3 mil homens em armas. Com aqueles 3 mil homens cercamos, na província de Oriente, 17 mil soldados, e dividimos a ilha em duas. O regime estava liquidado, o exército de Batista já não tinha como resistir. Portanto, as unidades de combate do Exército Rebelde tiveram papel fundamental na vitória da guerra. Sem dúvida, o apoio do povo foi fator decisivo. Ficou demonstrado quando a alta oficialidade do exército de Batista tentou dar um golpe de Estado, rompendo um acordo que fizera conosco. O chefe das operações inimigas havia me solicitado um encontro, admitira que perdera a guerra e chegava a um acordo conosco. Eu mesmo lhe sugeri: "Vamos buscar uma saída elegante e salvar muitos oficiais". Porque nem todos eram assassinos, ainda que os principais chefes das Forças Armadas fossem cruéis. Foi aquele chefe das operações que promoveu a última ofensiva na Sierra Maestra: 10 mil homens contra trezentos. Um fato notável, pois 10 mil homens, em setenta dias de combate, não conseguiram derrotar trezentos. Ao final, os trezentos se converteram em 805 homens armados, e havíamos produzido mais de mil baixas, derrotado a ofensiva e as melhores tropas do inimigo, apropriando-nos de grande quantidade de armas, triplicando nossa força. O homem que dirigiu aquelas tropas era um oficial de respeito, capacitado, e não um criminoso. Levamos em conta a sua figura, embora ele comandasse todas as forças que lutavam contra nós. Quase no fim da guerra, reuniu-se comigo e disse: "Perdemos a guerra". Sugeri-lhe proclamarmos um cessar-fogo conjunto: "Podemos salvar muitos oficiais bem preparados e de valor, e que não estão envolvidos em crimes". Concordou, mas insistiu em ir a Havana. Recomendei-lhe que não o fizesse: "Há riscos". Ele replicou que tinha bons contatos e, portanto, não tocariam nele. Então lhe fiz três exigências: "Não queremos contato com a embaixada norte-americana, nem golpe de Estado na capital, nem que deixem Batista escapar". Depois de concordar com esses termos, em virtude dos quais se daria o cessar-fogo das tropas, no dia 31 de dezembro, alguém pelo caminho virou a cabeça daquele homem que, por infelicidade, acabou fazendo exatamente as três coisas que se comprometera a não fazer: pôs-se em contato com a embaixada norte-americana, deu um golpe de Estado e despediu-se de Batista no aeroporto. No dia seguinte, lançamos a palavra de ordem de greve geral e instruímos todas as tropas a não cessar fogo. Em 72 horas, estava desarmado o resto do exército.

Portanto, o Exército Rebelde teve papel decisivo naquele momento em que o Movimento se expressava fundamentalmente por meio do exército guerrilheiro, um rio de povo. Eu dizia esta frase: "Um Amazonas de povo num pequeno leito, sem poder organizar e abarcar tanta massa de gente". O que havia atrás da Revolução era um Amazonas de povo e uma organização política relativamente pequena, com suas tendências e contradições internas, um pouco à direita ou à esquerda. Eu compreendia perfeitamente, a massa que apoiava a Revolução era muito maior e mais ampla que o nosso Movimento, e não podíamos ser sectários. Tínhamos o apoio total devido ao desempenho de nosso Movimento. Mas descartávamos as ideias de tipo hegemônico! E o fazíamos quando estávamos em condições de exercer completa hegemonia. Eu me pergunto quantas pessoas, quantos dirigentes políticos, nas condições em que nos encontrávamos em Cuba, teriam renunciado à ideia de hegemonia...

Combate ao sectarismo

Quando o senhor fala em não ser sectário, me pergunto se fazia parte dessa posição evitar a utilização frequente de palavras de ordem clássicas do marxismo-leninismo. Quero acrescentar a esta pergunta uma impressão: quando se chega pela primeira vez a Cuba, é surpreendente constatar que, ao contrário da impressão que nos passa a propaganda imperialista, quase não se vê pelas ruas imagens de Marx ou Lênin, e se encontra sempre a figura de Martí. Então pergunto se essa posição não sectária inclui o resgate dos valores nacionais e dos símbolos que têm significado na cultura do povo, tendo cuidado com símbolos que são importantes e que, muitas vezes, as pessoas não captam com facilidade.

Não relaciono precisamente com isso, que já depende de outros fatores, critérios e ideias. Falo de sectarismo em relação ao nosso Movimento, que desempenhou papel fundamental na luta e na vitória, tinha todo o apoio do povo e, portanto, poderia ter prevalecido sobre as demais organizações e se tornado o centro principal da Revolução. Poderíamos dizer: bem, somos mais fortes que as outras organizações e vamos assumir sozinhos as responsabilidades, sem dividi-las com ninguém. Isso ocorreu uma infinidade de vezes na história, quase sem exceção. No entanto, não optamos por esse caminho. Creio que os êxitos da Revolução estão realmente precedidos, em muitos casos, por soluções corretas, sérias e sábias. O primeiro sectarismo que combati foi o dos que lutaram nas montanhas, pois começaram a olhar de modo diferente os que tinham lutado na cidade ou os que atuaram na clandestinidade. E disse que eles também haviam lutado, e inclusive muitas vezes correram mais riscos do que nós. Talvez não tenham caminhado o que caminhamos nem subiram as montanhas que subimos. Porém, corriam riscos todos os dias. Quando já dominávamos o território, os aviões podiam aparecer e nos localizar ao amanhecer, ao entardecer ou ao meio-dia; eram riscos que sabíamos prever. Mas os companheiros na clandestinidade correram inúmeros riscos e muitos morreram. É provável que haja mais mortos na clandestinidade do que na guerrilha. Porque o guerrilheiro ou combatente adquire, em uma unidade militar, mais disciplina e espírito coletivo. Na clandestinidade, o homem é um pouco mais individualista, em geral está mais só e isolado. Eu diria que a luta aberta ajuda mais na formação de um espírito de fraternidade, disciplina e coletividade do que a luta clandestina. A segunda tendência sectária a combater era a de nossa organização diante das outras que tinham menos força e eram menores. Sobretudo em relação ao Partido Socialista Popular,* que depois do Movimento 26 de Julho era o que tinha mais forças organizadas e influência nos setores operários, embora o nosso Movimento e o exército guerrilheiro tivessem enorme prestígio entre os trabalhadores do país. As direções sindicais estavam todas nas mãos de Batista.

No dia 1º de janeiro de 1959, quando ocorreu o golpe de Estado na capital, lançamos a palavra de ordem de greve geral revolucionária, a mesma que defendíamos havia cinco anos e meio, quando atacamos Moncada. Ordenamos às tropas que seguissem avançando e aos trabalhadores do país, ao povo, que paralisassem todas as atividades. Com impressionante disciplina, pararam completamente tudo. Nada se movia no país. Por sua vez, os trabalhadores das estações de rádio e TV puseram a Rádio Rebelde — a rádio do Comando Geral — em sintonia com todas as rádios e televisões do país. Só não houve greve nesse setor, de modo que podíamos falar a todo o povo. Tínhamos uma ascendência moral muito grande sobre os trabalhadores. Já o Partido Socialista Popular era a organização que tinha mais experiência partidária, mais organização política e velhos militantes. Nós, que tínhamos realizado aquela luta,

---

* Nome oficial do antigo Partido Comunista de Cuba.

éramos um grupo reduzido de novos militantes, não obstante tivéssemos muitos companheiros jovens com grandes méritos acumulados naquela etapa. Depois vinha o Diretório Revolucionário, organização surgida dos estudantes e cujo líder era precisamente José Antonio Echeverría que, após a morte, foi substituído pelo companheiro Faure Chomón. Foram três as organizações que lutaram. Contudo, também convocamos todos os outros partidos e organizações que se posicionaram contra Batista, embora não tivessem participado da luta armada. Falei com todos eles, inclusive com os velhos e desacreditados partidos que haviam sido destituídos do poder. Nem com esses quisemos ser sectários, quando levantamos a bandeira da união de todas as forças. Digamos, se 95% do povo estava com a Revolução, e o 26 de Julho podia contar com 85% a 90% do povo, fora 10% ou 15% que estivessem com as demais organizações, ainda assim faltavam 5% à unidade. Porque em uma revolução, a unidade não é só questão quantitativa, mas é também qualitativa. Não medi se os outros partidos equivaliam a 10% ou 15% da força. O que importava era que davam à Revolução a qualidade do princípio da unidade. Se não prevalecesse o princípio da unidade, não só se dividiriam os demais partidos, mas se produziriam divisões no seio de nossa própria organização, quando começariam a surgir tendências, critérios, antagonismos e, às vezes, até classes. Nosso Movimento era mais heterogêneo, era o Amazonas do povo em um pequeno rio. Naquele Amazonas, havia gente de todos os setores. Aplicamos o princípio da unidade a todas as organizações. Pode estar certo de que só não ficou com a Revolução quem não quis, e não por falta de oportunidade de nela permanecer. A todos foi dada essa oportunidade. Porém, começaram a influir a inconformidade, as ambições, as frustrações, a política divisionista e subversiva dos Estados Unidos, os conflitos de interesses e, logicamente, muitos daqueles partidos começaram a se inclinar a favor dos interesses dos Estados Unidos e da reação. Restaram basicamente as três organizações que obtiveram mais prestígio na luta: o Movimento 26 de Julho; o Partido Socialista Popular, antigo Partido Comunista; e o Diretório Revolucionário, a organização política dos estudantes. Começamos, pois, a atuar coordenadamente.

Não foi fácil, houve sectarismos que deram lugar a discussões e críticas, tendo sido necessário erradicá-lo em certo momento. Havíamos lutado contra o nosso sectarismo, mas o PSP não lutara de fato contra o seu. No Diretório, só houve manifestações de sectarismo nos primeiros dias. Criou-se, assim, entre essas forças, uma cooperação, tanto em nível da base, como entre os dirigentes, de modo que, poucos meses depois da Revolução, constituímos uma direção coletiva, na qual estavam representadas as diferentes forças. Nessa organização estavam os principais quadros, como o Che, Raúl, eu, um grupo proveniente do Exército Rebelde e do 26 de Julho, e companheiros de outras organizações. O princípio da direção coletiva, seguindo a tradição, estabeleceu-se também imediatamente após a vitória da Revolução, de forma que, quando ainda as organizações não estavam organicamente integradas, já tínhamos uma direção coletiva desde os primeiros tempos da Revolução. Quase todas as medidas eram analisadas e discutidas nessa direção. Assim, fomos criando o órgão de direção desde o início da Revolução, e até hoje se mantém esse princípio.

Em seguida, veio o momento da integração de todas as forças, de extinção das diferentes organizações e de constituição de uma só: a ORI, Organizações Revolucionárias Integradas. Nesse período, houve sintomas de sectarismo. O que os provocou? O Partido Socialista Popular tinha uma organização mais homogênea que a nossa, porque era de origem operária e com mais educação política. Nossa organização era mais heterogênea, com certas dificuldades e tendências em seu seio. Foi quando se iniciou a ofensiva do imperialismo. Como tínhamos um número relativamente reduzido de quadros e, às vezes, era preciso nomear alguém para determinada tarefa política que requeria muita confiança, procurávamos um velho militante comunista, o que nos dava mais segurança do que selecionar um companheiro mais novo e com menos formação. Eles nos trouxeram quadros muito úteis e muita massa, mas não comparável com o volume de massa que tinha o nosso Movimento. Entretanto, deram-nos uma grande ajuda em quadros. Lembre-se que o nosso Movimento percorreu, da fundação à vitória, apenas seis anos. Não poderíamos dizer que tínhamos velhos militantes de quinze, vinte ou 25 anos... O Partido Socialista estava organizado havia décadas e tinha militantes bem formados ideologicamente. Claro que o nosso Movimento contribuiu com a maioria dos quadros, mas eles também vieram do PSP e do Diretório, que nos deram gente de muito valor.

Partidários de outras organizações ficaram com a Revolução. Os chefes se foram, mas o pessoal de base ficou. Do reduzidíssimo número de simpatizantes que tinham, uma parte continuou com a Revolução. Digo reduzidíssimo porque o processo revolucionário, com o mar de povo que arrastou atrás de si, praticamente varreu todos os partidos tradicionais. Alguns podiam dizer: "Tenho cem ou duzentos que me seguem". A Revolução tinha milhões. Mesmo assim, aplicamos os princípios básicos da unidade e da direção coletiva. Houve problemas, como lhe contei. Em certo momento, surgiu algum sectarismo por parte do velho Partido Comunista, o Partido Socialista Popular, que nos trouxera quadros confiáveis. Não foi um problema que se originou com a unidade, e sim muito antes, no período da luta clandestina contra Batista. Foram problemas suscitados por gente com ambições e métodos incorretos e que, aproveitando-se das condições de clandestinidade, começara a assumir atribuições excessivas. Quando se produziu a integração, aqueles elementos estavam presentes. Mas foram corrigidos sem problemas ou dificuldades, porque sempre combati o sectarismo: primeiro, dos guerrilheiros; em seguida, do nosso Movimento; depois, de outras organizações ou qualquer tipo de manifestação que pudesse surgir. Se houve sectarismo da parte do Partido Socialista Popular, foi porque os outros haviam sido sectários. Foi uma luta incansável para manter a unidade e combater toda forma de sectarismo. Assim avançamos, até que fundamos o Partido Comunista, em 1965.

Como disse, o socialismo foi proclamado em 1961, por ocasião da invasão da Baía dos Porcos. Quando ela ocorreu, havíamos feito muitas leis devido às medidas estadunidenses de embargo e bloqueios econômicos. Respondemos nacionalizando indústrias norte-americanas: cortavam a cota de açúcar, nacionalizávamos todas as usinas e algumas indústrias.

Eram medidas contra medidas. Isso acelerou o processo de nacionalização. Começou, então, a campanha anticomunista. Esse foi o primeiro recurso ao qual apelaram, a fim de explorar a ignorância política de grande parte do povo, sua falta de preparo e de cultura política, capitalizando assim todos os preconceitos que haviam semeado em dezenas de anos. Fizeram coisas infames. Por exemplo, entre as campanhas visando a promover o êxodo do país, inventaram um falso decreto — dizendo que alguém o encontrara em um ministério — que estabelecia privar a família do pátrio poder. Veja que coisa absurda! Porém, como se sabe, muitas dessas coisas absurdas infundem medo, pois não constituem apelo à razão e sim ao instinto. Alguém que raciocinasse jamais admitiria que isso pudesse ser verdade. Contudo, uma mãe que escuta: "Olha, vão lhe tirar a criança"... E diziam que seriam enviadas para a União Soviética ou coisas do gênero. Eu me perguntava: essas coisas foram inventadas contra nós? Mais tarde, quando li *O don silencioso* e toda uma série de obras de Sholokhov, que ganhou o Nobel de Literatura, descobri que aquilo era tão velho quanto a Revolução Bolchevista. Naquela época, inventaram as mesmas coisas que utilizaram contra nós quarenta e tantos anos depois. Nem sequer eram frutos de uma imaginação mais fértil. Assim foram feitas muitas campanhas contra Cuba.

Invasão da Baía dos Porcos

Boatos semelhantes já corriam a respeito dos cristãos nos primeiros séculos. Por exemplo, que comiam carne humana.

É verdade, você citou um bom exemplo. Às vezes me recordo das campanhas caluniosas que se faziam contra os cristãos daquela época. Imagino que inventaram as mesmas coisas na Revolução Francesa. E em muitos outros lugares. Aqui, entre outros objetivos, para incentivar o êxodo. Os Estados Unidos abriram as portas para quem quisesse ir para lá, a fim de nos privar de professores, catedráticos, médicos, engenheiros e técnicos. Eles nunca haviam feito isso. Começou o êxodo de profissionais qualificados, a quem ofereceram altos salários. Aceitamos o desafio, não proibimos a saída de ninguém. Decidimos: formaremos novas gerações de técnicos e de profissionais liberais melhores do que os que se foram. Com os que ficaram, começamos a aprimorar nossas universidades.

Quantos saíram naquela época?

Para lhe dar um exemplo, havia 6 mil médicos em nosso país e se foram 3 mil. Hoje, ocupamos o primeiro lugar em nível de saúde entre todos os países do Terceiro Mundo e nos encontramos acima de muitos países desenvolvidos. Iniciamos nosso programa de saúde com a metade dos médicos que havia no país. Hoje, temos 20 500 e, dentro de meses, diplomaremos mais 2436. O número aumentará nos próximos cursos, de modo que, em 1988, diplomaremos 3 mil médicos e, a partir de 1990, 3500 por ano. Nos próximos quinze anos, teremos mais 50 mil novos médicos. Quando levaram a metade dos médicos do país, aceitamos o desafio; justamente porque aceitamos muitos desafios é que continuamos aqui.

O inimigo apelou para preconceitos, mentiras e campanhas, a fim de desorientar, confundir, ferir. O povo ainda não tinha uma sólida cultura política, mas estava com a Revolução, confiava nela e sabia que significava governo ao lado do povo. O programa que pretendíamos cumprir pouco a pouco foi acelerado pelas agressões ao processo revolucionário. Foram a causa? Não, seria um erro admitir isso. Não admito que as agressões tenham sido a causa do socialismo em Cuba. Isso é falso. Aqui, o socialismo seria ordenadamente construído, em um razoável período de tempo, com a menor quantidade de traumas e de problemas. Porém, as agressões do imperialismo aceleraram o processo revolucionário. Espalharam a tese de que era uma revolução traidora, que falávamos ao povo uma coisa e fazíamos outra. Quem ler meu discurso de defesa no julgamento de Moncada, publicado com o título A *história me absolverá*, verá que ali consta o programa que assumimos. O que indiscutivelmente não calculamos ao estabelecer aquele programa é que nos tirariam a cota de açúcar, tomariam medidas agressivas, procurariam liquidar a Revolução pelas armas e, inclusive, invadiriam o país. Talvez naquela época sofrêssemos ainda da convicção idealista de que, por ser este um país soberano, onde se faziam coisas justas, seríamos respeitados por todo o mundo. Tivemos uma lição prática e clara de que o imperialismo não admite mudanças sociais e procura destruí-las pela força. A decisão que tivemos naquele momento foi fundamental. Se tivéssemos vacilado, nos atemorizado, retrocedido, estaríamos perdidos.

Veio então a invasão: a 15 de abril de 1961, ao amanhecer, ocorreu um surpreendente bombardeio aéreo sobre todas as nossas bases aéreas, para destruir os poucos aviões que tínhamos. Eu havia passado toda a noite acordado no posto de comando, porque chegaram notícias de que, por Oriente, desembarcaria uma força inimiga que fora localizada junto à costa. Raúl estava em Oriente. Sempre, em tais situações, dividíamos entre nós as regiões. Almeida ficava no centro do país, Che no Ocidente e eu em Havana. Isso ocorria cada vez que se falava em invasão dos Estados Unidos. É claro que não dispúnhamos da organização que temos hoje. Recebi a notícia do provável desembarque, permaneci de plantão e, ao amanhecer, vi aviões passarem bem próximos ao posto de comando, que era em uma casa no bairro Vedado. Em poucos segundos, atiraram foguetes contra a base aérea de Ciudad Libertad. Atacaram várias bases e mataram alguns combatentes. Ocorreu ali algo impressionante: um homem foi ferido e, todo ensanguentado, escreveu com seu sangue, antes de morrer, meu nome em uma parede, em um quadrado. Isso ainda se conserva, deve estar no museu. Aquilo refletia a atitude do pessoal, um jovem miliciano, que estava morrendo e, em protesto, escreveu meu nome com seu sangue. Houve uma terrível indignação. No dia 16, enterramos os mortos; milhares de milicianos armados e unidades do Exército Rebelde participaram do ato. O exército ainda era pequeno, e a maioria dos combatentes era constituída pelo povo armado: operários, camponeses e estudantes. Foi nesse dia que dei a resposta, não apenas militar, mas também política: proclamei o caráter socialista da Revolução, antes dos combates na praia Girón. No mesmo dia, por volta da meia-noite, começaram os desembarques. Eles procuraram destruir nossa força aérea para ter completo domínio do ar, mas nos restaram ainda mais aviões que pilotos, uns oito aviões e uns sete pilotos. Com esses poucos aviões, ao amanhecer do dia 17, todos os barcos estavam afundados ou em fuga. A frota toda. Ao amanhecer, voavam rumo a Girón, quando então percebemos que essa era a direção principal do ataque. Lá se deram os combates, não vou lhe falar disso. Mas foi naquele dia que se proclamou o caráter socialista da Revolução. De modo que, perante a invasão organizada pelos ianques, nosso povo já combatia pelo socialismo. Se desde 1956 combatia pela Constituinte, pela queda de Batista e por um programa social avançado, embora ainda não socialista, naquele momento combatia pelo socialismo. E isso tem um grande simbolismo, porque milhares de homens se dispuseram a enfrentar o que viesse. É preciso não esquecer que os combates de Girón ocorreram na presença da esquadra norte-americana, que se encontrava a três milhas da costa, com seus navios de guerra: cruzadores e porta-aviões. Enquanto isso, milhares de homens lutavam decididamente, e mais de cem morreram nos combates. Não é tão elevado o número dos que morreram, comparado ao dos que estavam dispostos a morrer se as tropas dos Estados Unidos tivessem desembarcado em nossa pátria. O fulminante e vitorioso contra-ataque não lhes deu tempo para criar as mínimas condições políticas previstas para justificar a intervenção. Portanto, já a partir do dia 16 — como se disse ao povo na véspera dos combates decisivos — , lutou-se pelo socialismo em nosso país.

Cristãos e o Partido Comunista

Quanto à pergunta a respeito dos que ingressam no partido. Esse processo foi precedido por todos os conflitos que lhe expliquei anteriormente. O que acontecia? Todas aquelas classes sociais privilegiadas, que tinham o monopólio da Igreja Católica, estavam contra a Revolução, de modo que, quando organizamos o partido, não queríamos propriamente excluir um católico e sim um contrarrevolucionário em potencial. Isso muito menos significa que todos o fossem. Tivemos que ser muito rigorosos na exigência ideológica e na doutrina, muito estritos.

Não exigíamos propriamente que tivesse de ser ateu, ou seja, não se inspirava essa postura em um propósito antirreligioso. O que exigíamos era a adesão integral e cabal ao marxismo-leninismo. Tal rigor foi determinado por aquelas circunstâncias, nas quais não nos restou outro remédio senão velar pela pureza ideológica do partido. Está claro que, em nossas condições, era politicamente possível, porque a maioria da população, do povo — os trabalhadores e os camponeses, os que nos apoiavam — não era militante católico. Não sei se era exigido do indivíduo: "Para entrar no partido você tem que renegar sua convicção religiosa". Supunha-se que, ao aceitar o partido, aceitavam-se sua política e sua doutrina, sob todos os seus aspectos.

Isso ocorrido em outro país? Não. Se em nosso país a grande massa fosse de cristãos militantes — a maior parte dos operários, dos camponeses, dos estudantes universitários —, não se poderia construir um partido revolucionário com aquelas premissas. Talvez nem mesmo uma revolução, se essa massa humilde tivesse sido contrarrevolucionária, o que, seguramente, nunca se poderia esperar dela. Mas como a maioria dos militantes católicos era fundamentalmente da classe rica que apoiava a contrarrevolução e, em grande parte, deixou o país, então podíamos e devíamos fazer isso, ou seja, estabelecer uma norma rigorosa e ortodoxa: deve-se aceitar o marxismo-leninismo em todos os seus aspectos, não só políticos e programáticos, mas também filosóficos. Determinada por aquelas circunstâncias, se estabeleceu tal norma.

Você pode me perguntar: tem que ser assim? Respondo-lhe: não tem de ser assim, não tenho a menor dúvida de que não tem de ser assim e, inclusive, não foi assim historicamente. Há países onde o catolicismo, como é o caso da Polônia, é imensamente majoritário na população; e o Partido Comunista polonês tem muitos católicos em suas fileiras. Portanto, isso não está nas tradições do movimento revolucionário, nem mesmo do movimento comunista e não deve existir na América Latina.

Como militante do Partido Comunista cubano, o senhor vê a possibilidade de o III congresso, agora em fevereiro de 1986, se decida proclamar o caráter laico do partido e de cristãos revolucionários cubanos poderem, no futuro, ingressar nele?

Estamos bem próximos do congresso. Creio que ainda não estão criadas as condições para isso em nosso país. Devo dizê-lo francamente.* Você me fala de uma data tão próxima como fevereiro! Você e eu temos conversado muito sobre esses temas e falamos disso, inclusive. A etapa em que nos encontramos atualmente é de coexistência e respeito mútuo entre o partido e as Igrejas. Com a Igreja Católica, há anos tivemos dificuldades hoje superadas. Desapareceram todos aqueles problemas que existiram em certo momento. Não houve tais problemas com as Igrejas protestantes, com as quais nossas relações sempre foram e são excelentes. Não só os católicos, mas muitos desses militantes de Igrejas protestantes que sempre nos apoiaram, podem dizer: não é justa essa cláusula que

---

* Foi no IV Congresso, em 1991, que se erradicou o caráter ateu do Partido Comunista de Cuba e declarou-se seu caráter laico, permitindo o ingresso de militantes dotados de convicções religiosas.

nos discrimina. Claro, em nosso país os católicos são mais numerosos do que os fiéis das Igrejas protestantes, mas esses constituem um número importante de pessoas que aqui sempre tiveram excelentes relações com a Revolução. Em nossas conversas vimos que é preciso fazer algo mais do que coexistir em paz. Deveria haver relações mais estreitas, melhores, de colaboração entre a Revolução e as Igrejas. Porque já não são Igrejas dos latifundiários, dos burgueses e dos ricos. Com aquela Igreja, era impossível se desenvolver uma aproximação e uma colaboração. Poderíamos nos autocriticar nesse sentido, tanto nós como as próprias instituições eclesiásticas, de nesses anos não haver trabalhado nessa direção, de ter nos conformado em coexistir e respeitar-nos mutuamente. Como você conhece perfeitamente, está estabelecido e assegurado na Constituição de nossa República o mais estrito respeito às convicções religiosas dos cidadãos. É correto o princípio político de respeito aos cristãos e não mera tática política, considerando que vivemos em um mundo de muitos cristãos, e não é conveniente o enfrentamento das revoluções com as crenças religiosas. Nem que o imperialismo possa manipulá-las como armas contra as revoluções. Por que manipular a convicção religiosa de um operário, um camponês, um favelado ou um humilde homem do povo contra a revolução? Poderíamos dizer que, politicamente, isso não é correto.

Porém, não o encaramos somente como um ponto de vista político, mas também como um princípio. Não se trata de uma tática política, e sim porque consideramos que se deve respeitar o direito dos cidadãos à sua convicção religiosa, como se deve respeitar sua saúde, sua vida, sua liberdade e todos os demais direitos. Como muitos outros, esse é um direito inalienável do indivíduo, de ter ou não seu pensamento filosófico e sua convicção religiosa. Portanto, não é mera questão de tática política.

Agora me pergunto se estão criadas as condições. Creio que não, porque não temos trabalhado para isso; deveríamos trabalhar mais nessa direção. Se me pergunta: para a Revolução, isso é vital? Eu lhe digo: não é vital, na medida em que nossa Revolução possui enorme força política e ideológica. Entretanto, se não conseguimos esse clima, não podemos então afirmar que a nossa Revolução é uma obra perfeita, porque enquanto existirem circunstâncias nas quais haja indivíduos que, por determinadas convicções religiosas, não tenham as mesmas prerrogativas que temos, cumprindo seus deveres sociais exatamente iguais aos demais, não está completa a nossa obra revolucionária.

Sim, mas isso supõe eliminar o caráter confessional do partido.

Bom, não posso aceitar o que você diz sobre o caráter confessional do partido, embora compreenda que seu modo de abordar a questão tenha certa base, certo fundamento. Porém, não há em nossa filosofia uma formulação confessional. Falo do que penso sobre essa questão. Como lhe expliquei, isso advém de uma necessidade, de uma conjuntura histórica, e não temos a intenção de apresentá-la como um paradigma. De fato, prefiro que estejam estreitamente unidos à Revolução todos os que tenham virtudes revolucionárias, iguais aos demais, independentemente de suas convicções religiosas. Por isso lhe afirmo que não pode ser confessional, nem parecer ou converter-se, como você diz, em uma espécie de religião: ter que praticar a não crença como filosofia, ou o ateísmo como religião. Realmente não pensamos assim.

Descrevi-lhe como foi a história da qual participei. Naquelas circunstâncias, tais critérios não foram de outros, mas meus. Assumo a principal responsabilidade por aquele rigor e não o nego. Fui eu quem propus: "Em tais circunstâncias isso é o correto, e devemos exigir uma pureza total, porque os Estados Unidos estão contra nós, nos ameaçam e, portanto, necessitamos de um partido muito unido — no qual não haja a menor brecha, a menor desavença —, de um partido bem forte, porque temos pela frente um inimigo muito poderoso, que procura dividir-nos. Temos um inimigo que procura usar a religião como ideologia contra a nossa Revolução, de modo que devemos agir assim". Fui eu quem encaminhou; hoje, assumo a responsabilidade histórica, pois defendi com argumentos aquela posição. Como agora exponho os meus critérios e pontos de vista, as causas históricas de tudo isso e a necessidade de se criarem realmente condições para certos avanços nesse terreno. Afinal, já se passaram 26 anos desde o triunfo da Revolução. Tanto nós, como as Igrejas em Cuba, devemos fazer autocrítica, especialmente a Igreja Católica, por não termos trabalhado no sentido de se criarem tais condições, para que desaparecessem as marcas e a sombra daquilo que, no passado, nos obrigou àquele rigor na seleção dos militantes do partido. Além disso, penso que tal postura não pode servir de modelo. Como político e revolucionário, o que fizemos não deve servir de modelo. Na América Latina terá de ser de outra forma. Afirmo-o categoricamente, sem a menor dúvida.

Discriminação aos cristãos

Na questão interna de Cuba, o senhor, como militante do Partido Comunista, concorda que um cristão que queira integrar-se ao processo revolucionário, a partir de sua atividade profissional, sofra discriminação na escola, na universidade, e seja considerado um diversionista?

Por princípio, não posso concordar com nenhum tipo de discriminação. Afirmo francamente. Se me perguntam se há uma sutil discriminação em relação aos cristãos, respondo que sim, honestamente tenho que dizer que sim, e que ainda não é uma coisa superada por nós, embora não seja intencional, deliberada, programada. Existe e penso que devemos superar essa fase: é preciso criar as condições de confiança nessa circunstância em que o imperialismo ainda nos ameaça, e em que ainda muitos cubanos que se encontram nos Estados Unidos são antigos burgueses, latifundiários e oriundos das classes privilegiadas, que transformaram a religião em uma ideologia contrarrevolucionária. Não pediremos a esses cubanos, aos imperialistas e seus cúmplices, que cooperem. Porém, é preciso insistir em criar as condições para que a atividade deles, no uso da religião como instrumento contrarrevolucionário, seja anulada pela confiança e fraternidade que existe em nosso país entre todos os revolucionários. Digo a você o que penso, sou contrário a toda forma de discriminação.

Quanto à pergunta, se já podemos modificar essa questão no próximo congresso, reconheço que ainda não, porque isso deve ser explicado e discutido entre todos os militantes. Não adotamos o método de proclamar de cima: isso é assim e pronto. Ou decidir em uma reunião do Birô Político: isso é assim e está acabado. Ou resolver em uma reunião do comitê central: fica decidido assim. Pois enquanto não existirem essas condições e essa consciência, não posso sequer encaminhar ou dizer ao pessoal: vamos permitir que os cristãos sejam militantes do partido. Antes, é preciso dar uma explicação aos militantes do partido, e que eles compreendam. Nisso, creio que vocês podem ajudar muito. Você pode colaborar com as conferências que tem proferido. Muitos sacerdotes do nosso hemisfério podem contribuir, e também a parte da Igreja que se uniu aos pobres na América Latina, com o exemplo que vem dando em muitos países. O que se faz em seu país, na Nicarágua, em El Salvador e outros países, creio que pode favorecer, para que as Igrejas cubanas também trabalhem nesse sentido. Para que esses problemas tenham solução, não basta o que você e eu pensamos. É preciso que seja refletido por você, por mim, por nossos militantes, por nossos quadros, por nosso comitê central, por nosso povo e pelas Igrejas cubanas. Portanto, creio que devemos trabalhar nesse sentido. Essas conversas, essas trocas de impressões que você e eu temos tido, me parecem um esforço muito importante nessa linha.*

Sim, já sei que aqui nada vem de cima para baixo. Por isso, antes de fazer-lhe a pergunta, avisei que me dirigia ao militante do partido e não ao primeiro secretário.

Correto, e lhe respondi como militante do partido, como revolucionário e também como dirigente e primeiro secretário do partido.

Faltam poucos minutos para as dez da noite quando desligo o gravador. O comandante deve comparecer, em seguida, a um jantar na casa do embaixador da Argentina. Antes de retirar-se, oferece-me um precioso

---

* Com a publicação, em novembro de 1985, deste livro em Cuba, onde foram vendidos cerca de 1,3 milhão de exemplares até 2015, a discriminação aos cristãos e a pessoas dotadas de convicções religiosas ficou reduzida a níveis mínimos. A partir de 1995, tornaram-se cada vez melhores as relações entre Igreja Católica e Revolução, a ponto de Cuba merecer a visita de três papas: João Paulo II (1998), Bento XVI (2012) e Francisco (2015).

presente: uma reprodução do primeiro pôster do Movimento 26 de Julho, com o desenho do rosto dele, Fidel e, em primeiro plano, o cano de um fuzil. O original data de 1959.

Sobre o pôster, ele escreveu a dedicatória:

Aún no há logrado, pero si alguien puede hacer de mi um creyente es Frey Betto. A el dedico este afiche de los primeros años de La Revolución. Fraternalmente,

FIDEL CASTRO*

---

* Tradução livre: "Ainda não se conseguiu, mas se alguém pode fazer de mim um cristão é Frei Betto. A ele dedico este cartaz dos primeiros anos da Revolução. Fraternalmente, FIDEL CASTRO". Infelizmente, a tinta da caneta se apagou com o tempo.

# PARTE QUATRO

Encontro dos estudantes cristãos

Na tarde do sábado, 25 de maio de 1985, compareci à reunião de um grupo de jovens cristãos, uns quarenta militantes da Federação Universitária de Movimento Estudantil Cristão, realizada em nosso convento de Havana. Tratava-se da meditação do texto de Lucas que narra a leitura que Jesus faz, na sinagoga de Nazaré, da passagem do profeta Isaías (Lc 4,16-9):

> Chegou a Nazaré, onde se havia criado, e, segundo o costume, no sábado foi à sinagoga. Quando se levantou para fazer a leitura, passaram-lhe o livro do profeta Isaías. Desenrolou o livro e leu a seguinte passagem: "O Espírito do Senhor está sobre mim, e me enviou para trazer a Boa-Nova aos pobres, anunciar aos cativos sua liberdade e, aos cegos, a restauração da vista, romper as cadeias dos oprimidos e proclamar o ano da graça do Senhor".

O "ano da graça" era, a cada cinquenta anos, o ano em que todos os judeus deviam saldar ou perdoar as dívidas e dar liberdade a seus escravos. Era um símbolo da justiça e da misericórdia de Deus.

O coordenador sugeriu que os jovens se dividissem em grupos para analisar o significado do texto para a nossa vida hoje, na realidade cubana. Acompanhei um dos grupos. E anotei o que diziam:

— Em Cuba, há cristãos que questionam a libertação social, de um ponto de vista egoísta. Não se dão conta do que ocorre no mundo e na América Latina. Não percebem a seriedade da libertação. Pensam que a libertação anunciada por Cristo é apenas da alma, esquecendo-se de que temos o dever de libertar não apenas a alma, mas todo o ser humano. O compromisso do cristão é com sua fé e a sociedade. Deus veio para todos, pobres e ricos. Mas exigiu que os ricos repartissem os seus bens. E anunciou aos pobres a libertação integral.

Terminado o comentário do dirigente do grupo, houve longo silêncio. Os seis jovens que me cercavam pareciam bloqueados. Reparei que isso não ocorria nos grupos que estavam próximos.

— Se preferirem, saio do grupo e vocês falam — disse eu, brincando.

Um rapaz quebrou o silêncio:

— Cristo veio anunciar a libertação. Mas por que razão o profeta não é ouvido em sua própria terra?

Ninguém respondeu, mas todos pareciam entender que, por trás da indagação, havia certo mal-estar que muitos jovens cristãos sentem, em Cuba, por serem considerados "diversionistas" por seus colegas de escola ou trabalho. Como se a fé fosse, em si, um desvio ideológico.

Dei minha opinião:

— Sim, Jesus veio trazer-nos a libertação integral. E, para ele, não havia divisão entre corpo e alma, nem se poderia pensar no indivíduo isolado da sociedade. Ao curar enfermos, ele deixava claro que o partido de Deus é o da vida. Deus não quer a doença, nem se compraz na pobreza. E a nossa fé é, por si mesma, subversiva. Se cremos que há um só Deus que é Pai, então somos todos irmãos e irmãs, e nenhuma diferença, social ou racial, se justifica entre nós. Lutar pela igualdade é lutar para que a fraternidade desejada por Deus seja real, pois negamos a paternidade de Deus quando deixamos de lutar contra as barreiras que dividem os homens.

Outro rapaz tomou a palavra:

— Há hoje, em Cuba, uma sociedade socialista, onde, indiscutivelmente, tivemos um primeiro momento de confronto, que não foi positivo, mas muitos cristãos souberam superar rancores e divisões e estabelecer um diálogo com os não crentes. Esse diálogo está baseado no fato de que, neste país, ninguém morre de fome. Um ou outro se queixa da *libreta*,* mas, mesmo durante o bloqueio férreo, ninguém aqui passou fome. Não temos que fazer filas para resolver problemas de saúde, dispomos de policlínicas e hospitais; aqui não é como em outros países, onde têm preferência os que dispõem de dinheiro para pagar o médico. Apesar da democracia que dizem existir nesses países, há desigualdade e muita gente na miséria. E aqui em nossa sociedade não temos esses problemas. Mas muitos cristãos se esquecem disso. Hoje, a América Latina enfrenta o grande problema da dívida externa. No texto que lemos, Cristo fala do ano jubileu que os judeus celebravam a cada cinquenta anos, quando todas as dívidas eram anuladas e a justiça se fazia. Fidel, na entrevista ao jornal *Excelsior*, do México, citou Cristo ao afirmar que a dívida externa é impagável. Nisso ele está chamando a um novo ano jubileu. E é um marxista que faz essa convocação à justiça. Às vezes nós, cubanos, passamos a vida nos queixando, ignorando que nossas preocupações, comparadas com os problemas de outras nações, são banais.

Assisti ao plenário, que retomou as mesmas ideias, e ouvi uma breve palestra, de um jovem protestante, sobre "a renovação cultural da Igreja". Pouco depois, fui chamado ao telefone. Era a assessoria do Palácio da Revolução. Fidel e eu daríamos início à terceira parte da entrevista.

Eram quase oito da noite quando ingressei no gabinete do dirigente cubano.

— Essa entrevista é pior que os exercícios espirituais — disse Fidel com humor.

— A diferença, comandante, é que nos retiros espirituais dos jesuítas o senhor só ouvia, e agora sou eu quem ouço.

Tomamos lugar à mesa.

---

* Caderneta que controla a cesta básica de cada família cubana, garantindo os alimentos básicos necessários a cada uma, segundo suas necessidades. Há mais provisões quando a família abriga crianças e idosos.

Visita dos bispos estadunidenses

Bem, comandante, hoje iniciamos a terceira parte de nossas conversas. Vamos sair um pouco da história de sua luta na Revolução e entrar na situação interna de relações entre Igreja, governo e Estado. Há duas perguntas: Como foi seu encontro com os bispos dos Estados Unidos aqui no país, em janeiro deste ano? Como são as atuais relações com a Conferência Episcopal Cubana?

Considero que foi boa a reunião com os bispos norte-americanos. Programaram uma visita a nosso país e lhes foram dadas todas as facilidades para que percorressem vários lugares da ilha: estiveram em Santiago de Cuba, e ainda cumpriram um programa proposto pelos bispos cubanos. Concordou-se em reservar um dia para a programação organizada pelo governo, quando visitaram a parte antiga de Havana, que está sendo restaurada e é considerada, pela Unesco, patrimônio da humanidade. Foram a um moderno hospital, inaugurado recentemente nesta cidade. Visitaram uma escola vocacional na periferia, onde estão 4500 estudantes, e uma escola rural. Temos cerca de seiscentas escolas rurais, e eles estiveram em uma das primeiras construídas. De modo que tiveram amplo contato com os nossos estudantes.

À tarde, tivemos uma reunião de várias horas. Como havia uma recepção oferecida a eles, para a qual estavam convidados todos os bispos cubanos e algumas freiras que trabalham em atividades sociais, interrompemos a reunião, fomos à recepção e depois continuamos a conversar.

Há quanto tempo o senhor não se encontrava com os bispos cubanos?*

Bem, a última vez que eu estive com alguns deles foi por ocasião da visita de Jesse Jackson** a Cuba, na homenagem a Martin Luther King,*** promovida pelas Igrejas evangélicas, da qual também participou a Igreja Católica. Jackson convidou-me a ouvir o discurso que pronunciaria. Fizeram-me dizer algumas palavras, aceitei com prazer e aproveitei para saudar vários dirigentes eclesiásticos, entre eles os da Igreja Católica que estavam presentes. Eu conhecia a posição da Igreja Católica norte-americana, na qual há um episcopado de valor e que, a nosso ver, tem adotado posições corretas e corajosas sobre uma série de importantes questões de nosso tempo. Por exemplo, sua preocupação pela paz e sua oposição à corrida armamentista. Formulou certas teses de caráter moral sobre o emprego da arma atômica, sobretudo no que concerne à sua utilização contra cidades e a população civil. Tem preocupações sérias e atitudes justas em relação à pobreza que ainda atinge milhões de norte-americanos. Ao mesmo tempo, se opõem à política intervencionista na América Latina. Soma-se a isso a preocupação com todos os problemas do mundo subdesenvolvido. Eles estão conscientes da miséria que se abate sobre milhões de pessoas do Terceiro Mundo. A meu ver, essas são questões de fundamental importância. Eu estava interessado em manter com eles uma conversa ampla e sincera sobre esses temas e outros que eles quisessem. Em relação a Cuba, o interesse deles era conhecer as relações entre a Igreja e o governo, nossas opiniões e posições a respeito, pois desejavam colaborar para uma aproximação maior e um entendimento melhor entre a Igreja e a Revolução. Fiz para eles uma exposição sobre

---

* O primeiro encontro de Fidel com os bispos católicos de Cuba, sem a presença de estrangeiros, ocorreu no domingo, 8 de setembro de 1985, dia da festa da Virgem da Caridade, padroeira do país. A conversa amistosa iniciou o processo de diálogo direto entre dirigentes do governo e pastores da Igreja Católica.

** Jesse Jackson (1941-) é pastor batista e liderou, com Martin Luther King Jr., a luta pelos direitos civis dos negros nos Estados Unidos. É deputado federal pelo Partido Democrata e foi candidato à presidência norte-americana.

*** Martin Luther King Jr. (1929-68), pastor protestante que liderou o movimento estadunidense contra a discriminação racial. Morreu assassinado pela CIA. Em Havana, há um Centro Memorial Martin Luther King, de educação popular.

as origens dos conflitos surgidos, semelhante à que fiz a você. Expus, com muita franqueza, determinadas análises históricas sobre a evolução dos acontecimentos político-revolucionários, inclusive comparando com a evolução da história da Igreja Católica. Disse a eles que há muito em comum entre as doutrinas da Igreja e da Revolução.

Por exemplo?

Ressaltarei primeiro as coisas críticas. Disse a eles: "Às vezes temos sido dogmáticos, mas vocês também são dogmáticos; em certos momentos, mais do que nós. Ao longo da história, nenhuma instituição foi tão dogmática como a Igreja Católica". Disse ainda que, muitas vezes, as revoluções foram inflexíveis, mas, ao longo da história, nenhuma instituição foi mais rígida e inflexível do que a Igreja Católica. No decorrer dos séculos, essa rigidez, inflexibilidade e intolerância chegaram a ponto de criar instituições que levaram muitas pessoas à fogueira, por terem posições diferentes daquelas defendidas pela Igreja. Lembrei-lhes as façanhas de Torquemada* e o caso de cientistas e pensadores que foram queimados vivos por discordarem da Igreja.

Torquemada era dominicano, como eu. Meu consolo é que também sou confrade de Giordano Bruno,** de Tomás Campanella,*** de Savonarola**** e outros dominicanos que, como Bartolomeu de las Casas, lutaram pela libertação.

Não é porque Campanella foi dominicano que você vai virar comunista utópico...

Não, espero não virar utópico... Contudo, penso que o comunismo tem muito de

---

* Tomás de Torquemada (1420-98), frade dominicano espanhol, foi o inquisidor-mor do reino de Castela e Aragão e confessor da rainha Isabel, a Católica.

** Giordano Bruno (1548-1600), frade dominicano italiano, era cientista, filósofo e escritor. Morreu no Campo de Fiori, em Roma, condenado à fogueira pela Inquisição, acusado de heresias.

*** Tomás Campanella (1568-1639), frade dominicano italiano. Era teólogo, filósofo, gramático e cientista. Acusado de heresia, esteve preso ao longo de 27 anos, em Nápoles.

**** Girolamo Savonarola (1452-98), frade dominicano italiano. Filósofo e entendido em medicina, denunciou, em Florença, corrupções na corte de Lourenço de Médici e do papa Alexandre VI, o que lhe valeu a pena de excomunhão da Igreja Católica. Savonarola governou Florença por um breve período.

utopia. Teologicamente, denominamos essa utopia de "Reino de Deus". Porque, no momento em que não houver mais nenhuma contradição e não existir mais Estado, então atingiremos outra esfera de qualidades espirituais na vida humana.

Estou de acordo com você, pois é verdade que toda revolução tem sonhos e esperanças de grandes realizações. É possível que não chegue a realizar todas, devido à porcentagem de utopia que contém uma ideia revolucionária. Como também penso que o cristianismo tem, igualmente, elementos de utopia, assim como o socialismo e o comunismo. Entretanto, a partir de minha própria experiência do que ocorreu neste país em 26 anos, poderia dizer-lhe que, no caso de Cuba, nossas realizações superaram nossos sonhos, e atingimos não uma fase utópica, mas sim subutópica, ou seja, nos sonhos ficamos aquém da utopia e, nas realizações, além.

Eu não sabia que Torquemada era da mesma Ordem que a sua; porém, você citou alguns nomes ilustres que merecem todo o respeito, o que muito me alegra.

A conversa com os bispos não se deu em clima polêmico ou crítico. Antes, foi uma meditação sobre a experiência histórica e os acontecimentos. Fiz ver a eles que havia entre nós muito em comum, que poderíamos subscrever, perfeitamente, quase todos os mandamentos da Lei de Deus. São bem parecidos com os nossos. Se a Igreja exige "não roubar", aplicamos com rigor esse princípio. Uma das características de nossa Revolução é a erradicação do roubo, da malversação e da corrupção. Se a Igreja exige "amar o próximo como a si mesmo", é precisamente o que pregamos por meio do espírito de solidariedade humana que está na essência do socialismo e do comunismo: o espírito de fraternidade entre os homens, que é um dos nossos objetivos mais apreciados. Se a Igreja exige "não mentir", entre as coisas que mais censuramos, criticamos e repudiamos com firmeza está a mentira. Se a Igreja exige "não cobiçar a mulher do próximo", consideramos que um dos fatores éticos de relações entre os revolucionários é, precisamente, o princípio do respeito à família e à mulher do companheiro ou, como diriam vocês, à mulher do próximo. Quando, por exemplo, a Igreja incute o espírito de sacrifício e austeridade ou valoriza a humildade, valorizamos exatamente o mesmo, quando afirmamos que o dever de um revolucionário é estar disposto ao sacrifício, à vida austera e modesta.

Gosto muito da definição de santa Teresinha do Menino Jesus,* de que a humildade é o compromisso com a verdade. Gostaria de acrescentar que vocês cumprem um mandamento importante: "Não tomar Seu santo nome em vão". Porque o nome de Deus é invocado em vão por Reagan e por muitos governos capitalistas. Prefiro a política justa que se faz em nome dos princípios humanos e das razões ideológicas do que a política colonialista, imperialista e fascista que, muitas vezes, se faz em nome de Deus. O que me tranquiliza é a consciência bíblica de que, no fenômeno religioso, existe a idolatria, ou seja, muitos creem em deuses que, em geral, nada têm a ver com o Deus de Jesus Cristo. Por vezes eu me pergunto, por exemplo, que semelhança há entre o Deus no qual acredito, no qual creem os camponeses e os operários latino-americanos, e o Deus de Reagan ou dos generais assassinos do Chile, como Pinochet. Não há semelhança; são diferentes concepções, e uma delas é idolátrica. O critério evangélico para distinguir a concepção que não é idólatra é precisamente o compromisso de amor ao próximo e, sobretudo, aos pobres.

Creio que você deu exemplos bem claros. Poder-se-ia afirmar que não só há certa dose de idolatria, mas também muita hipocrisia em tudo isso. Porque eu lhe colocava que uma das coisas que detestamos é a mentira. Nunca apelamos para a mentira, nem ao povo, nem a ninguém, porque o homem que mente se degrada, se rebaixa, se prostitui, se desmoraliza perante si mesmo. Entretanto, observo que, na política dos Estados Unidos, não apenas Reagan, mas quase todos os funcionários recorrem, todos os dias, sistematicamente, à mentira deliberada e consciente.

Bem, você mencionou o caso de certos senhores, como Pinochet. É um homem supostamente devoto e que carrega em sua consciência a morte de milhares de pessoas assassinadas, torturadas ou desaparecidas. Ao povo que sofre terríveis repressões, impõem-se enormes sacrifícios. O Chile é, hoje, o país da América Latina com o mais alto índice de

---

* Santa Teresinha do Menino Jesus (1873-97), monja carmelita francesa, seguidora de santa Teresa d'Ávila, viveu no carmelo de Lisieux.

desempregados. Talvez não sejamos capazes de imaginar o sofrimento padecido por milhares de pessoas, devido a uma política a serviço da riqueza e dos interesses do imperialismo. A guerra do Vietnã, onde lançaram mais bombas que em toda a Segunda Guerra Mundial, custou a vida de milhões de pessoas. Não há dúvida de que isso não é exemplo de cristianismo. Naquela guerra se engendrou também a mentira, como no caso do incidente do Golfo de Tonkin.* Todos os pretextos utilizados para iniciar aquela guerra foram pré-fabricados. O mesmo observamos constantemente em cada declaração do governo dos Estados Unidos sobre a América do Sul, sobre El Salvador, sobre a Nicarágua — sem falar de Cuba, sobre a qual mentem há 26 anos. O fato é que há uma profunda hipocrisia em toda essa gente que, muitas vezes, invoca o nome de Deus para cometer tais crimes.

---

* O incidente do Golfo de Tonkin consistiu no pretexto utilizado pelos Estados Unidos para, em agosto de 1964, atacar a República Democrática do Vietnã (Vietnã do Norte), iniciando o seu envolvimento na guerra que, mais tarde, viria a perder. Sob o pretexto de que os vietnamitas atacaram, por mar, o destróier *USS Maddox*, que navegava no Golfo de Tonkin, costa vietnamita, em operações de espionagem, os Estados Unidos começaram a bombardear o Vietnã do Norte.

Missionários ou internacionalistas

Com licença, comandante. O deus que vocês, marxistas-leninistas, negam, eu também nego: o deus do capital, da exploração, o deus em cujo nome se promoveu a evangelização missionária da Espanha e de Portugal na América Latina, com o genocídio dos índios; o deus que justificou e sacralizou os vínculos da Igreja com o Estado burguês; o deus que hoje legitima ditaduras militares como a de Pinochet. Esse deus que vocês negam, e que Marx denunciou em sua época, nós negamos. Esse não é o Deus da Bíblia, não é o Deus de Jesus. Os critérios bíblicos para se saber quem realmente cumpre a vontade de Deus encontram-se no capítulo 25 de Mateus: "Tive fome, e me deste de comer; tive sede, e me deste de beber...". Hoje poderíamos acrescentar: não tinha instrução, e me deste escolas; estava doente, e me deste saúde; não tinha moradia, e me deste um lar. Então, concluiu Jesus: "Cada vez que o fizestes a um desses meus irmãos mais pequeninos, a mim o fizestes".

Venho há pouco de uma reunião com um grupo de estudantes cristãos cubanos. Pediram-me para dizer umas palavras, e um deles me perguntou o que penso sobre como ser cristão em uma sociedade em que muita gente é ateia. E eu lhe disse: "Para mim, o problema do ateísmo não é um problema do marxismo; antes, é um problema nosso. O ateísmo existe porque nós, cristãos, historicamente não fomos capazes de dar um testemunho coerente de nossa fé. Quando se constata a inversão operada pela religião, ao justificar a exploração na Terra, em nome de uma recompensa no Céu, aí começam as bases que criam as condições para o ateísmo. Do ponto de vista evangélico, a sociedade socialista, ao criar condições de vida para o povo, realiza, inconscientemente, o que nós, homens de fé, chamamos de projetos de Deus na história".

Você me diz coisas muito interessantes. E eu, ao conversar com os bispos norte-americanos — o que acabou suscitando essa troca de ideias entre nós dois —, partia exatamente desses pontos, que são comuns na catequese cristã e que nos ensinavam quando éramos crianças e adolescentes. Por exemplo, a Igreja criticava a gula; o socialismo e o marxismo-leninismo também criticam a gula, quase do mesmo modo. Uma das coisas que mais criticamos é o egoísmo, também criticado pela Igreja. A avareza é outro objeto de crítica em que temos critérios comuns. Eu chamava a atenção dos bispos para os missionários que vocês têm e que vão, por exemplo, ao Amazonas, conviver com as comunidades indígenas ou trabalhar com os hansenianos e doentes de muitas partes do mundo. Nós temos os internacionalistas, milhares de cubanos que cumprem missões internacionalistas. Dava-lhes como exemplo os nossos 2 mil professores que foram para a Nicarágua viver em condições dificílimas junto às famílias camponesas. Quase 50% dos que foram para a Nicarágua eram mulheres, muitas delas com família, com filhos, dos quais se separaram durante dois anos para ir aos mais recônditos lugares das montanhas e dos campos, para conviver com o povo nas mesmas condições, em um humilde barraco, alimentando-se do que eles comem. Eu soube que, em geral, na mesma casa viviam a família, o casal, os filhos, o professor ou a professora, e os animais. Houve momentos em que nos preocupamos com a saúde do nosso pessoal, com o que se alimentavam e, por isso, remetemos a eles alguns alimentos. Porém foi inútil, porque nenhum professor, ao receber uma barra de chocolate, um pouco de leite condensado ou em pó, consumia só para si; imediatamente os dividia com aquelas crianças carentes. Quando em Cuba solicitamos voluntários para dar aulas na Nicarágua, 29 mil professores se ofereceram. E quando alguns foram assassinados pela contrarrevolução, mais 100 mil se alistaram. Pergunto-me: que sociedade latino-americana pode, hoje, mobilizar 100 mil professores para trabalhar naquelas condições? Ou mobilizar quinhentos ou cem para trabalhar como voluntários, espontaneamente? Este pequeno país, de 10 milhões de habitantes, dispunha de 100 mil homens e mulheres dispostos a ensinar na Nicarágua. Temos professores em países da África, como Angola, Moçambique e Etiópia; ou da Ásia, como Iêmen do Sul. Temos cerca de 1500 médicos prestando serviços nos mais distantes lugares do mundo, na Ásia e na África. Milhares de compatriotas assumem inúmeras tarefas internacionalistas. Eu lembrei aos bispos que, se a Igreja tem missionários, nós temos internacionalistas. O espírito de sacrifício e outros valores morais que vocês apreciam são os mesmos que acentuamos, consagramos e procuramos incutir na consciência de nossos compatriotas. E lhe digo mais: se a Igreja criasse um Estado segundo esses princípios, organizaria um Estado como o nosso.

Sim, mas espero que a Igreja não tenha novamente essa pretensão de, depois da cristandade de direita, estabelecer uma cristandade de esquerda...

Bem, não estava precisamente sugerindo aos bispos a ideia de organizar um Estado, mas disse que, se fossem organizá-lo segundo os preceitos cristãos, seria um Estado semelhante ao nosso. Disse-lhes, por exemplo: com certeza vocês não permitiriam e evitariam, de todas as maneiras, em um Estado baseado em princípios cristãos, os jogos de azar; aqui, acabamos com a jogatina. Vocês não admitiriam que houvesse mendigos pelas ruas; este é o único Estado da América Latina em que não há mendigos. Vocês não admitiriam crianças abandonadas; aqui não há uma só criança abandonada. Não permitiriam a uma criança passar fome; neste país, nenhuma criança passa fome. Não haveria pessoas idosas sem ajuda e sem assistência; neste país, não há pessoas idosas sem ajuda e sem assistência. Não admitiriam a ideia de um país repleto de desempregados; aqui não há desempregados. Não aceitariam as drogas; aqui as drogas foram erradicadas. Vocês não admitiriam a prostituição, essa terrível instituição que obriga mulheres a vender seu corpo para viver; aqui a prostituição acabou,* suprimiu-se a discriminação, criaram-se possibilidades de trabalho para a mulher e condições humanas de vida, promovendo-a socialmente. Combatemos a corrupção, o roubo, a

---

* A prostituição ressurgiu em Cuba durante o chamado "período especial" (1990-5), quando o país sentiu os drásticos reflexos do desaparecimento da União Soviética, com quem mantinha relações comerciais privilegiadas. E reaparece à medida que Cuba se abre ao turismo estrangeiro. Em 2014, a ilha recebeu 3 milhões de turistas.

malversação. Portanto, tudo aquilo contra o qual lutamos, todos aqueles problemas que resolvemos, seriam os mesmos que a Igreja procuraria resolver se fosse organizar um Estado civil, de acordo com os preceitos do cristianismo.

O único problema é que continuaríamos tendo bancos, e não me agrada a ideia de a Igreja possuir bancos.*

Bem, o banco já não seria da Igreja, seria do Estado organizado pela Igreja. Pertenceria ao Estado, e não à Igreja propriamente. — Foram nesses termos as nossas conversas. Abordamos essas questões de fundo. Em nível prático, naturalmente eles mostraram interesse por questões da Igreja e em saber como poderíamos ajudá-la e liberar alguns recursos de ordem material. Expliquei a eles que, em geral, colaboramos na reparação e manutenção de várias igrejas católicas consideradas patrimônio cultural, e que não tínhamos objeção em estender essa colaboração a outras obras religiosas. Interessaram-se especialmente por melhores relações entre a Igreja e o Estado. Disse a eles algo parecido com o que expliquei ontem a você: que, de fato, surgiram problemas nos primeiros tempos e que foram superados, mas não tratamos de avançar mais, nos limitamos simplesmente a coexistir, e que era responsabilidade de ambas as partes avançar. Falei de meu propósito de ter um encontro com o episcopado cubano. Naquela recepção, disse que, em breve, me reuniria com os bispos de Cuba. Essa reunião está pendente exatamente porque, nesses últimos meses, tenho tido muito trabalho e queria dedicar mais tempo ao assunto. Talvez uma só reunião não seja suficiente. Além disso, ao reunir-me com o episcopado, seria conveniente reunir-me com as demais Igrejas. Propus às freiras que se encontravam lá a ideia de uma reunião, pois temos contatos bastante frequentes com as religiosas que prestam determinados serviços sociais.

---

* O banco do Vaticano, oficialmente conhecido como IOR — Instituto para as Obras da Religião —, passa por mudanças sob o pontificado de Francisco.

Religiosas cubanas

Aqui há congregações religiosas que trabalham em hospitais e asilos. Temos o asilo de hansenianos, onde as freiras sempre prestaram serviços. Felizmente a hanseníase está sendo erradicada em nosso país. Há as que trabalham em outras instituições de saúde, como uma que há em Havana, e que se dedica a um trabalho muito difícil com crianças que nasceram com problemas congênitos. Ali, lado a lado, atuam no mesmo hospital as freiras e os comunistas. Realmente admiro muito o trabalho das religiosas. E não o digo só a você, digo-o publicamente, às vezes em análises comparativas, pois há asilos em que a administração das irmãs é mais econômica e eficiente do que a nossa. Acaso nos falta gente disposta a trabalhar todas as horas necessárias? Não. Seria injusto não reconhecer que há milhares de enfermeiras, médicos, técnicos de saúde e funcionários de hospitais que fazem trabalhos puxados, difíceis, com muito amor, exatamente como faz uma irmã de caridade. Contudo, as irmãs de caridade e de outras congregações, além do amor com que trabalham, são muito estritas no uso dos recursos, e as instituições por elas administradas, muito econômicas. Afirmo-o porque ajudamos a essas instituições com muito gosto. Nas instituições de saúde pública, os recursos são por conta do Estado. Nas instituições para idosos dirigidas por religiosas, uma parte importante dos recursos é por conta do Estado e o restante advém da contribuição dada pelo idoso, já que está aposentado e pode destinar parte de sua pensão ao asilo. Desde o triunfo da Revolução, todos os asilos atendidos por religiosas recebem apoio do Estado, não enfrentam nenhuma necessidade. Peço à equipe de companheiros que trabalha diretamente comigo que visite hospitais e asilos, conheça todos os problemas e ajude a resolver dificuldades. Tenho uma companheira de trabalho que sistematicamente visita os asilos atendidos por irmãs, e qualquer pedido delas, seja material de construção, seja meio de transportes, ou qualquer recurso, deve ser imediatamente providenciado, como vem sendo feito ao longo de todos esses anos. Quando se trata de um leigo ou companheiro que administra uma instituição do Estado e solicita recursos, ainda que seja militante do partido, sempre analiso antes e discuto. Porém, jamais analisei um pedido de uma irmã diretora de uma dessas instituições. Por quê? Ah, porque nunca pedem mais do que precisam e, muitas vezes, pedem menos, são muito econômicas. Ao falar em uma sessão da Assembleia Nacional sobre os asilos, fiz análises comparativas sobre os custos e disse que aquelas irmãs eram modelo para os comunistas. Isso foi transmitido por televisão a todo o país. Sempre citei a atitude daquelas freiras como modelo para os comunistas, pois creio que elas reúnem condições que desejamos para todo militante comunista. Além disso, têm experiência, e esse é um dos fatores que incidem no menor custo de um asilo atendido por religiosas — o que não significa que todas que ali trabalham sejam religiosas. Há muitos leigos, funcionários da cozinha ou que trabalham nas construções, que ajudam nas diferentes áreas.

No início da Revolução, uma das medidas estabelecidas de modo quase espontâneo foi a supressão do múltiplo emprego. Em determinado local de trabalho, antes havia gente contratada para uma tarefa, aproveitada também em outras. Por exemplo, fora contratada para limpar paredes, mas ajudava a carregar coisas ou fazer outros trabalhos. Esse costume acabou e, como eu disse, de forma quase espontânea. Pode ser que o desemprego tenha influído, e as organizações operárias tenham pressionado para se adotar um tipo de organização de trabalho que reduzia o número de desempregados. As irmãs mantiveram o múltiplo ofício, do qual são modelos. Conheço a irmã Fara, que é diretora de um asilo. Além dessa função, ela trabalha como enfermeira, para o que possui preparação técnica adequada, e dá aulas. Quando é preciso consertar alguma coisa, como renovar uma instalação, ela faz o projeto, seja de um quarto ou de um banheiro próprio para os velhos. E ainda por cima dirige o carro do asilo. Fiquei sabendo disso quando a companheira de minha equipe visitou a instituição, pois me haviam pedido um caminhão para recolher o lixo, devido ao gasto que eram obrigadas a fazer quando tinham que alugar um. Eu disse à companheira: "Verifique isso, pois o número de idosos do asilo talvez não justifique a compra de um caminhão, que sairia mais caro do que alugar um quando preciso". Talvez tenha sido essa a única ocasião em que analisamos um pedido. Precisava-se saber de que tamanho seria o caminhão que solicitavam. A companheira foi lá e estudou o caso. Não se tratava só de lixo, mas de outras necessidades, como transportar material de construção. E não serviria a um asilo, mas a dois. Então, liberamos o caminhão. A irmã imediatamente decidiu: "Vou tirar minha carteira profissional". O que queria dizer com isso? Que tiraria a licença especial para dirigir caminhões. Percebe? Elas aplicam essa forma de trabalho aos demais funcionários do asilo e, assim, empregam menos gente e fazem mais economia. Fiquei muito interessado em ter uma ampla reunião com elas; me deram dados bem interessantes sobre a situação nessa área. Explicaram que, em algumas instituições onde há pavilhões comuns, ao chegar um casal, tinha que ser separado — ele em um pavilhão, ela em outro. E me perguntavam: "Como separar quem esteve junto tantos anos?". Propunham a ampliação de um dos asilos e sugeriam que se construíssem quartos onde os casais pudessem ficar juntos. Nos asilos construídos pela Revolução nos últimos anos, baseados em um projeto moderno — em parte é mais um hotel de turismo do que um asilo —, há todo tipo de facilidade, o que não acontece nos mais antigos; me contaram que há uma crescente demanda, o que se explica pela elevação do índice médio de vida. As pessoas vivem muito mais hoje, em nosso país, do que há vinte ou trinta anos; portanto, aumenta o número de idosos. Embora tenhamos construído muitas escolas, hospitais e creches, não construímos asilos suficientes para a necessidade que temos. Conscientes disso, pensamos em diversificar a instituição, pois há casos em que a pessoa necessariamente não precisa dormir no asilo, pode viver em casa com a família. O problema é que, como os filhos e filhas trabalham, ela fica só durante o dia, não tem quem lhe prepare a comida ou auxilie em outros cuidados. Assim, há idosos que necessitam apenas de um lugar onde possam estar durante o dia, devidamente atendidos. Estamos procurando alternativas, porque um asilo tradicional é muito caro. Nas conversas com as irmãs, meu interesse fundamental é conhecer em detalhes suas experiências nesse campo, no qual elas aprimoraram formas, métodos e hábitos de trabalho que, para nós, são muito úteis e instrutivos.

Presos contrarrevolucionários

O senhor já relatou como foi o encontro com os bispos dos Estados Unidos. O que pretende na reunião que terá com os bispos cubanos?

Não me reunirei somente com os bispos, mas também com os representantes das Igrejas evangélicas, para não dar a impressão de que estão esquecidos, e com as religiosas dos asilos. São três reuniões. Não me foi possível fazê-las nessas últimas semanas e lhes avisei. Sabem que vamos ter esses encontros e estão muito animados com essa perspectiva. Pretendemos ter discussões sérias, profundas, sobre questões de interesse comum. Falta acrescentar que os bispos se interessaram por alguns casos de presos contrarrevolucionários, que estariam com problemas de idade ou de saúde. Trouxeram uma lista, e lhes prometi que seriam analisados todos os casos que tivessem de fato problemas de saúde. Expliquei-lhes por que certos contrarrevolucionários devem continuar cumprindo sua sentença, pois colocá-los em liberdade e remetê-los aos Estados Unidos só serviria para aumentar o número de elementos que realizam ações, sabotagens e crimes contra Cuba, ou que podem fazer o mesmo na Nicarágua ou em outro país. Às vezes se utilizaram alguns desses contrarrevolucionários na Nicarágua e em El Salvador. Cometeram horrores lá também. Não há na prisão nenhum contrarrevolucionário que não tenha praticado delito e lá esteja por espírito de vingança, mas sim por necessidade de defesa da Revolução. Não podemos simplesmente pôr em liberdade indivíduos que, depois, serão de novo instrumento dos Estados Unidos contra Cuba. Temos responsabilidades quanto a isso. Mas em se tratando daqueles que tenham sérias dificuldades de saúde e, a nosso ver, não poderiam ser utilizados em ações violentas contra a Revolução Cubana ou contra outros países, analisaríamos o caso. Falei-lhes de alguns presos batistianos, antigos militares que torturaram, cometeram crimes e foram condenados, tendo cumprido muitos anos de cárcere. Eu lhes disse: "Veja, quase ninguém se preocupa com eles; a preocupação maior é com os contrarrevolucionários recrutados pelos Estados Unidos e que estão moralmente comprometidos". Assegurei-lhes que analisaríamos o caso dos ex-militares presos e faríamos uma proposta a respeito dos mais idosos ou dos que se encontram em precárias condições de saúde, se eles estivessem dispostos a recebê-los nos Estados Unidos. Pude comprovar logo que, entre os homens pelos quais se interessou a delegação da Igreja norte-americana, havia certo número de adeptos de Batista. Recebemos a lista, analisamos de acordo com esses critérios, revimos a situação dos antigos militares que se encontram presos, e recentemente remetemos uma comunicação sobre todos os casos que estamos dispostos a resolver. São 72 ou 73 pessoas ao todo. Vamos colocá-los em liberdade, desde que os bispos obtenham visto de entrada nos Estados Unidos, inclusive para os familiares. Porque o problema de alguns que foram soldados ou militares de Batista, e assassinaram e torturaram pessoas, é que, apesar de 26 anos passados, o povo não esquece os fatos; portanto, eles podem criar dificuldades, aparecendo onde vivem filhos, pais, irmãos e outros parentes das vítimas. Suas sentenças são elevadas, alguns já são idosos e cumpriram muitos anos de prisão.

A vingança nunca motivou as sanções revolucionárias, nosso objetivo sempre foi evitar a impunidade de ações que tanto luto e tanta dor custaram ao nosso povo e defender a revolução de seus inimigos. Muitos, lamentavelmente, escaparam sem punição e foram recebidos de braços abertos nos Estados Unidos. Propusemos aos bispos: "É melhor procurarem obter o visto para os casos que indicarmos. Aqui seria difícil encontrar uma solução para eles". Recentemente, o chefe do Escritório de Interesses de Cuba nos Estados Unidos entrou em contato com os bispos que nos visitaram e comunicou a decisão do nosso governo, o que lhes agradou, pois foi possível encontrar uma solução para todos aqueles casos. Resta agora a Igreja norte-americana obter os vistos.

Cristãos latino-americanos

Comandante, a primeira vez que nos encontramos foi exatamente na noite em que se comemorava o primeiro aniversário da Revolução Sandinista, a 19 de julho de 1980, na casa de Sergio Ramírez, que atualmente é vice-presidente da Nicarágua, graças à mediação de um amigo nosso em comum, o padre Miguel d'Escoto. Lembro que, naquela noite, tivemos a oportunidade de conversar umas duas horas sobre religião e Igreja na América Latina, e o senhor me deu um interessante panorama sobre a religião e a Revolução Cubana. Fiz-lhe, então, a seguinte pergunta: que atitude pensava assumir o governo cubano em relação à Igreja? A meu ver, havia três possibilidades: a primeira, acabar com a Igreja e a religião. Porém, a história demonstrara não apenas que isso é impossível, mas que ajuda a reforçar a campanha do imperialismo de uma ontológica incompatibilidade entre cristianismo e socialismo. A segunda seria manter a Igreja e os cristãos marginalizados. Ponderei que tal medida não só favoreceria a política imperialista de denúncia do que ocorre nos países socialistas e, de algum modo, também ajudaria a criar as condições para que as pessoas que têm fé, que são cristãs nos países socialistas, fossem consideradas potencialmente contrarrevolucionárias. A terceira possibilidade seria uma abertura à inserção dos cristãos no processo de construção dessa sociedade de justiça e fraternidade. No decorrer desses anos, tivemos a oportunidade de novos encontros e vocês — em uma atitude inusitada e louvável — me convidaram a iniciar uma série de conversações sobre o tema religião e Igreja, demonstrando que há interesse do governo cubano em aprofundá-lo. Frente ao convite, fiz uma contraproposta: aceitaria, desde que pudesse aproximar-me mais das Igrejas em Cuba. Posteriormente tive a oportunidade de participar da reunião da Conferência

Episcopal Cubana, em fevereiro de 1983, na qual eu disse aos bispos: "Não tenho — e continuo não tendo — nenhuma delegação especial da Igreja, mas estou disposto, na medida do possível, a colaborar nesse processo de aproximação entre a Igreja Católica e o Estado na realidade cubana". Bem, o senhor conhece meu amor e minha consagração à Igreja. Posso confessar-lhe que tenho, na política, uma tentação e, na pastoral, uma vocação. É por razões pastorais que me encontro aqui e pretendo colaborar nesse trabalho. Gostaria de lhe perguntar: que interesse têm vocês, o governo cubano e o socialismo, em ter uma Igreja ativa e uma comunidade cristã participante? Porque muitas vezes a propaganda do imperialismo considera o socialismo radicalmente contra toda e qualquer manifestação religiosa. Como o senhor vê isso?

Bem, você se referiu à ocasião em que tivemos contato na Nicarágua, quando nos conhecemos. Foi na comemoração do primeiro aniversário do triunfo da Revolução Sandinista. Convidaram-me, participei e, dentro de um programa intenso, levaram-me aquela madrugada — pois era tarde da noite — à casa de Sergio Ramírez, onde conversamos sobre esses temas. Já naquela ocasião você conhecia perfeitamente meus encontros com os Cristãos pelo Socialismo,* no Chile, em 1972, quando visitei aquele país, no governo de Allende. Tive realmente uma agradável e interessantíssima reunião com todo aquele grupo de sacerdotes e cristãos. Eram muitos, uns duzentos, incluindo alguns que vieram de outros países. Pouco antes eu havia tido contato com o padre Ernesto Cardenal, que é sandinista, escritor e poeta.

Escreveu um lindo livro sobre Cuba.

Precisamente um dia antes de viajar para o Chile, fui vê-lo. À noite o apanhei e ficamos duas horas passeando de carro e falando da situação da Nicarágua e de outros assuntos. Fiquei admirado ao comprovar como aquele homem, em poucas semanas, foi capaz de publicar, com grande precisão, o que havíamos conversado e, além disso, descrever com tanta

---

* O movimento Cristãos pelo Socialismo nasceu no Chile, em 1971, sob o governo de Salvador Allende, mobilizando cristãos em apoio às reformas estruturais propostas pela Unidade Popular. Depois do golpe de Estado liderado pelo general Pinochet, o movimento se estendeu, graças aos exilados, por países da Europa.

beleza. Ficamos de nos encontrar no Chile, mas não foi possível. Naquele país tive uma longa conversa com os Cristãos pelo Socialismo, e abordamos esses mesmos temas, há cerca de treze anos. Por ocasião da visita à Jamaica, tive um encontro com os religiosos, representantes das diferentes comunidades cristãs do país. Foi em outubro de 1977. Em uma longa e séria conversa, expus a eles algumas de minhas teses, nas quais falo da aliança entre cristãos e marxistas. Perguntaram: "Uma aliança tática?". Respondi: "Não, uma aliança estratégica para realizar as mudanças sociais necessárias aos nossos povos". Já no Chile falei disso. Tive contatos com importantes dirigentes do Conselho Mundial de Igrejas,* muito interessados nos problemas do Terceiro Mundo, na luta contra a discriminação, contra o apartheid, e em uma série de questões sobre as quais coincidíamos plenamente. Na evolução dessas ideias, teve grande influência o aparecimento de todo um movimento dentro da Igreja na América Latina, que se voltou para os problemas do operário, do camponês, dos pobres, e também começou a lutar e a pregar a necessidade de justiça em nossos países. Assim surgiu esse movimento, que adotou diferentes formas. No Chile, eram os Cristãos pelo Socialismo. Esse movimento brotou em diversos lugares da América Latina, depois do triunfo da Revolução Cubana, ou seja, nos últimos 25 anos. E nos demos conta de que se produzia uma tomada de consciência no seio da Igreja Católica latino-americana e de outras Igrejas acerca da gravidade dos problemas sociais, das terríveis condições em que vivia o povo, o que levou muitos cristãos a optar pela luta a favor dos pobres. Isso também se revela na atitude dos cristãos da Nicarágua, em seu relevante papel na luta contra Somoza,** por reformas e justiça social.

Contei-lhe que, anos antes da vitória da Revolução Sandinista, eu já conhecia o padre Ernesto Cardenal. Conhecia o seu pensamento e o

* Fundado em 1948, tem sede em Genebra (Suíça) e é a principal instituição ecumênica do mundo. Congrega 340 Igrejas e denominações cristãs.
** Anastasio Somoza (1925-80) era filho do ditador, de mesmo nome, que governou a Nicarágua por vinte anos (1936-56). Eleito presidente do país em 1972, em eleições fraudulentas, governou até 1979, quando foi derrubado pela Revolução Sandinista. À semelhança de seu pai e um irmão, morreu assassinado, no Paraguai, em 1980.

admirava como escritor, poeta e, sobretudo, revolucionário. Depois conheci seu irmão, Fernando Cardenal, e D'Escoto. Assim fui conhecendo uma série de figuras e de sacerdotes de valor, que se identificavam com o povo, lutavam por ele e que, frente às pressões do imperialismo, mantiveram uma firme atitude de apoio à Revolução, como causa sua e como questão de consciência, de modo muito profundo. Por isso, ao visitar a Nicarágua, reuni-me com um grupo de líderes religiosos.

Estive presente àquela reunião.

Como já lhe falei, aquela reunião não teve o mesmo caráter da reunião do Chile ou da Jamaica. Foi muito breve e não houve tempo de discutir profundamente as questões. Foi mais um encontro, uma saudação, durante a qual tive oportunidade de conhecer um grupo de irmãs da Ordem de Maryknoll.* Eram três religiosas norte-americanas que trabalhavam na Nicarágua, e fiquei muito impressionado com a extraordinária bondade, o entusiasmo e a dignidade delas. Foram muito atenciosas e afetuosas com a gente. Mesmo na Nicarágua, o movimento dentro da Igreja a favor do povo, dos pobres e da justiça social atingiu um alto nível. Já naquela época, os revolucionários salvadorenhos lutavam, em condições muito difíceis, com o apoio de inúmeros cristãos, a fim de acabar com os crimes e com a tirania que aquele país suporta há décadas. Merece especial atenção a atitude digna e corajosa de monsenhor Romero, arcebispo de El Salvador,** que denunciou os crimes cometidos, o que lhe custou a vida. Tempos depois, recebi a brutal notícia de que quatro irmãs da Ordem de Maryknoll, entre as quais algumas que conversaram comigo naquele dia, tinham sido barbaramente assassinadas em El Salvador.*** É claro que, posteriormente, se soube como se deram os fatos

---

* Instituição religiosa de origem estadunidense, com ramos masculino e feminino, e orientação progressista.

** Monsenhor Oscar Ranulfo Romero (1917-80), arcebispo de San Salvador entre 1977 e 1980, foi assassinado, em 24 de março de 1980, pela ditadura que governava El Salvador. Em 2015, o papa Francisco o declarou "beato", etapa precedente à sua canonização. Romero, adepto da "opção pelos pobres", identificava-se com a Teologia da Libertação.

*** A 2 de dezembro de 1980, a ditadura de El Salvador assassinou duas religiosas missionárias da Ordem de Maryknoll, Ita Ford e Maura Clarke; uma religiosa da congregação

e quem foram os culpados: agentes do regime repressor que, apoiados pelos Estados Unidos, ultrajaram e assassinaram as quatro religiosas. Foram também agentes ligados à CIA e ao imperialismo que mataram, de modo atroz e traiçoeiro, o arcebispo Romero.

Foram bem amistosos meus encontros com os líderes cristãos na América Latina e no Caribe. Sabiam o que eu pensava, e eu apreciava muito o trabalho deles. Foi precisamente naquelas circunstâncias que ocorreu o nosso primeiro encontro, quando você me explicou o trabalho que fazia a Igreja no Brasil. Você já sabia como eu pensava e, portanto, sabia que nunca tivemos a intenção de acabar com a religião em nosso país — falei-lhe longamente sobre isso. Não se tratava só de motivo político. E lembre-se que somos revolucionários, o que significa políticos na mais alta e pura expressão do termo. Quem não conhece as situações políticas não tem sequer o direito de propor um programa revolucionário, porque não conduzirá seu povo à vitória, nem seu programa à realização. Porém, no que se refere à religião, antes do fator político, tenho presentes o fator moral e os princípios. De nenhum modo se concebe a mudança social profunda, o socialismo e o comunismo, como algo que se proponha a imiscuir-se no foro íntimo de uma pessoa ou negar o direito de pensamentos ou de convicções religiosas a qualquer ser humano. Isso pertence ao mais íntimo da pessoa e, por isso, vemos tais direitos reconhecidos em nossa Constituição Socialista, de 1975, não como mera questão política, e sim como algo que tem mais amplitude, como uma questão de princípios, de respeito ao direito de a pessoa professar a religião que quiser. Tal princípio está na essência do socialismo e do comunismo, e também das concepções revolucionárias sobre as convicções religiosas, assim como o respeito à vida, à dignidade pessoal, ao direito da pessoa ao trabalho, ao bem-estar, à saúde, à educação, à cultura, que formam parte essencial dos princípios da Revolução e do socialismo.

---

das ursulinas, Dorothy Kazel; e a missionária leiga Jean Donovan.

Relações Igreja-Estado

Em nosso país, a Igreja não tinha influência e pregação semelhantes às de outros países latino-americanos, por razões que já lhe expliquei, pois era da minoria rica que, em geral, emigrou. Contudo, isso jamais provocou o fechamento de uma só igreja neste país ou qualquer medida contra a instituição, embora aquela gente tivesse assumido posição militante contra a Revolução. Muitos foram para os Estados Unidos. Alguns padres adotaram a mesma posição militante, transferiram-se para os Estados Unidos e promoveram campanhas a ponto de abençoar a criminosa e mercenária invasão da Baía dos Porcos, o bloqueio a Cuba e todos os crimes que o imperialismo cometeu contra nosso país — o que, a meu ver, está em absoluta contradição com os princípios do cristianismo. Porém, nunca tal situação nos levou a tomar qualquer medida contra a Igreja. Aqui ficaram poucos católicos, pois a maioria deixou o país, atraída pela riqueza e pela ideologia imperialistas, e os que ficaram não eram numericamente expressivos, nem chegavam a se constituir em uma força política. Não apenas por razões políticas, mas, sobretudo, por estritas razões de princípios, fomos consequentes com as normas revolucionárias de respeito às crenças e instituições religiosas. Como já lhe falei, as dificuldades iniciais foram superadas em tempo relativamente curto, sem nenhum traumatismo e, em parte, graças à atitude do núncio apostólico em Cuba. Criou-se uma situação que não diríamos de marginalização, e sim de mera coexistência entre a Revolução e a Igreja, dentro de um completo e absoluto respeito mútuo. Mas não passou disso. Era essa a reflexão que eu pretendia fazer ontem. Já as relações com as demais Igrejas evangélicas foram excelentes no decorrer de todos esses anos, sem nenhuma espécie de conflito. Mencionei-lhe casos de algumas seitas que criam problemas em todas as partes, não apenas com o socialismo ou com a Revolução Cubana. Todavia, considerando a situação entre Cuba e Estados Unidos, a atitude daquelas seitas convinha àquele país, pois sendo muito rico e mantendo-nos sob ameaça, interessava-lhe que aqui uma seita pregasse "não empunhar armas para defender a pátria, não honrar a bandeira, não cantar o hino nacional". Objetivamente, isso iria contra a integridade, a segurança e os interesses da Revolução, e convinha aos interesses do imperialismo. Sei que algumas daquelas seitas criaram problemas em muitos países, exceto em uma nação poderosa como os Estados Unidos. É melhor que se fixem lá e se oponham, por exemplo, à "guerra nas estrelas". Assim, prestariam um grande favor ao mundo. Essa possibilidade de abertura, de que temos falado, está implícita, como ideia, nas colocações que fiz no Chile e na Jamaica. Mas ainda não se avançara muito nesse rumo. Porém, quando se deu nosso encontro, já todas as condições estavam criadas para a mútua receptividade de nossos pontos de vista quanto às relações entre cristianismo e revolução. É preferível falar de cristianismo e socialismo que de Igreja e socialismo. Por isso, nosso encontro foi harmonioso e ocorreu em clima amistoso. Depois, você começou a trabalhar aqui periodicamente. Não fiquei a par de tudo porque, após o nosso encontro, a vida diária me mergulhou em lutas e batalhas. Tempos mais tarde, soube que você andava por aqui e o que fazia. Não voltamos a nos ver senão recentemente. Porém, confesso-lhe que me agradaram e entusiasmaram a sua persistência e constância desde que nos vimos pela última vez. Continuei meditando e elaborando algumas ideias nessa linha. Até que, em nossa conversa, em fevereiro deste ano, nos foi possível aprofundar um pouco mais, quando acertamos esta troca de impressões e esta entrevista que você julga conveniente.

É com esse espírito que pretendemos avançar. Os encontros que terei com os bispos cubanos não estão diretamente relacionados com o que tive com os bispos norte-americanos. A estes, expliquei o que pensamos sobre essas questões e falei do propósito de me reunir com o episcopado cubano. Informei sobre o avanço desse processo, fruto de todos esses contatos que temos tido. Primeiro surgiram essas concepções que brotaram de fatos observados por nós na atitude justa da Igreja e, sobretudo, de muitos cristãos, entre os quais inúmeros sacerdotes e bispos de valor. Muitas figuras da Igreja assumiram uma posição justa, de luta contra a exploração, a injustiça, a dependência, e a favor da libertação. Esse fenômeno primordial inspirou nosso modo de pensar, expressado no encontro que tivemos. Ajudou esses contatos, pois há quinze anos, ou precisamente treze, esse processo está em gestação. Está na hora de darmos passos concretos, que, de fato, já começam a acontecer. Eu lhe dizia que isso já não é somente questão de princípios ou de ética, mas é inclusive, de certo modo, questão de estética. Estética em que sentido? Penso que a Revolução é uma obra que deve ser aperfeiçoada; em suma, é uma obra de arte.

Bela definição!

Assim, não podemos nos dar por satisfeitos se encontramos, em uma revolução, um grupo de cidadãos — não importa quantos sejam, ainda que não sejam 2 milhões ou 1 milhão, nem 500 mil ou 100 mil entre 10 milhões, que seja 1% dos cidadãos que, por motivos de índole religiosa, sinta-se incompreendido ou vítima de alguma forma de discriminação política, como a que nos referimos ontem, relacionada à questão da militância no partido, e que pode estar acompanhada de outras formas sutis de discriminação. Basta não ser compreendido no meio social para que já haja sofrimento, o que se revela, inclusive, em formas sutis de desconfiança. Expliquei-lhe que isso tinha uma causa exclusivamente histórica, porque a Revolução estava decidida a sobreviver em sua luta contra um inimigo muito poderoso e que pretendeu aniquilá-la, ainda que custasse a vida de milhões de cubanos. Aquela identificação que se produziu, nos primeiros tempos, entre hierarquia eclesiástica, contrarrevolução e imperialismo, é que está na origem dessa desconfiança que, por sua vez, engendra uma forma sutil de discriminação. Não há contradição entre determinada fé religiosa e os deveres elementares do patriota e do militante revolucionários. Se me dizem que há 100 mil pessoas — não sei o número exato de cristãos em Cuba — que reúnem as qualidades do patriota e do revolucionário, são generosas, trabalhadoras, cumpridoras de seus deveres, mas se sentem alijadas, isto é, para mim, motivo de insatisfação. Se me dizem que são 50 mil, 10 mil ou apenas um, ainda assim a obra de arte da Revolução não estaria completa. É como se houvesse uma cidadã discriminada por ser mulher. Qual país da América Latina avançou mais do que Cuba na luta contra a discriminação da mulher? Antes também havia a discriminação racial. Se houvesse uma única pessoa discriminada por causa da cor de sua pele, isso seria motivo de profunda preocupação, e não estaria completa essa obra de arte chamada Revolução. A essas concepções, critérios e princípios, somam-se considerações de ordem política.

Se numa revolução tão impregnada de justiça, como a de Cuba, existisse alguma forma de discriminação a uma pessoa por razões religiosas, isso só seria útil aos inimigos do socialismo e da Revolução, aos que exploram, saqueiam, submetem, agridem, intervêm, ameaçam e preferem exterminar os povos da América Latina e do Caribe a perderem seus privilégios. Portanto, deve-se também levar em conta as considerações de ordem política. Creio que tais reflexões revelam a base de nosso pensamento e explicam o nosso interesse, seja por razões de princípios, seja por razões políticas, no sentido mais amplo do termo. Sem se libertar dessas limitações, a obra da Revolução estaria incompleta.

Cristãos e esquerda na América Latina

O senhor sabe, pois já se referiu muitas vezes a isso, que, depois do Concílio Vaticano II, convocado pelo papa João XXIII, e da versão latino-americana do concílio, que foi a reunião da Conferência Episcopal Latino-Americana, em Medellín, em 1968, iniciaram-se muitas mudanças na Igreja, em nosso continente. Aproximou-se mais dos pobres, especialmente em países como o Brasil, que foram governados muitos anos por ditaduras militares. Costumo dizer que não foi bem a Igreja que optou pelos pobres, mas, devido à repressão aos movimentos popular e sindical, os pobres fizeram opção pela Igreja, ou seja, buscaram nela um espaço para se manterem organizados, articulados, conscientes e atuantes. Não estou fazendo um jogo de palavras, mas sim repetindo o que escutei de, pelo menos, dois bispos do Brasil. Assim, na medida em que os pobres invadiram a Igreja, padres e bispos católicos começaram a se converter ao cristianismo. Hoje, há inúmeras Comunidades Eclesiais de Base em toda a América Latina. No Brasil, são cerca de 100 mil, congregando em torno de 3 milhões de pessoas, a maioria operários, camponeses e marginalizados. Por que o fenômeno das Comunidades Eclesiais de Base no continente?

Você disse quantos milhões de pessoas?

Cem mil grupos com cerca de 3 milhões.* Por que esse fenômeno? Atualmente há comunidades no Chile, na Bolívia, no Peru, no Equador, na Guatemala e na Nica-

---

* As Comunidades Eclesiais de Base tiveram significativa expansão sob o pontificado de Paulo VI (1963-78), impulsionadas pelo Concílio Vaticano II e a Conferência Episcopal de Medellín. Refluíram sob os pontificados de João Paulo II (1978-2005) e Bento XVI (2005-13), incomodados com o seu caráter progressista. Agora retomam novo alento com o papa Francisco.

rágua, que têm papel relevante no processo de libertação. Há ainda no México e em El Salvador, incluindo as zonas liberadas pela guerrilha. Como se explica isso? Se perguntarmos a um camponês, a um operário, a uma empregada doméstica latino--americana "Qual a sua visão do mundo?", com certeza darão uma resposta tecida em categorias religiosas. A visão mais elementar do povo oprimido da América Latina é uma visão religiosa. E, a meu ver, um dos mais graves erros da esquerda na América Latina, particularmente da esquerda de tradição marxista-leninista, foi pregar o ateísmo em seu trabalho com as massas. Veja, não se trata de deixar de dizer o que se pensa, mas sim de ter o mínimo de sensibilidade com a visão religiosa do povo. Aquele erro impossibilitou o vínculo entre a proposta política e os pobres. Não é fácil conscientizar um operário ou um camponês da importância de se lutar pelo socialismo. Contudo, eles entendem quando dizemos: "Cremos em um só Deus que é Pai". Se isso é verdade, todos nós devemos viver como irmãos. Porém, nesta sociedade em que vivemos não existe a fraternidade que Deus quer, ela é negada pela discriminação racial, pela desigualdade de classes, por contradições econômicas e pelo fato de haver poucos homens muito ricos ao lado de uma maioria muito pobre. Assim, a partir de nossa fé, lutar pela fraternidade é lutar contra todas as situações que impedem, concreta e historicamente, a igualdade social, a justiça, a liberdade, a plena dignidade de todas as pessoas, independentemente de seu trabalho, sua cor e suas concepções. Essa é a razão pela qual esse trabalho se desenvolveu muito nesses anos.

A reflexão de fé que emergiu dessas comunidades, que serve de luz para animar as pessoas na luta pela libertação na Guatemala, no Peru, no Brasil, em El Salvador e em todos os países, e que é sistematizada pelos teólogos, é justamente o que denominamos Teologia da Libertação. Gostaria de saber como o senhor vê essas comunidades. Há neste momento toda uma polêmica em torno da Teologia da Libertação, considerada um perigoso fator de subversão por Reagan e pelo Documento de Santa Fé. O que pensa o senhor da Teologia da Libertação?

Bem, você fez uma exposição relativamente longa, muito interessante, e, ao final, uma pergunta. Para respondê-la, devo referir-me a alguns pontos de sua explanação. Você mencionou como um erro do movimento político, da esquerda marxista-leninista, o modo de enfocar o problema religioso e a pregação do ateísmo na América Latina. Realmente, não estou em condições de saber como cada movimento ou partido de esquerda, ou como cada partido comunista da América Latina abordou a questão religiosa, já que os temas de conversações ou análises com aqueles movimentos sempre giram em torno de outros problemas, da situação econômica das massas e de seu estado de pobreza; enfim, referem-se fundamentalmente a questões políticas, e não lembro se, realmente, nas inúmeras conversas que tivemos nesses 26 anos com representantes e delegados daqueles partidos, chegamos a analisar esse ponto a que você se refere. Por isso, não posso dizer o que eles pensam, mas você vive em um país latino-americano, visita outros e deve ter mais informações sobre isso do que eu. Acho, entretanto, que o movimento político e revolucionário deve fazer suas análises a partir das condições dadas, existentes em determinado momento, e elaborar sua estratégia, sua tática e seus enfoques, não só a partir de doutrinas, embora deva se basear na doutrina, pois é preciso levá-la à prática na realidade. Se não há uma estratégia e uma tática corretas na aplicação do pensamento político, então, por melhor que seja esse pensamento, ele se converte em utopia, não por ser objetivamente irrealizável, e sim por sê-lo subjetivamente.

Religião como dominação

Entendo perfeitamente as contradições entre o pensamento político-revolucionário e a Igreja. Se eu fosse um dos antigos índios de Cuba, um siboney, e chegassem uns estrangeiros com arcabuzes, bestas, espadas, uma insígnia real e uma cruz, para atacar a aldeia, matar e capturar quem quisessem, o que pensaria eu de tudo aquilo? Uma das primeiras coisas que fizeram os espanhóis ao regressar à Espanha — entre eles, Colombo — foi levar um mostruário de índios, o que representa uma flagrante violação dos direitos mais elementares dos indígenas que aqui viviam, porque não pediram licença a ninguém para levá-los como troféu à Europa, e os capturaram da mesma forma que se captura um lobo, um leão, um elefante ou um macaco. Ainda hoje, é mais ou menos aceita a violação dos direitos animais dos macacos, dos leões e dos elefantes; creio, porém, que há tempos a consciência humana valorizou os direitos do homem, seja ele branco, índio, amarelo, negro ou mestiço. Se perguntássemos a um índio mexicano, nas mesmas condições, que opinião teria de tudo aquilo, a resposta não seria muito reverente aos conquistadores e a suas convicções religiosas. Vinham com a espada e a cruz dominar, escravizar e explorar os "infiéis", que afinal também deveriam ser considerados criaturas de Deus. Assim conquistaram este continente. Fé messiânica era aquela que pretendia impor a fé e a civilização ocidental cristã com sangue. Quem se julga dono de uma verdade não tem o direito de propagá-la por meio de matança e escravização dos povos. Os frutos mais óbvios colhidos pelos países conquistados por nações mais avançadas foram a perda de sua liberdade, o abuso, a exploração, as cadeias e, por vezes, inclusive o extermínio. É preciso assinalar que, já naquele tempo, houve sacerdotes que reagiram contra aqueles crimes inauditos, como, por exemplo, o padre Bartolomeu de las Casas.

Ele viveu aqui em Cuba e era dominicano.

A Ordem pode se sentir orgulhosa dele: foi um dos exemplos mais honrados, pois denunciou e se opôs aos horrores que se seguiram à conquista. Durante séculos existiu o colonialismo; continentes inteiros foram divididos entre as potências europeias: Ásia, África e América foram ocupadas e exploradas durante séculos. Eles trouxeram também sua religião, que, de certa forma, era a religião dos conquistadores, escravocratas e exploradores. É verdade que essa mesma religião, por seu conteúdo intrínseco, e eu acrescentaria, humano, por sua essência nobre e solidária, apesar das contradições dos atos e da situação dos conquistadores que traziam essas religiões — não falo dos sacerdotes —, terminou sendo, na antiga Roma, a religião dos escravos. Neste hemisfério, onde os espanhóis estiveram três séculos — em Cuba, quase quatro, pois fomos um dos primeiros a ser conquistados e dos últimos a nos libertar —, propagou-se amplamente a religião dos conquistadores.

O mesmo não aconteceu na Ásia, onde já existiam outras religiões muito arraigadas e velhas culturas mais resistentes. Lá as religiões aborígines eram a hindu, o budismo e outras com grande riqueza de conteúdo. O cristianismo se defrontou com outras religiões e filosofias, o domínio foi menor, menos universal, e não chegou a predominar; em consequência, no mundo árabe e no Oriente Médio, prevaleceu a religião muçulmana, apesar das cruzadas, da conquista ulterior e do domínio dos europeus ocidentais. Nos países do Sudeste Asiático ou na Índia, prevaleceram as religiões hindu e budista, não obstante a colonização europeia. Nas Índias orientais e em outras regiões da Ásia, como na China, também predominou a religião autóctone, apesar do domínio da Europa. Na própria Europa feudal, na qual os nobres e senhores feudais eram proprietários das terras e do povo, a Igreja esteve indiscutivelmente aliada ao sistema de exploração, embora levasse consolo às almas. Havia uma contradição entre o sistema social e a doutrina da Igreja. No império dos tsares, existia uma estreita aliança entre império, nobres, senhores feudais, latifundiários e Igreja.

Essa realidade histórica inquestionável durou muitos séculos. Toda a África foi conquistada pela força das armas, exceto um país, a Etiópia. Em alguns lugares estiveram mais tempo; em outros, menos. Houve menos assimilação cultural e na África não predominou o cristianismo. No norte da África, prevalecia a religião muçulmana e, no resto, as religiões nativas. Entretanto, durante séculos os ocidentais não se dedicaram, na África, a pregar o cristianismo, e sim a produzir escravos. Ignoro se alguém sabe com exatidão quantos milhões de homens livres os europeus capturaram na África, escravizaram e trouxeram para a América Latina, o Caribe e a América do Norte, a fim de vendê-los como mercadorias. Talvez uns 100 milhões. Creio que já haja pesquisas sobre isso. Calcula-se que chegaram vivos ao menos uns 50 milhões, porque um número talvez maior morreu no processo de captura ou durante a travessia do Atlântico.

No Brasil, calcula-se que tenham chegado vivos de 4 a 5 milhões.

Imagine quantos morreram longe do lugar onde nasceram, separados da família e de tudo. Esse assombroso sistema durou quase quatro séculos. Simplesmente prevaleceu, durante séculos, o domínio técnico, econômico e militar da Europa Ocidental sobre os povos que hoje constituem o Terceiro Mundo. Os índios foram exterminados em muitos lugares. Em Cuba, praticamente todos, o que não ocorreu em outros países, porque eles eram em grande número ou foram preservados como força de trabalho. Os africanos sofreram a escravatura durante séculos. A escravidão prosseguiu depois da independência dos Estados Unidos, apesar da solene Declaração dos Direitos Inalienáveis do Homem, "concedidos pelo Criador" e considerados "verdades evidentes". Durante quase um século, milhões de negros africanos e seus descendentes continuaram escravizados. Essa foi, para eles, a única verdade evidente e o único direito que lhes foi concedido pelos criadores da escravidão e do capitalismo.

Ainda naquele país, depois da independência, os índios foram simplesmente exterminados por cristãos europeus e seus descendentes. Toda aquela gente se considerava muito religiosa. Como também os que caçavam índios e lhes arrancavam o couro cabeludo para se apoderar de suas riquezas e de suas terras. Essa é uma realidade histórica inegável. Mesmo na Argentina, na época de Rosas,* os cristãos, a exemplo dos Estados Unidos, invadiram as terras indígenas e exterminaram os índios. Em muitos lugares, o extermínio das populações aborígines foi o procedimento adotado.

Não se pode negar que, historicamente, a Igreja esteve ao lado dos conquistadores, opressores e exploradores. Nunca houve, realmente, uma condenação categórica à escravidão, algo tão horrendo hoje às nossas consciências. Nunca se condenou a escravidão do negro ou do índio, nem o extermínio das populações aborígines e todos os sofrimentos atrozes que se fizeram contra elas, a apropriação de suas terras, suas riquezas, sua cultura e até suas vidas. Nenhuma Igreja condenou, e aquele sistema durou séculos.**

Assim, nada há de estranho no fato de o pensamento revolucionário, que surgiu em um esforço de luta contra aquelas seculares injustiças, encerrar um espírito antirreligioso. Sim, tem explicação real e histórica a origem desse pensamento do movimento revolucionário, que se manifestou na França, na revolução burguesa, e na Revolução Bolchevista. Surgiu primeiro no liberalismo. Já a filosofia de Jean-Jacques Rousseau e dos enciclopedistas franceses revelava esse espírito antirreligioso. E só apareceu no socialismo; depois, no marxismo-leninismo, por essas razões históricas. Jamais houve uma condenação do capitalismo. Quem

---

* General Juan Manuel de Rosas, governador despótico da província de Buenos Aires, entre 1829 e 1852.

** Entre 1435 e 1888, vários papas condenaram a escravidão, embora bispos, sacerdotes e leigos católicos não lhes dessem ouvidos. Na América Latina, frei De las Casas defendeu a dignidade indígena, condenando aqueles que os escravizavam. No Brasil, o padre Vieira tomou a mesma posição, sem, no entanto, defender a liberdade dos africanos trazidos como escravos. Vide: <www.apologistascatolicos.com.br/index.php/magisterio/documentos-eclesiasticos/decretos-bulas/506-documentos-oficiais-da-igreja-contra-a-escravidao>.

sabe no futuro, dentro de cem ou duzentos anos, quando o sistema capitalista já não existir, haja quem afirme amargamente: durante séculos as Igrejas dos capitalistas não condenaram o sistema capitalista, nem o imperialismo. Assim como hoje dizemos que não condenaram a escravidão, o extermínio dos índios e o sistema colonialista.*

Atualmente, os revolucionários lutam contra esse sistema de exploração reinante, inumano; portanto, há justificativa para o que você qualifica de erros e que, efetivamente, podem ser erros, porque a questão reside em como uma ideia ou um programa social revolucionário se realiza na prática. E se você me diz que, nas atuais condições da América Latina, é um erro acentuar as diferenças filosóficas com os cristãos que, como parte majoritária do povo, são as vítimas massivas do sistema, então eu diria que você tem razão. Embora o prioritário fosse, a meu ver, concentrar o esforço em conscientizar para unir em uma mesma luta todos os que carregam uma mesma aspiração de justiça. E muito mais lhe dou razão quando se observa a tomada de consciência dos cristãos ou de uma importante parcela deles na América Latina. Se partimos desse fato e das condições concretas, é absolutamente correto e justo exigir que o movimento revolucionário tenha um enfoque adequado da questão e evite, a todo custo, uma retórica doutrinal que entre em choque com os sentimentos religiosos da população, inclusive de trabalhadores, camponeses e setores médios, o que só serviria para ajudar o próprio sistema de exploração.

Eu diria que, frente a uma nova realidade, deveria haver mudança no tratamento da questão e nos enfoques da esquerda. Nisso concordo inteiramente com você. Para mim, é inquestionável. Mas durante um longo período histórico, no qual a fé foi utilizada como instrumento de dominação e opressão, há lógica no fato de os homens que desejaram mudar esse sistema injusto terem entrado em choque com as crenças religiosas, com aqueles instrumentos e com aquela fé. Creio que a grande

---

* O papa Francisco, em sua visita à Bolívia, em julho de 2015, declarou que o capitalismo é "uma ditadura sutil".

importância histórica do que você denomina Teologia da Libertação — ou Igreja da libertação, como preferir — é precisamente sua profunda repercussão nas concepções políticas dos cristãos. E eu diria algo mais: significa o reencontro dos cristãos de hoje com os cristãos de ontem, dos primeiros séculos, quando surgiu o cristianismo depois de Cristo.

Eu poderia definir a Igreja da libertação ou a Teologia da Libertação como um reencontro do cristianismo com suas raízes, com sua história mais bonita, mais atrativa, mais heroica e mais gloriosa, e de maneira tão importante que obriga toda a esquerda da América Latina a considerá-lo um dos acontecimentos mais fundamentais de nossa época. Sobretudo porque priva os exploradores, os conquistadores, os opressores, os interventores e os saqueadores de nossos povos — os que nos mantêm na ignorância, nas enfermidades, na miséria — do instrumento certamente mais precioso para confundir as massas, enganá-las, aliená-las e conservá-las sob exploração. No decorrer de todo esse longo período histórico que mencionei, o Ocidente mercantilista e cristão chegou a discutir se o índio, o negro, o hindu e o amarelo teriam alma. Virtualmente, a única coisa que se lhes concedeu, em longos séculos de horror, exploração e crimes de toda espécie, é que efetivamente tinham alma, mas nem por isso se lhes reconheceu nenhum direito, senão o direito à escravidão, à exploração, ao saque e à morte.

Mesmo a revolução burguesa, que proclamou na França os direitos inalienáveis do homem, bem como nos Estados Unidos, não reconheceu tais direitos para o índio, o negro, o amarelo e o mestiço. Eram direitos inalienáveis só para os brancos. Os direitos à liberdade, à integridade e à vida — aos quais podemos acrescentar o direito à saúde, à educação, à cultura, ao emprego decente e livre —, a grande revolução burguesa os reconheceu só para os brancos europeus. Aí está a história mostrando seu testemunho amargo e inapelável de que nenhum desses direitos era para os povos do Terceiro Mundo. E nossa América Latina se encontra no Terceiro Mundo. E até agora — digamos a verdade —, para dezenas ou centenas de milhões de pobres camponeses, de operários que vivem com um salário miserável, de favelados que habitam os bairros periféricos de todas as capitais do continente, realmente a única coisa que lhes foi concedida, a duras penas, foi o reconhecimento de que têm alma. Porém, se tomamos como ponto de partida que têm alma, se admite-se realmente que têm alma, ah, então creio que as posições assumidas por cristãos como você, ao proclamar e exigir os mesmos direitos para todos, constituem um acontecimento histórico da maior transcendência.

Alma e corpo, comandante, uma unidade: o ser humano.

Papa João XXIII

Começar a admitir que, espiritualmente, são iguais os pobres e os ricos, os negros e os brancos, os camponeses sem terra e os latifundiários, significa começar a reconhecer, a todos esses seres humanos, que eles têm alma e corpo iguais aos brancos, iguais aos ricos, os mesmos direitos dos demais. Pois bem, em suma é assim que entendo a luta que vocês estão assumindo e, portanto, não é estranho que o império e seu governo, seus teóricos e porta-vozes comecem a travar uma acirrada luta contra a Teologia da Libertação, denunciando-a como subversiva, pois querem manter o princípio de que sequer temos alma. Porque se temos alma e corpo, teriam de admitir o nosso direito à vida, à alimentação, à preservação da saúde, à educação, a ter uma moradia, a dispor de um emprego e a levar a vida com dignidade. Direito a que as mulheres e as filhas dos trabalhadores não se prostituam, ou que a família não tenha que viver do jogo, da droga, do roubo ou da esmola, em uma favela. É lógico que uma teoria ou uma posição religiosa que vá ao encontro do que há de melhor na história do cristianismo está em absoluta contradição com os interesses do imperialismo.

Estou convencido de que, embora teoricamente se admita que temos alma, os teóricos do imperialismo, os senhores que redigiram o Documento de Santa Fé, acreditam que negros, índios, mestiços ou simples cidadãos do Terceiro Mundo não têm alma, apesar de se denominarem Grupo de "Santa Fé". No fundo, a questão é essa; por isso, entendo perfeitamente a odiosa posição deles, como creio que posso avaliar positivamente a importância histórica dessa opção pelos pobres feita por uma significativa parcela da Igreja latino-americana. Você realmente exprime com muita beleza que os pobres invadiram a Igreja. O grito de dor chegou à Igreja, especialmente aos pastores que estão mais perto do rebanho e que podem ouvir seus gritos, suas dores e seus sofrimentos. O eco estendeu-se um pouco mais longe: a bispos, a cardeais, incluindo um papa, João XXIII. O Terceiro Mundo e os revolucionários do Terceiro Mundo receberam o impacto das profundas posições de João XXIII, que é lembrado em nossos países com respeito e simpatia por todos, inclusive os marxistas-leninistas. Creio que a pregação de João XXIII está, sem dúvida, na base do impulso dessa opção e dessa atitude de muitos sacerdotes e bispos em favor dos pobres do Terceiro Mundo e, mormente, da América Latina.

João XXIII era um camponês que chegou a papa.

Possivelmente esse fator teve muita influência no pensamento dele. Não podemos falar do movimento da Igreja na América Latina, desse compromisso com o povo, sem mencionar João XXIII. Nem nós tínhamos notado essas mudanças. Você está se referindo ao que ocorreu a partir de 1968. A partir dos acontecimentos percebemos a influência que teve o pensamento de João XXIII na evolução da Igreja Católica e no aparecimento desse movimento. Por isso, afirmo que a influência foi mútua, recíproca: os pobres invadiram a Igreja, influindo nela; e a Igreja, por sua vez, como reflexo ou eco desse sofrimento, entranhou-se também nos pobres. Posso lhe assegurar que nunca a Igreja teve, neste hemisfério, o prestígio e a autoridade que alcançou a partir do momento em que muitos sacerdotes e bispos começaram a se identificar com a causa dos pobres.

O senhor deve saber que, atualmente, na Europa, muitos pensam que a Teologia da Libertação é mera manipulação marxista da Igreja. Mesmo dentro da Igreja há quem pense assim. Identifico-me tão plenamente com a Teologia da Libertação que diria mais, comandante: graças a ela, considero que hoje a minha fé cristã tem mais profundidade. Porém, a Igreja e a sociedade europeias foram, durante mui-

tos séculos, o centro do mundo. A Igreja acostumou-se a exportar para as demais partes do mundo não apenas seu modelo de Igreja, mas sua teologia. A teologia é a reflexão que nasce da fé da comunidade cristã. Nesse sentido, todo cristão, quando reflete a partir de sua fé, faz teologia, embora nem todo cristão seja teólogo. Teólogos são aqueles que têm as bases e os conhecimentos científicos necessários à teologia e, ao mesmo tempo, contato com a comunidade, o que lhes permite vivenciar e sistematizar a reflexão que brota do povo cristão.

Sabemos que a Europa produziu uma teologia, a Teologia Liberal, que tem seu valor. Mas, como toda teologia, reflete a problemática própria da realidade europeia. E quais os fatos mais importantes ocorridos, neste século, na realidade europeia? Foram as duas grandes guerras. Tais acontecimentos suscitaram, em toda a cultura europeia, uma angustiante pergunta sobre o valor da pessoa humana, o sentido da vida etc. Se considerarmos a filosofia de Heidegger ou de Sartre, os filmes de Fellini ou de Buñuel, as pinturas de Picasso,* a literatura de Camus, de Thomas Mann ou de James Joyce,** veremos que todos eles procuram responder a esta inquietante pergunta: que valor tem a pessoa humana? E foi justamente nessa filosofia personalista que a teologia europeia encontrou a mediação necessária para sua própria realidade.

E qual o fato mais importante ocorrido na história da América Latina neste século XX? Uma guerra? Não. Tivemos guerras locais, mas nenhuma de expressão continental. O fato ou o problema mais importante da história atual da América Latina é a existência massiva de miseráveis. De modo que o nosso não é um problema filosófico da pessoa. Nossa angustiante pergunta é: por que na América Latina, quando o mundo atinge um avanço tecnológico imprevisível, existe coletiva e majoritariamente a não pessoa? A maioria dos latino-americanos encontra-se na situação de não pessoa, no sentido de que vivem, muitas vezes, em piores condições do que os animais. O gado brasileiro tem melhores condições de vida do que a maioria de nossa população. E para analisar tal situação não basta, para a teologia, a co-

---

* Pablo Picasso (1881-1973), pintor e ceramista espanhol, radicou-se em Paris para fugir da ditadura do general Franco. Sua tela *Guernica* é considerada uma das obras-primas da pintura universal.

** James Joyce (1882-1941), irlandês, é considerado um clássico da literatura universal, graças a seu romance *Ulisses*.

laboração da filosofia; é necessário se conhecer as causas desse fenômeno, e, para isso, não se pode prescindir da colaboração das ciências sociais e, nelas, ignorar a contribuição do marxismo. No momento em que, por dever de justiça com esse povo e por dever de verdade com a análise científica, a Teologia da Libertação se articula desse modo, há forte reação de parcela da Igreja, o que leva alguns de nossos companheiros, como Leonardo Boff, teólogo brasileiro, a sofrer sanções por haver exercido seu mais elementar direito como teólogo da Igreja: o de refletir, à luz da fé, a realidade e a história de seu povo. Eu gostaria que o senhor, que diariamente segue o que se passa no mundo, dissesse algo sobre isso. Que impacto e repercussão tem no senhor toda essa polêmica em torno da Teologia da Libertação? Como o senhor reage? Isso lhe provocou algum interesse, alguma reação mais pessoal como homem e político?

Relação entre cristianismo e marxismo

Você me faz uma pergunta e uma colocação das mais difíceis, até mesmo das mais delicadas. De novo, sou obrigado a me remeter a alguns pontos de sua exposição, a começar pela ideia de manipulação. Já falamos disso outro dia, quando ainda não havíamos iniciado a entrevista. Eu lhe disse o seguinte: em nenhum lugar os manipuladores mereceram respeito e jamais tiveram êxito. São como pequenos barcos movidos pelo vento e pelas ondas. Manipulação é sinônimo de oportunismo. Não tem sustentação, não tem raízes. Penso que você não teria nenhum respeito por mim se percebesse que sou um manipulador; do mesmo modo, nenhum revolucionário teria respeito por você, nem por outros que pensam como você, se notasse que se trata de pessoas que podem ser manipuladas. Creio que o respeito, a amizade, a análise séria, a compreensão, tudo é possível entre gente autêntica. Se você não tivesse uma profunda fé, suas ideias não teriam causado qualquer impacto em nós. Confesso-lhe que, pessoalmente, o que mais me infundiu respeito por você foi perceber sua profunda convicção religiosa. Estou certo de que são iguais a você os homens da Igreja que se preocupam com esses problemas. Se nós, revolucionários, partíssemos da ideia de que vocês não são autênticos, nada do que temos conversado teria sentido, nem as concepções que temos discutido, nem a ideia de aliança e mesmo de unidade, como eu disse na Nicarágua, entre cristãos e marxistas. Porque um verdadeiro marxista desconfiaria de um falso cristão, assim como um verdadeiro cristão desconfiaria de um falso marxista. Só essa convicção pode servir de base a uma relação sólida e duradoura. Contudo, não nos preocupemos muito com isso, pois há um ditado popular que diz: "É mais fácil descobrir um mentiroso do que um manco". Assim como não se pode simular a fé de um cristão nem a de um revolucionário, não se pode dissimular a mentira. Entendo por que apela para argumentos simplistas quem se defronta com a consistência das convicções de vocês, cristãos, e de nós, comunistas.

Constato que você, de fato, refletiu muito sobre essa questão quando o ouço falar sobre a Europa, a Teologia Liberal, os fatores históricos e os grandes acontecimentos que inspiraram as ideias de importantes pensadores europeus. Fico admirado e impressionado com a sua afirmação sobre a diferença da nossa realidade com a realidade europeia, quando você se refere à massiva miséria como o fato fundamental e determinante neste hemisfério. E isso não é certo apenas nos últimos quarenta ou cinquenta anos, mas é reconfirmado a cada ano e a cada dia. Se a crise de 1930 foi uma das mais graves tragédias econômicas e sociais da América Latina, cuja população estava em torno de 100 milhões de habitantes, a crise atual é muito mais grave, pois hoje a população é de cerca de 400 milhões, e diminuíram tanto os recursos de subsistência quanto os recursos naturais.

Ignoro como vivia o homem primitivo, embora haja teorias a respeito. Dizem que vivia da caça, da pesca, dos frutos que apanhava, quando havia muitos animais selvagens e muitos peixes nos lagos e nos rios. Não existia a poluição atual, eram abundantes a madeira para se obter o calor do fogo, raízes e frutos naturais, nos quais o homem buscava sua alimentação. Esses recursos naturais foram cada vez mais se escasseando, desaparecendo, sendo poluídos, ou têm zelosos proprietários, e o número de seres humanos se multiplicou infinitas vezes. Hoje, o homem não pode viver da extração e da caça, tem que viver da agricultura intensiva, da piscicultura, da pesca com os meios técnicos adequados, e da indústria. Hoje, o homem não pode viver sem instrução e assistência médica. Naquela época, sobreviviam, por seleção natural, os que tinham melhores condições físicas e maior capacidade de resistência. Hoje, é preciso extrair o máximo da terra e são necessários meios elementares de vida que não podem simplesmente ser apanhados na natureza circundante. E a massificação da miséria provém precisamente da escassez de meios de vida para milhões de pessoas neste hemisfério. Concordo inteiramente quando você fala da não pessoa. Em que categoria podemos situar quem vive em favela, não tem trabalho, não pode ir à escola, não dispõe de nenhum meio de vida? Sem dúvida, na categoria de não pessoa. Na maioria dos países da América Latina, mais da metade da população está na categoria de não pessoa, enquanto talvez uns 15% ou 20% vivem no mesmo patamar da Bélgica, com as suas possibilidades e meios de consumo. De modo que podemos dizer que 250 ou 300 milhões de habitantes deste hemisfério, ou seja, aproximadamente três quartos de sua população, estariam mais ou menos na categoria de não pessoa.

Concordo plenamente com o que você falou. E ouvi com muito interesse sua colocação sobre as causas dessa situação. Seria longo explicar essas causas, mas a história conserva em suas entranhas a explicação de tudo isso que está associado com o colonialismo e a escravidão. As riquezas extraídas deste hemisfério serviram para financiar o desenvolvimento das grandes potências industriais da Europa e dos Estados Unidos. Como já lhe disse, a escravidão só desapareceu nos Estados Unidos um século depois da independência. Na base de tudo isso, estão o subdesenvolvimento, o neocolonialismo, as variadas formas de saques por meio do intercâmbio desigual, de políticas protecionistas, de dumping, da desumana exploração dos recursos naturais e humanos deste hemisfério, dos juros leoninos, das políticas monetárias e de um vasto conjunto de métodos de exploração, que mantêm na dependência, no subdesenvolvimento e na pobreza os países do Terceiro Mundo. Tal situação atinge mais diretamente a América Latina por possuir maiores níveis de desenvolvimento social, político, educacional e cultural, mais informações sobre as sociedades de consumo ocidentais, das quais se faz tanta propaganda em nosso hemisfério e, portanto, mais consciência de sua desigualdade e de sua pobreza do que em outras regiões do Terceiro Mundo, como África e Ásia, o que, do ponto de vista político e social, imprime a essa situação um caráter potencialmente mais perigoso e explosivo.

Acho muito interessante e concordo com sua observação de que o marxismo é uma importante contribuição ao desenvolvimento das ciências sociais. Os que, a partir de uma postura religiosa, se preocupam com essas questões, ao buscarem explicações e realizarem pesquisas utilizam, de certa forma, o marxismo como um instrumento de análise, já que toda pesquisa deve ter uma base e um método científicos. Não utilizam o marxismo para explicar problemas teológicos, metafísicos ou filosóficos, e sim fenômenos econômicos, sociais e políticos. É como quem faz o diagnóstico de uma doença e utiliza um recurso ou equipamento científico, não importa se produzido nos Estados Unidos, na França, na União Soviética, no Japão ou em qualquer outro país. A ciência, como tal, não tem ideologia. Um instrumento científico, um remédio, um equipamento médico ou industrial, uma máquina, não têm ideologia em si mesmos. Mas uma interpretação científica pode encerrar uma ideologia política; não me refiro a uma convicção religiosa.

Porém, quem hoje utiliza o marxismo como ferramenta, todos os teólogos da libertação ou só alguns? Não me encontro em condições de afirmar em que medida os teólogos da libertação utilizam o método de análise ou o instrumental marxista como uma ciência para as pesquisas sociais, mas sei que, atualmente, ele é utilizado por praticamente todos os cientistas. Por exemplo, leio muitas obras e pesquisas científicas, não precisamente sobre questões sociais, e sim estudos sobre a biologia, os astros, os planetas, a vida, a botânica, os minerais. Toda essa gente faz análise científica, independentemente de sua convicção religiosa. Durante certo tempo se negava a teoria da evolução, e alguns cientistas foram muito censurados por considerá-la válida. Antes, negou-se que a Terra era redonda e girava sobre si mesma e ao redor do Sol. Em se tratando do progresso científico do homem, há inúmeros exemplos de verdades científicas que foram rejeitadas de modo absoluto. Hoje, qualquer cientista, seja católico, evangélico, muçulmano, hindu, budista, norte-americano, japonês, chinês ou de qualquer nacionalidade, independentemente de sua convicção religiosa, lança mão da ciência para analisar determinado problema. E justamente por isso chegaram tão longe, descobriram as leis da genética e, atualmente, realizam a fantástica proeza de modificar a estrutura das células para criar novas espécies de seres vivos. Foi exatamente um monge, não sei se beneditino, Mendel,* quem descobriu as leis da genética. Outros investigaram mais profundamente e descobriram as mutações e suas causas; alguns foram mais longe ainda e penetraram as células, o seu núcleo, os seus cromossomos, analisaram o DNA e descobriram a programação genética de uma célula. E avançaram ainda mais, chegando a manipular alguns desses genes, transferindo-os de uma célula a outra. Ocorreu o mesmo com os que descobriram a fantástica energia dos átomos à base de cálculos matemáticos e de pesquisas físicas, os que exploraram o espaço e tornaram possível a sua conquista, os que desenvolveram a moderna farmacopeia, chegando a desenhar moléculas que jamais existiram na natureza e a produzi-las em laboratório, de tal modo que um antibiótico, que há trinta anos era produzido pelo cultivo de fungos, hoje se produz por síntese química, que prepara medicamentos mais perfeitos e eficientes do que os existentes de modo natural.

Faço-lhe toda essa longa explanação para dizer que, na análise de qualquer problema social, é preciso recorrer à ciência, e muitos desses cientistas usaram métodos — que em nada divergem da concepção marxista — para também interpretar os fenômenos da natureza, os fenômenos físicos e químicos, embora não os aplicassem para interpretar fenômenos filosóficos ou teológicos. Atualmente, esses cientistas utilizam a teoria da evolução natural e todas as leis descobertas pelos astrônomos, bem como as leis físicas, desde a da gravidade até as que regem o movimento das galáxias. Entre os que trabalham nesses campos científicos, seja na área da biologia ou da engenharia genética, muitos mundialmente famosos são protestantes, católicos, muçulmanos, judeus, hindus, budistas ou de outras religiões, ou inclusive ateus ou não crentes, ou se consideram agnósticos. De modo que o uso da ciência na pesquisa não é

---

* Gregor Mendel (1822-84), austríaco, era monge agostiniano. É considerado o pai da genética. Foi quem descobriu as leis da hereditariedade.

exclusivo dos teólogos da libertação, mas de todos os pesquisadores em todos os campos do saber humano. Posso constatar perfeitamente que o uso desses métodos científicos não está em contradição com a sua fé religiosa.

Eu lhe disse que preferiria dispor de mais tempo para realizarmos esta entrevista, precisamente porque tinha interesse em reunir mais informações e conhecimentos sobre o pensamento dos teólogos da libertação ou da Teologia da Libertação, como conhecer a fundo Leonardo Boff e Gutiérrez. Obtive bibliografia sobre eles, consegui reunir suas principais obras. Tenho interesse, não obstante meu enorme trabalho, em informar-me e conhecer a fundo o que eles pensam. Vimos que nem você tinha possibilidades de regressar a Cuba em data próxima, nem eu dispunha agora de muito tempo. Contudo, além do meu interesse em aprofundar meus conhecimentos sobre o tema, tenho alguma noção e informação, pois todos os dias de manhã, a primeira coisa que faço é ler um grosso volume de telegramas internacionais e, pelo índice, seleciono os que contêm importantes informações políticas, econômicas, científicas e médicas, e também as informações relacionadas com a Teologia da Libertação, as questões e polêmicas que ela suscita. Entretanto, para mim não é fácil emitir uma opinião sobre essas questões. Posso opinar mais facilmente sobre questões relacionadas com o movimento revolucionário, o movimento comunista, a situação econômica internacional ou os temas políticos em geral, porque é o campo em que desenvolvo minhas atividades e, portanto, no qual me sinto com mais direito e liberdade para opinar. Mas tratando-se de um problema dessa índole, de questões que têm a ver com a Igreja e a sua política interna, sinto-me no dever de ser muito cuidadoso e evitar emitir opiniões que venham a criar polêmicas ou divisões dentro de uma corrente religiosa, ou tomar partido em torno de pontos que estão em discussão. Para vocês, cristãos, é muito mais fácil. Nos telegramas internacionais leio diferentes pronunciamentos feitos na Europa, na América Latina e em outras partes. Tendo em vista a índole da questão, evitamos fazer considerações ou nos imiscuir nela. Evidentemente, isso não significa que não tenhamos nossa própria avaliação dos fatos e dos pronunciamentos. Todavia, penso o seguinte: a Igreja é uma instituição muito antiga, tem quase 2 mil anos.

A mais antiga que existe no Ocidente.

Acho que os budistas e os hindus são bem mais antigos.

Sim, mas não como instituição.

Correto, como instituição é possível. A Igreja pode ser a mais antiga e passou por muitas provas difíceis: cismas e divisões, das quais inclusive surgiram outras Igrejas, como a Igreja Ortodoxa. Posteriormente, com a Reforma, surgiram outras Igrejas. Não há dúvida de que a pedra de são Pedro, sobre a qual se edificou a Igreja Católica, é uma pedra sólida, resistente. No decorrer da história, essa instituição demonstrou experiência e sabedoria, além de capacidade de adaptação às realidades do mundo. Ela enfrentou muitos desafios, desde o momento em que condenaram Galileu até a era nuclear e as viagens espaciais, as teorias das galáxias, as leis da evolução e os descobrimentos da biologia moderna, cujas proezas mencionei. Entretanto, surgiram sempre as explicações dos teólogos e os novos critérios religiosos, e foram dados passos inteligentes para adaptar a instituição a todas as grandes mudanças políticas, econômicas e sociais, e aos grandes descobrimentos científicos que ocorreram no mundo.

Igreja e controle da natalidade

Atualmente a Igreja enfrenta difíceis desafios, que requerem importantes adaptações. Eu não poderia dizer que estou inteiramente de acordo com certas posições da Igreja, como instituição, sobre uma série de problemas. Cito um exemplo: creio que é preciso se aprofundar mais em uma questão muito séria, que é o crescimento descontrolado da população. Soube que a Igreja agora se preocupa mais com essa questão, e sua posição atual não é a mesma de quando eu era estudante do ensino médio. De lá para cá houve importantes mudanças em certas concepções. Não estou muito menos promovendo ideias ou normas que se afastam dos princípios da Igreja ou de suas concepções teológicas; porém, considero necessário abordar de modo realista problemas importantíssimos do nosso tempo, e um deles é como enfrentar a exigência de controle da natalidade, o que, em alguns países, gerou divergências e sérios conflitos políticos. Certa vez falei sobre isso com um cardeal africano, o arcebispo de Benin, que se encontra em Roma, e lhe disse: "Olhe, ainda bem que a Igreja Católica não tem muita influência na China e na Índia", porque esses países, um com mais de 1 bilhão de habitantes e outro com cerca de 700 milhões, com recursos relativamente limitados, precisam se preocupar seriamente com o controle da natalidade. E essas são questões tão vitais que não devem entrar em contradição com as convicções religiosas, pois a Igreja deve resolver problemas complexos e evitar choques traumáticos entre a fé dos católicos e suas realidades.

Um pequeno esclarecimento, comandante. Por princípio, a Igreja Católica aceita, atualmente, o controle da natalidade dentro do conceito de paternidade responsável, ou seja, aos pais cabe a decisão do número de filhos que querem ter e dos quais têm a obrigação de prover a realização plena da vida. Na Igreja, a discussão é quanto aos métodos de controle da natalidade. Entretanto, há uma preocupação política que me parece muito importante e justa, e que visa a não facilitar demasiadamente o controle da natalidade sem uma profunda discussão, pois quem pretende ter a hegemonia desse controle, como já ocorre em nossos países capitalistas, é o Banco Mundial, a política estadunidense de esterilização das mulheres pobres nos centros de saúde. Uma mulher vai ali com dor de cabeça, ou por um problema de gravidez, e imediatamente a esterilizam. Portanto, devido a essa prática, temos que ter cuidado.

É claro que jamais estarei de acordo com as iniciativas do imperialismo e com seus métodos para manter a dominação sobre nossos países. Aliás, considero a esterilização forçada uma das mais brutais violações que se possa realizar contra a pessoa. Discordo inteiramente disso. Não estou sugerindo soluções, apenas aponto um problema real do nosso tempo. Não fiquei sabendo quando se estabeleceu esse critério, esse conceito de paternidade responsável. Quando foi isso?

Depois do Concílio Vaticano II, em 1965, se aprofundou essa discussão.

E quando se chegou a definir esse conceito?

No pontificado de Paulo VI, com a encíclica Humanae Vitae.*

Em que ano?

Não me lembro exatamente, pois ele esteve uns quinze anos como papa.

Seria então há mais de dez anos?

Sim, mais ou menos.

Quando conversei com o cardeal de Benin já existia, portanto, esse conceito?

---

* Paulo VI exerceu o papado por quinze anos (1963-78). A encíclica *Humanae Vitae* foi divulgada em julho de 1968.

Quando foi a conversa?
Há mais de dez anos. Ele não me falou desse conceito de paternidade responsável, embora eu tenha lhe manifestado minhas preocupações em torno do assunto. Citei um conjunto de problemas reais que observo no Terceiro Mundo e os possíveis conflitos de consciência entre a necessidade de se programar o crescimento da população e a posição tradicional da Igreja sobre o uso de meios anticoncepcionais, o que poderia trazer àqueles países, mais cedo ou mais tarde, consequências desastrosas. Nenhum país em desenvolvimento pode suportar ritmos de crescimento populacional de 2% ou 3% ao ano. Jamais sairia do abismo de pobreza e de sofrimento acumulados durante séculos. Penso que a Igreja deve ter uma posição realista, racional e razoável diante de problemas com tantas implicações políticas, econômicas, sociais e morais. É preciso levar em conta o índice de crianças que, a cada ano, morrem por falta de alimento no Terceiro Mundo. São milhares que morrem no primeiro ano de vida, e entre um e cinco anos, ou cinco e quinze anos. Milhões dos que sobrevivem a essas idades crescem com problemas físicos ou mentais, devido à desnutrição, o que é verdadeiramente inumano, cruel e trágico. Não é preciso imaginar inferno pior. Nem se pode esperar séculos para que imensas massas humanas, que não têm acesso à escola ou a alguém que lhes possa ensinar, adquiram sofisticadas noções morais de como um casal pratica a abstinência sexual, com o mesmo rigor e disciplina que em um convento. Não é realista. Penso que uma teologia, uma religião ou uma Igreja não pode ignorar essa tragédia. E se a Igreja não tem uma teoria política de como solucionar técnica, científica e socialmente o problema da alimentação, da educação, da saúde e da garantia de vida a todas as pessoas, ao menos deve ter uma teoria moral, racional, sobre a forma de uma família cristã, nessas condições, conduzir a questão.
Há pontos de franca discrepância nesses temas, se bem que os critérios que eu conhecia foram modificados em um sentido mais racional e viável, o que sem dúvida é de grande valor e importância para os nossos povos. Não me refiro a questões propriamente religiosas ou teológicas, mas a problemas reais de grande transcendência no terreno político e

social para todos os países do Terceiro Mundo e, de modo especial, para os da América Latina, onde a Igreja Católica tem tanta influência. Eu gostaria que a Igreja refletisse sobre todos esses problemas, acima de tudo, que fizesse reflexões serenas e profundas a respeito dos problemas econômicos e sociais dos países da América Latina e do Terceiro Mundo. A imensa tragédia que representa o que ocorre na realidade: a profunda crise econômica e a dívida do Terceiro Mundo, a exploração e o saque a que estão submetidos nossos povos, mediante um sistema de relações econômicas internacionais descaradamente egoístas e injustas. Gostaria de uma posição construtiva e solidária da Igreja em torno desses problemas que sofrem nossos povos. Seria uma contribuição de extraordinário valor à paz e ao bem-estar do mundo. Os recursos econômicos arrancados de nossos povos são empregados em gastos militares.

Não queremos nem podemos querer divisões no seio da Igreja. Gostaríamos de uma Igreja unida, apoiando as justas reivindicações dos povos do Terceiro Mundo e de toda a humanidade e, de modo especial, as da América Latina, onde estão ou estarão, dentro em breve, nesse ritmo de crescimento em que nos encontramos, a maioria dos católicos do mundo e dos mais pobres. Não me parece correto que, de fora da Igreja, tenhamos a pretensão de reformá-la ou melhorá-la. Nem me parece correto querer, de fora, promover divisões dentro dela. Em compensação, parece-me politicamente mais conveniente, tanto para ela quanto para nós, a solidariedade de uma Igreja unida com as aspirações mais profundas da humanidade. E o mais que poderia lhe dizer é que conservo a esperança de que tais problemas sejam solucionados de forma racional.

Eu acrescentaria: e de forma cristã e democrática.

Creio que esse conceito está implícito no racional, porque, se a forma não for democrática, não será inteiramente racional. Para mim seria estranho que o papa, por exemplo, dissesse como devemos organizar os partidos, aplicar ou não o centralismo democrático ou interpretar o marxismo-leninismo. Você poderia fazê-lo, se quisesses, e eu posso falar sobre isso o que bem entender. De modo que a esperança é que os problemas próprios da Igreja sejam resolvidos de maneira racional. A esperança é que a Igreja compreenda os sérios e dramáticos desafios atuais de nossos países e dê a eles o seu apoio. Não é preciso ser muito perspicaz para entender que simpatizamos plenamente — o que é absolutamente consequente com tudo que temos falado — com a opção da Igreja a favor dos pobres. É consequente com a análise histórica que fiz anteriormente, quando dizia que, através de séculos de feudalismo, colonialismo, escravização, extermínio e exploração dos homens, a Igreja não tomou posição contra essas grandes injustiças históricas. Ninguém pode ser mais fervorosamente partidário do que eu de que a Igreja tenha uma posição justa a respeito dos graves problemas sociais de nosso tempo e não repita de novo a omissão dos séculos passados. Já lhe disse com quanta admiração e satisfação observo que sacerdotes e bispos se aproximam dos pobres da América Latina e assumem como seus os problemas deles. E, sem dúvida, os teólogos da libertação foram os pioneiros dessa aproximação da Igreja com os pobres e o povo. Nesse sentido, é supérfluo expressar que vejo com profunda simpatia o esforço que fizeram esses homens — que poderíamos considerar iluminados — nessa direção. Por isso, o que me proponho não é avaliar as medidas que foram tomadas em relação a alguns deles, nem me meter no problema, mas sim me aprofundar e estudar a fundo as suas obras.

    Nesses dias, procurei reunir material. Não só já disponho de quase todas as obras de Boff e Gutiérrez, mas com muito interesse solicitei e obtive as cópias textuais dos discursos do papa João Paulo II em sua última viagem pela América Latina, especialmente os discursos na Guiana, às comunidades indígenas do Equador e aos favelados do Peru.* Como político e revolucionário que sou, li com atenção as notícias de seus discursos, sobretudo quando disse que é preciso terras para os camponeses, alimentos três vezes ao dia para todos os seres humanos, trabalho para todos os pais de família e saúde para todas as crianças. Uma notícia relatava que um favelado de Lima se aproximou do papa e, com muita fé,

---

* A viagem papal ocorreu de 26 de janeiro a 6 de fevereiro de 1985.

expressando os sentimentos de seus vizinhos, pediu apoio, queixando-se de que não têm trabalho, seus filhos passam fome e estão doentes, não têm remédios, e suas mulheres concebem tuberculosas. Estou convencido de que, nessas viagens pela América Latina, o papa percebeu a diferença que existe entre a abundância de bens materiais e o esbanjamento que se nota nas sociedades de consumo da Europa rica e desenvolvida — visíveis em cidades esplêndidas como Roma, Paris, Londres, Amsterdam e Madri —, e a espantosa pobreza, a massiva miséria à qual você se refere, que ele viu em cidades e campos latino-americanos, onde milhões de pessoas carecem dos mais elementares recursos de vida. Fiquei interessado por seus pronunciamentos e mandei providenciar os textos completos, pois quero conhecer bem o pensamento da Igreja sobre tais problemas. Não se pode ignorar sua enorme importância. E confesso-lhe que fiquei satisfeito com as preocupações manifestadas pelo papa nessa área. Pretendo estudar todo esse material e, no futuro, poderei falar-lhe mais amplamente, no plano político, sobre todos esses temas. Eu não gostaria de emitir um juízo superficial sobre os mesmos e, ao abordá-los, o farei pela ótica da política, sem a pretensão de fazê-lo pela ótica teológica.

Encerramos o diálogo quase onze da noite. O comandante aceitou o convite para comer, na casa em que estávamos hospedados, a canjiquinha de milho, com lombo e costelinhas de porco, feita por minha mãe, e o bobó de camarão preparado por mim. Outros amigos também estavam presentes. Umas quinze pessoas, entre cubanos, brasileiros, argentinos e chilenos. No decorrer da conversa descontraída, sobretudo a respeito da semelhança das culinárias cubana e mineira, Fidel Castro preferiu, entre as diversas bebidas, manter o seu pequeno cálice abastecido com a cachaça Velho Barreiro, que eu levara. Na sobremesa, o espera-marido — que alguns chamam de ambrosia —, feito por dona Stella, foi muito elogiado. O comandante pediu a receita. No dia seguinte, minha mãe lhe enviou uma travessa com o doce.

PARTE CINCO

A última parte da entrevista realizou-se no domingo, 26 de maio de 1985. Cheguei ao gabinete pouco antes das sete da noite, com o sol ainda forte em Havana. O dirigente cubano ofereceu-me uma pequena lembrança: um xerox de seu álbum de formatura do curso ginasial, no Colégio Belém, dos jesuítas. Ao lado de sua foto, aos vinte anos, sem barba, um texto-legenda:

FIDEL CASTRO RUZ
(1942-5)

Destacou-se sempre em todas as matérias relacionadas com as letras. Distinto e congregado, foi um verdadeiro atleta, defendendo sempre com valor e orgulho a bandeira do colégio. Soube conquistar a admiração e o carinho de todos. Cursará a carreira de Direito e não duvidamos que encherá com páginas brilhantes o livro de sua vida. Fidel tem madeira e não faltará o artista.

Fiz a primeira pergunta de nosso último período de trabalho.

Visita do papa

Neste domingo, comandante, nesta tarde alegre de muito sol em Havana, iniciamos a última etapa de nossas conversas sobre religião. Ontem, ao final do nosso diálogo, o senhor falava de seu interesse em conhecer profundamente, em detalhes, os discursos que o papa João Paulo II pronunciou durante sua última visita à América do Sul. Nestes últimos meses, a imprensa internacional tem especulado sobre a possibilidade de um encontro entre João Paulo II e o senhor. A revista 30Giorni, *porta-voz oficiosa da nova direita da Igreja na Itália, fez uma reportagem sobre essa hipótese, estampando na capa uma fotomontagem do senhor diante do papa. Pergunto-lhe, primeiro: efetivamente, há alguma iniciativa concreta de convidar o papa a vir a Cuba? Segundo, se houver o encontro, o que o senhor gostaria de dizer a João Paulo II?*

Sim, há tempos se fala da possibilidade de uma visita do papa a Cuba. Todos sabem que o papa João Paulo II é um homem muito ativo, de extraordinária mobilidade e que visitou inúmeros países. Suponho que essa mobilidade por diferentes nações e seu contato com as multidões sejam algo novo, inusitado. O papa se reveste de uma dupla condição: chefe da Igreja e chefe do Estado do Vaticano. De certa forma, sua atividade não é só de caráter pastoral, mas também política. Eu diria que, como político, observo com especial interesse sua capacidade de ação política, ou seja, de mover-se pelo mundo e entrar em contato com os povos. Sob a ótica política, é uma qualidade do papa. Imagino que, sob o ponto de vista da Igreja, como doutrina e fé religiosa, devem ter grande valor as atividades e os contatos do papa com os povos. Mas já lhe disse que, nesse campo, prefiro não opinar. Reconheço que o papa é um destacado político por sua mobilidade e contato com as massas. E o que nós, revolucionários, fazemos é nos reunir com as massas, falar-lhes e levar-lhes uma mensagem. Trata-se de um novo estilo de chefe da Igreja Católica. Nesse contexto, falou-se da possibilidade de uma visita do papa a Cuba, mas de concreto não há ainda absolutamente nada. Lembro-me de que, na ocasião em que o papa visitou o México...

Por ocasião da Conferência Episcopal em Puebla, no início de 1979.*

Penso que foi por volta dessa data. Em seu regresso a Roma, o papa teria que fazer uma escala. Solicitamos a ele que fosse em Cuba, mas, por sua vez, os cidadãos de origem cubana residentes em Miami pediram que fosse lá. Frente a essa situação, parece que o papa decidiu não fazer escala em Havana nem em Miami. Preferiu nas Bahamas, onde deve haver pouquíssimos católicos, pois, como antiga colônia inglesa, é possível que a religião predominante seja a protestante. Daquela vez, existiu uma possibilidade de contato conosco. Confesso francamente que a decisão dele não nos agradou, pois entendemos que somos nós a nação cubana, aqui está a nação cubana. Em Miami estão os que renunciaram à nação cubana para se tornarem cidadãos norte-americanos, em sua maioria. Ponderávamos — me parece, com muita lógica — que uma visita a Miami não seria uma visita a Cuba, mas sim aos Estados Unidos e aos que sentem e pensam como norte-americanos, toda aquela gente que cometeu horríveis crimes e torturas na época de Batista e conseguiu escapar, todos os malversadores, os que roubaram e exploraram este país e, depois, renunciaram a ele. Não digo que todos os que se encontram em Miami sejam latifundiários, esbirros do tempo de Batista, ladrões ou corruptos. Nem todos os que lá se encontram o são, mas todos os esbirros, corruptos e ladrões que conseguiram escapar encontram-se lá. Há um grupo de classe média, médicos, professores, administrado-

---

* De 27 de janeiro a 13 de fevereiro de 1979, reuniu-se em Puebla, México, a Terceira Conferência do Episcopado Latino-Americano, a cuja abertura esteve presente o papa João Paulo II.

res, engenheiros e alguns operários qualificados que preferiram os benefícios materiais, reais ou ilusórios, que poderiam obter nos Estados Unidos. Não se pode ignorar o fato de que se trata do país mais rico do mundo, mais desenvolvido e que, logicamente, dispõe de maior riqueza do que nós; mal distribuída, mas muito maior do que a nossa. Somos menos ricos, mas aqui a riqueza está mais bem distribuída. Há aspectos sociais de suma importância: aqui um cidadão está seguro em seu lar, não existe o risco de ser despejado; está seguro da ajuda que recebe da sociedade, como sua pensão; seguro quanto à educação dos filhos e quanto à saúde de toda a família. Está seguro de coisas que nem todos têm em Miami, onde muitos estão preocupados com quanto vão ganhar ou se podem obter vantagens materiais, como comprar barato um carro de segunda mão. Há gente que decidiu ir para os Estados Unidos por razões dessa ordem. Já lhe contei que enganaram algumas mães, disseram que íamos suspender o pátrio poder etc. Equivocadas, elas enviaram seus filhos para lá e, depois, foram se reunir a eles. Infelizmente, muitos daqueles filhos ou filhas são hoje delinquentes, prostitutas, encontram-se na cadeia ou vivem do jogo e da droga. Quando tomamos medidas aqui contra o jogo, muitos dos que viviam dessa atividade transferiram-se para os Estados Unidos, onde foram recebidos de braços abertos. Assim como os que se dedicavam à exploração de mulheres e aos prostíbulos, ou ao tráfico de drogas — atividades que foram erradicadas aqui. Devo dizer, com a mesma sinceridade, que foi para os Estados Unidos um considerável número de lumpens, de gente que não trabalhava nem queria trabalhar, a fim de viver como parasitas. E se foram como dissidentes... Não eram bem dissidentes, mas assumiram essa bem remunerada condição, embora o fossem em relação a uma Revolução que enaltece o trabalho e faz dele uma condição essencial de vida. Uns foram trabalhar para a CIA; outros, em diferentes atividades. Apesar de não considerarmos todos gatos do mesmo saco, eles não representam a nação cubana. Esta é representada pelos que aqui ficaram, lutaram, combateram, defenderam seu país, trabalharam por seu desenvolvimento e para solucionar problemas materiais e sociais que se acumularam durante séculos. Digo-lhe, francamente, que não nos agradou o fato de o papa não fazer uma rápida escala em nosso país naquela ocasião. Assim, não nos sentimos predispostos a insistir e reiterar convites para que o papa visite Cuba. Entretanto, são coisas que ficaram para trás e, agora, as circunstâncias são outras. De perguntas recentes feitas ao papa e de suas respostas, pode-se deduzir certo interesse em ter contato com o nosso povo. Que pensamos disso? Pelo que representa o papa e pelo que representa Cuba, uma visita desse tipo não se pode improvisar. Não me parece que deva ser uma visita comum e rotineira como a qualquer outro país, na medida em que Cuba simboliza um Estado que luta contra o imperialismo, é um país revolucionário, socialista e, neste momento, está rodeado de circunstâncias bem diferentes do resto dos países da América Latina. Porém, devo dizer-lhe que realmente nos honra o interesse do papa em visitar nosso país, quanto a isso não há nenhuma dúvida. Seria, além do mais, um ato de coragem, pois não pense que qualquer chefe de Estado se atreve a visitar Cuba, nem qualquer político, já que muitos chefes de Estado e políticos têm que tomar em consideração o que pensam os Estados Unidos e, portanto, temem represálias econômicas e políticas, temem desgostar a Casa Branca, porque necessitam da ajuda dela ou de créditos no Banco Mundial ou no Banco Interamericano, ou devem negociar com o Fundo Monetário etc. etc. Sabemos de muita gente que vê com simpatia as atividades de Cuba e, no entanto, é obrigada a levar em conta tais interesses antes de tomar a quase heroica decisão de vir aqui. Visitar Cuba se converte, de fato, em uma manifestação de independência. E, sem sombra de dúvida, consideramos o Vaticano uma instituição ou um Estado altamente independente. Nem por isso deixamos de apreciar a coragem de visitar nosso país. Contudo, achamos que essa visita deve ocorrer em condições mais propícias, de modo que seja útil tanto para a Igreja e o que ela significa, como para o nosso país e o que significamos. Estou absolutamente convencido de que a visita do papa seria útil e positiva para a Igreja, para Cuba e, inclusive, para o Terceiro Mundo em geral. Em muitos sentidos seria útil para todos os países, porém requer condições propícias e adequadas para o nosso encontro. Temos relações diplomáticas com o Vaticano realmente boas. Já lhe contei como um núncio papal ajudou, nos primeiros anos da Revolução, a resolver dificuldades surgidas com a Igreja Católica. Muitos de nossos documentos importantes, do ponto de vista econômico e social, que se referem aos problemas do Terceiro Mundo, são enviados como norma aos governos, aos chefes de Estado do Terceiro Mundo e dos países industrializados, salvo algumas exceções, pois não adianta enviar documentos ao governo de apartheid da África do Sul ou de Pinochet, no Chile, e a outros semelhantes. Aos demais governos são enviados, como o foram os documentos concernentes ao meu comparecimento à Assembleia das Nações Unidas, depois da VI Reunião de Cúpula dos Países Não Alinhados; o informe sobre a crise econômica internacional e sua incidência no Terceiro Mundo, apresentado em Nova Delhi, em 1983; alguns desses documentos em que analiso a dívida externa e a tragédia econômica e social dos países da América Latina e do Terceiro Mundo. É claro que sempre os envio à Santa Sé, ainda com maior interesse após analisar os pronunciamentos do papa. De modo que, na minha opinião — e penso que deverá haver coincidência de critérios entre o Vaticano e nós —, uma visita do papa a Cuba deve ocorrer quando as condições mínimas estiverem asseguradas, para que seja um encontro útil e frutífero, tanto para a Igreja como para o nosso país, pois estamos vivendo um momento excepcional e uma visita do papa não seria meramente protocolar. Sem dúvida, discutiríamos todas as questões que interessam ao papa sobre os católicos e a Igreja em Cuba. Estou certo de que será um tema de seu interesse, bem como entrar em contato e conhecer o nosso povo revolucionário. De nossa parte, o principal interesse seria analisar as questões que têm muita importância para os países subdesenvolvidos da América Latina, da Ásia e da África, os problemas que afetam o nosso mundo pobre, explorado e saqueado pelos países capitalistas industrializados, que atingem milhões de pessoas. É evidente que um encontro com o papa em nosso país teria a ver também com problemas que são de fundamental interesse para toda a humanidade, como os que se relacionam com a corrida armamentista e a paz. Nós reunimos a condição de país do Terceiro Mundo, de país em desenvolvimento, de país revolucionário e, além disso, de país socialista.*

E de país bloqueado.

Dessas quatro categorias, duas são similares, pois país revolucionário e país socialista têm uma conotação em comum. Além disso, sem querer entrar em outros aspectos, é preciso acrescentar a de um país que luta decididamente por sua independência, libertação e sobrevivência frente ao bloqueio. Portanto, considerando todas essas questões, sobretudo a paz, creio que poderia haver um diálogo muito útil, frutífero, interessante e sério entre o papa e nós. Tendo em conta também o nosso respeito ao Vaticano, à Santa Sé, à Igreja Católica, pois em nenhum momento a subestimamos, creio que, nessas circunstâncias, uma visita do papa ao nosso país teria muita significação e é algo que considero possível. Procuro analisar e considerar qual possa ser também o critério do Vaticano. Penso que meditará sobre todas essas questões e, depois de analisá-las, expressará seu ponto de vista no momento oportuno. Até agora, com certeza, não há nada de concreto, embora eu possa reiterar minha convicção de que, em tais circunstâncias, seria útil esse intercâmbio. Penso, por exemplo, que o tema da paz é importante, não porque o seja para nós, e sim porque estamos convencidos de que a busca da paz é importante para o mundo. Creio que também o é para a Igreja, pois, se houver novamente a catástrofe de uma guerra mundial, é provável que a Igreja perca seus rebanhos; e o rebanho, seus pastores. E isso é válido para todas as Igrejas do mundo, já que hoje se discute se a humanidade pode realmente sobreviver a uma guerra termonuclear. Creio que todos podemos contribuir, de uma forma ou de outra, para evitar essa catástrofe. Acho que a Igreja pode influir muito nisso e nós, com nossos conhecimentos, nossa informação, nossa experiência, nossas concepções

---

* Em janeiro de 1998, João Paulo II visitou Cuba por cinco dias, quando elogiou os avanços da Revolução nas áreas da saúde e da educação, e estabeleceu vínculos de amizade com Fidel Castro.

e nossos pontos de vista, podemos contribuir modestamente com o mesmo propósito.

Creio que, assim, respondo aos dois pontos de sua pergunta: se há algo concreto e que temas discutiríamos. Seria preciso indagar do papa sobre o que lhe interessaria discutir, embora eu suponha que lhe interessassem todos esses temas e, de modo especial, a questão das relações entre o Estado e a Igreja num país em que ocorreu uma profunda revolução, o que pode vir a acontecer em muitos outros países do Terceiro Mundo.

Figura de Jesus

Gostaria de ouvir a sua opinião sobre outra pessoa, uma pessoa muito mais importante e universal que o papa, uma pessoa muito mais discutida e amada do que o papa. Como o senhor vê a pessoa de Jesus Cristo?

Bem, já lhe contei a história de minha educação e de meus vínculos com a religião e a Igreja. Desde que tenho o uso da razão, o nome de Jesus Cristo foi um dos mais familiares na minha casa e na escola, durante minha infância e adolescência. Como lhe disse, ao longo de minha vida revolucionária, não cheguei a adquirir uma fé religiosa, porque todo o meu esforço e atenção consagraram minha vida à aquisição de uma fé política, à qual cheguei por minhas próprias convicções. Por minha própria conta, não me foi possível realmente obter uma concepção religiosa. Obtive, sim, uma convicção política e revolucionária. Nesse terreno político e revolucionário, jamais percebi uma contradição entre as ideias que sustento e as ideias daquele símbolo, daquela figura extraordinária que me foi tão familiar desde que me conheço por gente. Minha atenção sempre recaiu sobre os aspectos revolucionários da doutrina cristã e do pensamento de Cristo. Mais de uma vez, ao longo desses anos, tive a oportunidade de demonstrar a coerência existente entre o pensamento cristão e o pensamento revolucionário. Entre os diversos exemplos que já tomei, utilizei esta frase de Cristo: "É mais fácil um camelo passar no buraco de uma agulha do que um rico entrar no Reino dos Céus".* Já ouvi algumas pessoas dizerem, entre elas certos religiosos, que Cristo não

---

* Evangelho de Mateus 19,24.

se referia precisamente à pequena agulha que conhecemos, porque seria impossível um camelo passar por seu buraco, e que agulha significava outra coisa; portanto, a frase teria que ser interpretada de outra maneira.

Alguns estudiosos da Bíblia dizem que "agulhas" são as apertadas esquinas de Jerusalém, na Palestina, ou do centro de Beirute, nas quais os camelos dobravam com muita dificuldade. Porém, ninguém contesta a dificuldade de um rico entrar no Reino dos Céus... Do ponto de vista teológico, não significa, comandante, que Jesus discriminou os ricos, mas sim que ele fez uma opção pelos pobres. Ou seja, Deus decidiu encarnar-se em Jesus, em uma sociedade marcada pela desigualdade social. Ele poderia ter nascido em Roma, em uma família de imperadores, como poderia ter nascido em uma família judia proprietária de terras ou nos setores médios da época; porém, escolheu nascer entre os pobres, como filho de um operário da construção civil que, certamente, trabalhou na construção da Brasília de seu tempo, a cidade de Tiberíades, em homenagem ao imperador Tibério César, sob o qual nasceu Jesus. Tiberíades ficava às margens do lago de Genesaré, em torno do qual Jesus passou a maior parte de sua vida e exerceu suas atividades. O curioso é que não há uma só vez, em todo o Evangelho, que ele tenha ido àquela cidade.

Em Jesus há uma opção incondicional pelos pobres, porém, ele falava a todos, ricos e pobres, mas a partir de um lugar social específico: o lugar social dos interesses dos pobres. Portanto, seu discurso não era neutro, universalista, abstrato; refletia as aspirações das camadas oprimidas de seu tempo. Assim, para que um rico tivesse lugar junto a Jesus, tinha necessariamente que, primeiro, optar pelos pobres. Não há um só episódio, em todo o Evangelho, em que Jesus tenha um rico junto a si antes de impor-lhe, como condição, o compromisso com os pobres. Darei três exemplos. O primeiro, do homem rico, que era um santo porque cumpria todos os mandamentos. Contudo, Jesus lhe disse: "Só te falta uma coisa: vai, vende os teus bens, depois dá o dinheiro aos pobres e, em seguida, vem e segue-me".* Acho que muitos padres de hoje lhe diriam: "Olhe, se você cumpre todos os mandamentos, venha conosco, fique e, com o tempo, você irá melhorando." Mas como Jesus era um pouco mais radical do que nós, primeiro exigiu daquele homem: "Assume o teu compromisso com os pobres e, depois, venha".

* Evangelho de Marcos 10,21.

O segundo exemplo é o do homem rico que convidou Jesus à sua casa.* Jesus não tinha preconceitos, mas tinha coerência, e chegou à casa de Zaqueu, não para apreciar, quem sabe, a cerâmica da Pérsia ou as esculturas egípcias que ele possuía, e sim para dizer-lhe: "Zaqueu, você é ladrão e roubou os pobres". E Zaqueu, que queria ficar bem com Jesus, disse: "Hoje mesmo darei a metade dos meus bens aos pobres e quatro vezes mais a quem roubei". Portanto, a prática da justiça é a primeira condição do seguimento de Jesus.

O terceiro exemplo é a pregação de João Batista, que preparou a vinda de Jesus. Sua pregação começou pela prática da justiça, e os que queriam se converter não perguntavam em que deviam crer e sim o que deviam fazer. E João respondia: "Aquele que tem dois mantos, dê um a quem não possui nenhum; e aquele que tem um prato de comida, dê a metade a quem passa fome". Nesse sentido, a universalidade da pregação de Jesus é a partir de uma opção e de um lugar social e político bem específico, que é a causa dos pobres.

Ouvi com muito interesse o que você falou e vejo que tem forte conteúdo. Mas, se me permite, faço uma objeção matemática: um rico nunca poderia retribuir quatro vezes o que roubou, porque, como tudo que o rico possui foi roubado — se ele não roubou, o fizeram seus pais ou avós —, então é impossível multiplicar por quatro a retribuição, a menos que torne a roubar quatro vezes mais para cumprir a promessa.

*O senhor repete uma frase de santo Ambrósio, dos primeiros séculos.***

Fico feliz em coincidir com ele. Porém, como vejo? Talvez tenha havido má tradução da Bíblia, seja culpa dos tradutores que não levaram em conta o que significa, em espanhol, buraco de uma agulha. Entendo que muitas frases da Bíblia estão associadas ao meio circundante, à sociedade em que se vivia, aos costumes, mas não sei como se poderia comprovar esse caso. Alguém versado em religião e idiomas deve ter in-

---

* Evangelho de Lucas 19,1-10.
** "Não são teus os bens que distribuis ao pobre, são apenas os deles que lhes destinas. Pois o que fazes é usurpar só para teu uso o que é dado a todos e não aos ricos, porém, os que não usam propriedade são menos numerosos do que aqueles que a usam. Assim, de fato, o que fazes é pagar as tuas dívidas, e não, de forma alguma, distribuir larguezas gratuitamente." (*Patrologia latina*)

terpretado, com certa base, que se tratava do buraco da agulha que todos conhecem em nosso idioma, pois não há outro, já que nos países de fala hispânica não conhecemos sequer camelos, embora tenhamos certa ideia do que sejam. De qualquer maneira, me satisfaz essa interpretação dada pelos estudiosos, à qual você se referiu. E penso que é coerente com tudo o que Cristo pregou: em primeiro lugar, Cristo — como dizia você — não escolheu os ricos para anunciar a doutrina, escolheu doze pescadores pobres e humildes, ou seja, escolheu os trabalhadores, os proletários da época ou, na melhor das hipóteses, modestos trabalhadores que, por conta própria, pescavam com uma barquinha. Tratava-se de fato de gente muito humilde, como você dizia. Por vezes fiz alusões aos próprios milagres de Cristo e disse: bem, Cristo multiplicou os pães e os peixes para alimentar o povo. E precisamente o que queremos com a Revolução e o socialismo é multiplicar os peixes e os pães para alimentar o povo; multiplicar escolas, professores, hospitais, médicos; multiplicar fábricas e campos cultivados, centros de trabalho e a produtividade industrial, a agricultura e centros de pesquisas científicas. Às vezes me refiro à parábola daquele rico que empregou trabalhadores e, a uns, pagou um denário porque trabalharam todo o dia; a outros, também um denário porque trabalharam meio dia; e, a terceiros, ainda um denário, porque trabalharam metade da tarde. A parábola encerra uma crítica aos que não estão de acordo com tal retribuição.* Penso que se trata, exatamente, de uma fórmula comunista, está além do que adotamos no socialismo, pois este estabelece retribuir a cada qual de acordo com sua capacidade e seu trabalho, enquanto a fórmula comunista é retribuir a cada qual segundo suas necessidades. Pagar um denário a cada um dos que trabalharam naquele dia representa uma divisão de acordo com as necessidades, o que é uma fórmula tipicamente comunista.

Outras passagens da pregação de Cristo, como o Sermão da Montanha,** creio que não podem ser interpretadas senão na linha do que você

* Evangelho de Mateus 20,1-16.
** Evangelho de Mateus 5-7.

chama de "opção pelos pobres". Quando Cristo disse: "Bem-aventurados os que têm fome e sede de justiça, porque serão saciados; bem-aventurados os que sofrem, porque serão consolados; bem-aventurados os humildes, porque receberão a terra; bem-aventurados os pobres, porque deles será o Reino dos Céus", está claro que Cristo não ofereceu o Reino dos Céus aos ricos, e sim aos pobres. Não acredito que naquela pregação de Cristo possa haver também um erro de tradução ou de interpretação. Acho que Marx poderia ter subscrito o Sermão da Montanha.

Na versão de são Lucas, não somente são bem-aventurados os pobres, mas os ricos são malditos.

Não sei se isso está em alguma versão daquele sermão. Você diz que está em são Lucas. A que eu me lembro não diz "malditos os ricos".

O senhor conhece a de são Mateus, que é mais famosa.

Talvez era a que mais me convinha naquela época, para educar-nos em um espírito mais conservador. Você disse algo profundo, que o difícil é compreender como pode um rico entrar no Reino dos Céus, ao se considerar muitas coisas que caracterizam a mentalidade de um rico: falta de solidariedade, insensibilidade, egoísmo e, inclusive, os pecados dos ricos em todos os campos. Creio que realmente se mostrou, de modo claro, o que deve fazer um rico para ser bom cristão e alcançar o Reino dos Céus. Isso foi dito reiteradas vezes na pregação de Cristo.

Mártires cristãos e comunistas

É preciso levar em conta que líamos inúmeros livros de história e de literatura — uns escritos por leigos e outros por religiosos —, que narravam o martírio dos cristãos nos primeiros séculos. Todo mundo conhece aqueles episódios e lembro muito bem que, nos meus tempos de estudante, uma das coisas que mais orgulhavam a Igreja era o martirológio dos primeiros séculos. Não só dos primeiros séculos, mas também todo o martirológio ao longo da história da Igreja. Não há nenhuma dúvida — nem é questão de mera interpretação — em relação ao fato de o cristianismo ter sido a religião dos escravos, dos oprimidos e dos pobres que viviam nas catacumbas e eram vítimas dos mais terríveis castigos, levados ao circo para serem devorados pelos leões e por outras feras, sofrendo todo tipo de perseguição e repressão durante séculos. Era uma doutrina considerada revolucionária pelo Império Romano e alvo das mais cruéis perseguições, o que posteriormente sempre relacionei com a história dos comunistas, pois estes também foram, desde que o comunismo surgiu como doutrina política e revolucionária, vítimas de atrozes perseguições, torturas e crimes. A grande verdade histórica é que o movimento comunista tem uma legião de mártires em suas lutas pela transformação de um sistema social injusto. Em todas as partes, como os primeiros cristãos, os comunistas foram objeto de terríveis calúnias e feroz repressão. Sabemos o que historicamente ocorreu na Comuna de Paris,* quando os trabalhadores franceses, em fins do século XIX, pro-

---

* A Comuna de Paris foi um intenso movimento operário que criou a primeira re-

curaram instaurar o socialismo em sua pátria. Existem inúmeras obras com dados rigorosos sobre o heroísmo daquele pessoal, e os milhares de comunistas que foram torturados e assassinados pela burguesia e pelas classes opressoras, com o apoio do Império Alemão, que acabara de invadir a França. A história registra ainda quantos comunistas, socialistas, combatentes e militantes de esquerda foram fuzilados na Espanha depois da guerra civil, na Alemanha nazista e em todos os países da Europa sob ocupação nazista. Não apenas assassinaram milhões de judeus, partindo de injustas e ignominiosas concepções acerca de uma suposta raça superior, e de acusações e ódios totalmente desprovidos de qualquer racionalidade — que nasceram de vergonhosos preconceitos históricos —, mas também tudo o que cheirasse a comunista, encarcerando, torturando e fuzilando. Raros os comunistas que caíram em mãos dos nazistas e conseguiram sobreviver. A maioria lutou e morreu heroicamente. Na União Soviética, os nazistas assassinaram milhões de pessoas, incluindo velhos, mulheres e crianças, pelo simples fato de serem cidadãos de um país socialista. Entretanto, não só os nazistas mataram comunistas na Europa; a repressão capitalista torturou e matou comunistas, homens e mulheres de esquerda em todas as partes: na África do Sul, na Coreia do Sul, no Vietnã, no Chile, na Argentina, no Paraguai, na Guatemala, em El Salvador, no Sudão, na Indonésia, aqui em Cuba antes da Revolução, em dezenas de países nos quais as classes dominantes e exploradoras, no decorrer dos últimos 150 anos, temeram perder seus privilégios, exatamente como fizeram com os cristãos nos primeiros séculos de nossa era. Portanto, creio que se pode comparar a perseguição às ideias religiosas, que no fundo eram também ideias políticas dos escravos e dos oprimidos de Roma, e a forma sistemática e brutal de perseguição, nos tempos modernos, aos portadores de ideias políticas favoráveis aos operários e aos camponeses, personificados nos comunistas. Se houve um nome mais

---

pública proletária da história. Diante da capitulação do governo francês frente à Prússia, país com o qual estava em guerra, os operários se mobilizaram e implantaram a Comuna, baseada nos princípios socialistas da Primeira Internacional dos Trabalhadores. Devido à repressão, a Comuna durou apenas quarenta dias.

odiado pelos reacionários que o de comunista foi, em outra época, o de cristão.

Eu mesmo perdi um companheiro dominicano, frei Tito, que morreu no exílio, em consequência das atrozes torturas que sofreu no Brasil.* Hoje, ele é considerado símbolo das vítimas da tortura, pois os torturadores se introduziram em sua mente e ele, na França, via-os em toda parte, até que se enforcou, depois de um período muito sofrido, sobretudo porque manteve completo silêncio sob as torturas. Os torturadores lhe disseram: "Não vamos matá-lo; durante toda a sua vida, você suportará o preço de seu silêncio". Quero informá-lo que já estão publicados martirológios sobre os mártires da América Central e da América do Sul, sob as ditaduras militares. São os nossos santos populares. No Brasil, havia inclusive um operário que, por coincidência, se chamava Santo Dias,** e foi assassinado quando participava de uma greve. Hoje sua imagem está presente em muitas igrejas.

Você já me contou a história do dominicano que foi vítima de torturas e que resistiu com muita coragem a todos os sofrimentos. De fato, não só em países da Europa, da América Latina e do Terceiro Mundo ocorrem essas coisas, mas também nos Estados Unidos. Não podemos esquecer o macarthismo, as perseguições aos comunistas, excluídos de seus empregos e de inúmeras atividades, encarcerados, reprimidos, caluniados e, em alguns casos, conduzidos à cadeira elétrica. Tampouco podemos ignorar que o Primeiro de Maio surgiu em consequência do assassinato de operários em Chicago, que fizeram greve para defender suas reivindicações.*** Recentemente, a humanidade recordou comovida o bárbaro assassinato do casal Rosenberg.**** Sempre vi muita semelhança

---

* Sobre frei Tito de Alencar Lima (1945-74), ver meu *Batismo de sangue* (14. ed. Rio de Janeiro: Rocco, 2006), bem como o filme de mesmo nome dirigido por Helvécio Ratton. Ver ainda a biografia dele escrita por Leneide Duarte-Plon e Clarisse Meireles, *Um homem torturado: Nos passos de frei Tito de Alencar* (Rio de Janeiro: Civilização Brasileira, 2014).

** Santo Dias da Silva (1942-79), líder operário cristão, foi assassinado pela Polícia Militar de São Paulo durante um piquete de greve, em outubro de 1979.

*** O Primeiro de Maio foi instituído como Dia do Trabalhador devido à mobilização de operários em Chicago, em maio de 1886, reivindicando o turno de oito horas de trabalho. Vários foram assassinados em virtude da violenta repressão e seus líderes condenados à pena de morte e à prisão perpétua.

**** O casal Julius e Ethel Rosenberg foi executado na cadeira elétrica em 1953, em

entre a repressão sofrida pelos modernos revolucionários e a dos cristãos primitivos, sem encontrar nenhuma diferença entre a conduta dos opressores daquela época e os de agora. Os momentos do desenvolvimento da sociedade humana é que são diferentes: um situado na sociedade escravagista e outro, na sociedade capitalista. Eu não poderia identificar nenhuma contradição entre as pregações que tiveram tanta força naquele período e as nossas de agora. De modo que sinto muita simpatia por aquelas ideias, por aquela pregação, admiro a conduta e a história daqueles cristãos, nos quais vejo semelhança com a atitude dos comunistas de nossa época. Vi, vejo e continuarei vendo. Ao observar o esforço de vocês e o seu próprio trabalho, suas lutas, conferências e a de muitos homens religiosos como você na América, reafirmo ainda mais essa convicção.

O senhor disse, certa vez, que quem se distancia dos pobres se distancia de Cristo. Não sei se o senhor está consciente de que essa frase, além de muito conhecida, pode ser considerada o próprio fundamento da Teologia da Libertação. E, ao afirmar isso, o senhor coincidiu com uma frase de João Paulo II, na encíclica Laborem Exercens, *que trata do trabalho humano, na qual reafirma que a fidelidade da Igreja a Cristo se verifica por seu compromisso com os pobres.*

Disse isso há aproximadamente 25 anos, talvez 26, nos primeiros anos da Revolução, quando surgiram as dificuldades a que me referi, pois as classes privilegiadas quiseram utilizar a Igreja Católica contra a Revolução. Mais de uma vez fiz referência a esses problemas e à mensagem cristã, conforme registram os discursos. Em uma ocasião, de fato eu disse uma frase que posso reiterar e ratificar hoje, essa que você mencionou: "Quem trai o pobre, trai a Cristo".

Nova York, acusado de espionar segredos da bomba atômica para os russos. Jamais a Justiça apresentou provas convincentes.

Religião é ópio do povo?

Bem, comandante, eu gostaria de passar a outra pergunta. No movimento comunista, historicamente houve quem utilizasse uma frase de Marx, que se encontra em sua Contribuição à crítica da filosofia do direito de Hegel: *"A religião é o ópio do povo". Essa pequena frase foi convertida em dogma definitivo, absoluto, metafísico, acima de qualquer dialética. Em outubro de 1980, foi a primeira vez na história que um partido revolucionário no poder, a Frente Sandinista de Libertação Nacional, divulgou um documento sobre a religião, no qual faz uma crítica àquela afirmação tomada como princípio absoluto, dizendo textualmente: "Alguns autores afirmaram que a religião é um mecanismo de alienação dos homens e serve para justificar a exploração de uma classe sobre a outra. Tal afirmação tem, sem dúvida, um valor histórico, dado que em diferentes épocas a religião serviu de base teórica para a dominação política. Basta recordar o papel desempenhado pelos missionários durante o processo de dominação e colonização dos índios em nosso país. Entretanto, os sandinistas afirmam que nossa experiência demonstra que, quando os cristãos, apoiados em sua fé, são capazes de responder às necessidades do povo e da história, suas próprias convicções religiosas os levam à militância revolucionária. Nossa experiência demonstra que se pode ser cristão e, ao mesmo tempo, revolucionário consequente, e que não há contradição insolúvel entre as duas coisas". Comandante, o senhor acredita que a religião é o ópio do povo?*

Ontem lhe expliquei longamente as circunstâncias históricas em que surgiram o socialismo, o movimento socialista e as ideias do socialismo científico, o marxismo-leninismo, e como naquela sociedade de classes, de cruel e inumana exploração — em que, durante séculos, a

Igreja e a religião foram utilizadas como instrumentos de dominação, exploração e opressão —, surgiram tendências com duras e justificadas críticas à Igreja e à própria religião. Coloque-se no lugar de um revolucionário que toma consciência dessa situação e deseja modificá-la. Imagine, por outro lado, as instituições civis, proprietários de terras, nobres, burgueses, ricos, grandes comerciantes, a própria Igreja, todos praticamente coligados para impedir as transformações sociais. Portanto, é lógico, sobretudo considerando o uso da religião como instrumento de dominação, que os revolucionários tivessem uma reação anticlerical e até mesmo antirreligiosa. Creio que isso explica as circunstâncias nas quais surgiu aquela frase. Porém, quando Marx criou a Internacional dos Trabalhadores,* havia entre eles muitos cristãos. Também na Comuna de Paris havia muitos cristãos entre os que lutaram e morreram. Não há uma só frase de Marx excluindo aqueles cristãos, dentro da linha ou da missão histórica de levar adiante a revolução social. Se vamos mais além e recordamos todas as discussões em torno do programa do Partido Bolchevista, fundado por Lênin, você não encontra uma só palavra que exclua os cristãos do partido. A principal exigência é a aceitação do programa do partido como condição para ser militante. De modo que aquela frase tem valor histórico e é absolutamente justa em determinado momento. Neste momento, pode haver circunstâncias em que ela ainda seja expressão de uma realidade. Em qualquer país no qual a hierarquia católica ou a de outra Igreja esteja estreitamente associada ao imperialismo, ao neocolonialismo, à exploração dos povos e dos homens e à repressão, não devemos nos surpreender se alguém repetir que "a religião é o ópio do povo". Como se compreende perfeitamente que os nicaraguenses, por suas experiências e pela tomada de posição dos religiosos de seu país, tenham chegado àquela conclusão, a meu ver muito justa, de que, a partir de sua fé, os cristãos podem assumir uma posição revolucionária sem haver contradição entre a condição de cristão e a de revolucionário.

* Sobre o tema, sugiro consultar: <pt.wikipedia.org/wiki/Associa%C3%A7%C3%A3o_Internacional_dos_Trabalhadores>.

Portanto, de nenhum modo aquela frase tem ou pode ter o caráter de dogma ou de verdade absoluta. É uma verdade ajustada a determinadas condições históricas concretas. Creio que é absolutamente dialético e marxista tirar essa conclusão.

Em minha opinião, sob a ótica política, a religião não é, em si mesma, ópio ou remédio milagroso. Pode ser ópio ou maravilhoso remédio, na medida em que sirva para defender os opressores e exploradores ou os oprimidos e explorados. Depende da forma que aborde os problemas políticos, sociais e materiais do ser humano que, independentemente de teologias ou crenças religiosas, nasce e tem que viver neste mundo. De um ponto de vista estritamente político — e penso que conheço algo de política —, considero que se pode ser marxista sem deixar de ser cristão e trabalhar unido ao comunista marxista para transformar o mundo. O importante é que, em *ambos os casos*, sejam sinceros revolucionários dispostos a erradicar a exploração do homem pelo homem e a lutar pela justa distribuição da riqueza social, pela igualdade, fraternidade e dignidade de todos os seres humanos, isto é, sejam portadores da consciência política, econômica e social mais avançada, ainda que se parta, no caso dos cristãos, de uma concepção religiosa.*

---

* Destaquei *ambos os casos*, porque aqui houve uma supressão do texto original. Ao terminar a entrevista, a transcrição das gravações foi enviada a Fidel e a mim. Cada um cuidou de corrigir suas falas. Em setembro de 1985, retornei a Cuba. Fidel me contou que havia submetido o texto de nossa entrevista ao Birô Político, o que me surpreendeu, pois pensava, equivocadamente, que ele não se submetia a nenhuma instância. Acrescentou que membros do birô propuseram algumas mudanças no que ele dissera. Fidel fez questão de me dizer que havia "defendido nossos pontos de vista". Porém, uma única frase sofreu modificação por pressão do birô: quando ele concordou comigo que, assim como um cristão pode aceitar o marxismo sem deixar de ser cristão, "um marxista pode abraçar a fé cristã sem deixar de ser marxista". Essa última frase foi apagada do texto original. No entanto, se manteve a expressão "ambos os casos"...

Amor como exigência revolucionária

Comandante, o amor é uma exigência revolucionária?

É evidente, no sentido mais amplo da palavra. Em termos sociais, o que são a solidariedade e o espírito de fraternidade? Se nos remetemos à primeira grande revolução social dos últimos séculos, a Revolução Francesa, vemos que se levantaram três palavras de ordem: liberdade, igualdade e fraternidade. A liberdade, como lhe disse, foi aplicada de forma muito relativa. Significou liberdade para os burgueses e para os brancos, e não para os escravos negros. Inclusive os revolucionários franceses, após expandirem suas ideias pelo mundo, enviaram exércitos ao Haiti para sufocar a rebelião dos escravos que queriam liberdade. E depois da independência dos Estados Unidos, que ocorrera antes, continuaram a escravizar os negros, a exterminar os índios e todas aquelas atrocidades. De modo que a Revolução Francesa se limitou a libertar burgueses e brancos, e não estabeleceu nenhuma igualdade, por mais que se queira filosofar ou argumentar sobre a suposta igualdade em uma sociedade de classes. A pretensa igualdade entre um multimilionário e um mendigo de Nova York ou de qualquer lugar dos Estados Unidos, ou entre um milionário e um desempregado, não passa de uma igualdade meramente metafísica. E não creio que haja qualquer fraternidade entre o multimilionário norte-americano e o mendigo, o negro discriminado, o desempregado, a criança abandonada. É pura fantasia. E acho que, realmente, pela primeira vez na história do homem, os conceitos de liberdade real, igualdade e fraternidade, verdadeiramente integrais, só podem existir no socialismo. Esse preceito de amor ao próximo, do qual fala a Igreja, creio que se aplica e se realiza, de maneira muito concreta, na igualdade, na fraternidade e na solidariedade humanas que o socialismo possibilita, e no espírito internacionalista. Os cubanos que vão trabalhar em outras terras, como professores, médicos, engenheiros, técnicos e operários qualificados — e milhares estão dispostos a fazê-lo, nas condições mais difíceis; às vezes, à custa da própria vida, demonstrando, por lealdade a seus princípios, um supremo espírito de solidariedade —, creio que expressam a aplicação prática do respeito, da consideração e do amor aos semelhantes. Assim, penso que a revolução socialista levou a seu mais alto grau esse conceito, e a sociedade comunista terá de levá-lo a um grau mais alto ainda, porque o socialismo não cria a plena igualdade — já falamos disso anteriormente, no que se refere à retribuição —, mas oferece muito mais possibilidade do que o capitalismo. Aqui, por exemplo, antes só estudavam os filhos das famílias que tinham recursos, e hoje não há uma só criança, nos mais afastados recantos do país, filha de um camponês ou de um operário, que não tenha a oportunidade de frequentar as melhores escolas. Não há uma criança que não tenha professores ou oportunidade de frequentar excelentes instituições educacionais. Não há um só jovem que não tenha possibilidade de ir às universidades e de avançar tanto quanto seu talento lhe permite; possibilidade real, objetiva e não teórica ou metafísica. Conseguimos levar nossa sociedade a essa verdadeira igualdade de possibilidades. Contudo, na remuneração do trabalho, não podemos afirmar que haja plena igualdade, pois uns têm mais força física do que outros, uns têm mais talentos do que outros ou mais habilidades mentais. A fórmula socialista de retribuição a cada qual segundo a qualidade de seu trabalho não é ainda a fórmula comunista. Por isso, no Programa de Gotha,* Marx dizia que essa fórmula não superava os estreitos limites do direito burguês e que a sociedade comunista seria ainda mais igualitária.

* Sobre o tema, sugiro consultar: <pt.wikipedia.org/wiki/Cr%C3%ADtica_ao_Programa_de_Gotha>.

Nas sociedades socialista e comunista também se almeja o desenvolvimento espiritual do homem?

Sim, é claro, buscamos o mais amplo desenvolvimento material e espiritual do homem. É nesses termos que coloco quando falo de educação e de cultura. Você poderia acrescentar o desenvolvimento espiritual no sentido religioso. Nós colocamos como princípio que o indivíduo deve ter essa liberdade e essa possibilidade. Agora, creio que a nossa sociedade é realmente fraterna. Quando libertamos o homem da opressão, exploração e escravidão em determinadas condições sociais, lhe garantimos não apenas a liberdade, mas também honra, dignidade, moral, em suma, sua condição de ser humano. Não posso falar de liberdade em uma sociedade de classes, na qual existem gritantes desigualdades e sequer está assegurada a condição de verdadeira vida humana. Pergunte a um favelado em qualquer dos bairros miseráveis da América Latina, a um negro nos Estados Unidos ou a um pobre das sociedades capitalistas atuais. Essas são as minhas mais profundas convicções. Entendo que amor ao próximo é solidariedade.

Ódio de classe

Comandante, há dois conceitos que causam certa dificuldade aos cristãos: primeiro, o conceito marxista de ódio de classe; segundo, o de luta de classes. Peço-lhe para falar um pouco sobre isso.

A existência de classes sociais é uma realidade histórica, desde o comunismo primitivo, quando os homens começaram a acumular riquezas, terras e meios para explorar o trabalho de outros. As classes sociais, que não existiam na época do comunismo primitivo, em que praticamente tudo era comum, surgem como consequência do próprio desenvolvimento da sociedade humana. Depois surgem as diferenciações de classes, como na Grécia e Roma, sociedades historicamente conhecidas e erroneamente consideradas protótipos de democracia. Lembro que nos falavam da democracia ateniense, cujo povo se reunia em praça pública para discutir os problemas políticos. Ficávamos admirados: "Que maravilha, que beleza, que democracia exemplar e direta havia na Grécia!". Porém, as pesquisas históricas, ao se aprofundarem no conhecimento daquela sociedade, descobriram que em praça pública se reunia uma insignificante minoria de cidadãos. Eu mesmo me perguntava como podiam reunir todos os cidadãos em praça pública, se naquela época não existiam alto-falantes ou microfones... Quando eu era rapaz, havia na casa de minha família um contador muito culto, que sabia vários idiomas: francês, latim, um pouco de grego, alemão e inglês. Era o que consideramos um erudito. Muito afável comigo, conversávamos quando eu ia de férias, e ele me contava muitas histórias de Demóstenes, de Cícero, dos grandes oradores da Grécia e de Roma. Não sei se ele ou outro me contou que Demóstenes tinha dificuldades para falar, era meio gago, mas, como tinha força de vontade e disciplina, punha uma pedrinha sob a língua e, assim, superava o problema. Ele me narrava casos dos políticos da antiguidade e eu, que ainda cursava os primeiros anos do secundário, interessei-me por literatura e até consegui uma coleção dos discursos de Demóstenes. Parece que alguns daqueles discursos sobreviveram ao incêndio da Biblioteca de Alexandria, resistiram às invasões dos chamados bárbaros e a todas as vicissitudes históricas, e se conservaram ou foram reconstituídos por alguém. Eu tinha discursos de Demóstenes, de Cícero e de outros oradores e escritores da antiguidade. Creio que, de certo modo, aquele contador — era um espanhol asturiano chamado Alvarez — despertou meu interesse por essas questões. Lembro-me que, ainda bem jovem, li alguns livros desses personagens históricos. Hoje, analisando bem, confesso-lhe que não me agrada aquela oratória, era demasiadamente retórica e grandiloquente, apelava muito para o jogo de palavras. Depois, li outras obras de oradores. O tema tanto me interessava que deve ter havido poucos oradores na história dos quais eu não tenha lido algum livro. Como fruto daquelas leituras, vim a fazer praticamente tudo ao contrário do que faziam aqueles grandes e famosos oradores. Recordo-me, por exemplo, que mais tarde tive contato com Castelar. Que maravilha os discursos parlamentares de Castelar! Acho que hoje Castelar seria um fracasso completo em qualquer parlamento.* Imagino que Demóstenes e Cícero teriam, atualmente, grandes problemas se tivessem de analisar aquela sociedade. Naquela época, eu admirava a democracia ateniense, inclusive Roma com seu capitólio, seus senadores e todos aqueles personagens das instituições romanas que pareciam modelos. E, como lhe disse, depois compreendi que, na Grécia, era um pequeno grupinho de aristocratas que se reunia em praça pública para tomar decisões e, abaixo deles, havia uma enorme massa de cidadãos privados de direi-

---

* Emilio Castelar (1832-99), político e historiador espanhol, foi presidente do poder executivo da Espanha (1873-4).

tos — creio que os chamavam "metecos" — e, em nível ainda inferior, havia uma multidão de escravos. Era essa a democracia ateniense que, aliás, me lembra muito a democracia capitalista de hoje. Havia classes em luta: aristocratas, metecos e escravos.

Roma também era modelo. Hoje me lembra o império norte-americano, são parecidos em tudo, até no capitólio. Copiaram o capitólio que havia em Roma. Têm seus senadores, os poderosos senhores que discutem. De vez em quando, até assassinam seus césares. E têm bases militares, esquadras e forças de intervenção em todas as partes do mundo.

Têm inclusive o Nero deles, que promoveu uma fogueira na Filadélfia.*

Bem, se você se refere ao que fez a polícia ali recentemente... Poderíamos dizer que são "microneros", mas contam com o apoio das autoridades. Então, dispõem de exércitos, bases militares, esquadras, legiões em todas as partes do mundo e com grande requinte tecnológico. Promovem intervenções, guerras agressivas e a corrida armamentista, possuem multimilionários e mendigos, privam os negros de direitos e fazem alianças com todos os governos reacionários do mundo. O que havia em Roma? Classes sociais: patrícios, plebeus e escravos, todos em luta. Depois, na Idade Média, os nobres, burgueses e servos. Quem pode negar? Havia luta porque havia classes. Os burgueses não se resignaram a ficar toda a vida como cidadãos que impeliam o desenvolvimento da produção e, no entanto, privados de direitos. Depois da Revolução Francesa, tivemos burgueses e proletários: gente que era proprietária dos meios de produção e gente que simplesmente alugava sua força de trabalho. Existiam ainda as classes médias.

Durante um longo período histórico, a escravidão existiu, até pouco tempo, como instituição oficial. Em Cuba, quando acabou a escravidão? Se não me engano, em 1886.

E no Brasil, dois anos depois.

Nos Estados Unidos, foi abolida no século XIX, na década de 1860,

---

* À época desta entrevista, a polícia da Filadélfia, nos Estados Unidos, incendiou todo um quarteirão para expulsar de uma casa um grupo de ecologistas negros.

no início da Guerra Civil. E houve países nos quais se manteve, porque as pessoas eram escravizadas por causa de dívidas. Em Roma e na Grécia, por exemplo, quando o indivíduo não pagava a dívida, virava escravo.

As classes e a luta de classes não foram inventadas por Marx nem pelo marxismo. Marx simplesmente analisou, estudou e demonstrou a existência das classes nessa realidade histórica. Constatou que há leis que regem essas lutas e a evolução da sociedade humana. Não se pode atribuir ao marxismo a invenção das classes e da luta de classes. A culpada é a história, a maior responsável pelo problema.

Bem, sobre o ódio de classe: o que o engendra não é o marxismo-leninismo; ele não prega propriamente o ódio de classe, apenas atesta: existem as classes, a luta de classes, e essas lutas geram ódios. O que realmente gera ódio é a exploração, a opressão e a marginalização do homem. É a injustiça social que, objetivamente, gera o ódio, e não o marxismo. O marxismo apenas confirma que a luta de classes produz ódio. Não se trata de pregar o ódio de classe, mas de explicar a realidade social, o que ocorreu ao longo da história, e não exortar ao ódio. O marxismo explica o ódio que passa a existir quando se toma consciência de que se é explorado. Contei-lhe minha experiência pessoal e disse que não nutria ódio por aquela gente, pelas coisas que sofri, nem mesmo ao passar fome quando criança. De fato, até me alegro, pois me educou e preparou para a vida. É verdade que não guardo ódio. Se você analisa o pensamento revolucionário de Cuba e a nossa Revolução, nunca se pronunciou a palavra *ódio*. Tivemos um pensador de grande calibre: Martí. Aos dezessete anos, em um documento chamado *El Presidio Político en Cuba*, narrativa de seus sofrimentos e de suas alegações à República espanhola — que concedia direitos ao povo espanhol e os negava ao povo de Cuba, que postulava liberdade e democracia na Espanha, negando-as em Cuba, como sempre aconteceu, Martí tem frases extraordinárias, como esta: "Nem ao golpe do chicote, nem à voz do insulto, nem ao rumor de minhas cadeias, aprendi a odiar; deixe-me desprezá-los, já que não posso odiar ninguém". No decorrer de sua vida, Martí pregou a luta pela independência, pela libertação, e não o ódio ao espanhol. A experiência martiana demonstra como é possível pregar o espírito de luta, sem pregar o ódio aos que ele denominava seus "pais espanhóis". E asseguro que a nossa Revolução está muito permeada pelas ideias martianas. Nós, que somos revolucionários, socialistas, marxistas-leninistas, não pregamos uma filosofia do ódio. Isso não significa que tenhamos qualquer simpatia pelo sistema opressor e não lutemos contra com o máximo ardor. Porém, creio que damos uma prova cabal, que é a seguinte: assumimos uma tremenda luta contra o imperialismo, do qual recebemos todo tipo de agressões e ofensas e, no entanto, quando um cidadão norte-americano visita este país, todos o tratam com muito respeito e consideração. Realmente, não podemos odiar o cidadão norte-americano, embora sentindo repúdio e até mesmo ódio ao sistema. Na minha interpretação — e penso que é a mesma dos revolucionários marxistas —, não se trata de um ódio aos indivíduos, mas sim a um sistema iníquo de exploração. Martí, por exemplo, odiava o sistema espanhol, incitava o povo a lutar contra e, apesar disso, não falava de ódio ao espanhol. E olhe que muitos cubanos de valor lutaram e morreram no campo de batalha, sob indescritível crueldade. Portanto, o que pregamos é a repulsa, o desprezo e o ódio ao sistema e à injustiça. Não pregamos o ódio entre homens, pois não há dúvida de que eles são vítimas do sistema. Devemos combater o sistema, que odiamos, e os homens que representam aquele sistema. Creio que não há nisso nenhuma contradição com a pregação cristã, pois se alguém diz "ódio ao crime, à injustiça, ao abuso e à exploração", não vejo por que a doutrina cristã o censuraria. Condenar e combater o crime, a injustiça, a exploração, o abuso e a desigualdade entre os homens, não creio que isso seja contra a mensagem cristã e a religião. Como não estaria contra a religião lutar por direitos ou defender uma causa justa. Aliás, outro dia falávamos da história sagrada, na qual se descrevem inclusive lutas entre os anjos no Céu. Como ignorar as lutas na Terra?

Jesus denunciou fortemente os fariseus e chamou Herodes de "raposa".* Além disso, Jesus disse que devemos amar os inimigos, mas não disse que não devemos

---

* Evangelho de Lucas 13,31-5.

ter inimigos. E não há maior amor a um opressor que tirar-lhe a possibilidade de oprimir os outros.

Pode estar certo de que não vou, de jeito nenhum, discordar dessa sua interpretação. Fomos formados na ideia de que há uma luta constante entre o bem e o mal. O mal deve ser condenado. Embora eu não possa dizer que acredite nisso, ensinaram-nos que, no inferno, haveria um castigo para os responsáveis pelos crimes, pela injustiça, pelo mal e por todas essas coisas que precisamente combatemos. Poder-se-ia interpretar isso como manifestação de ódio? Digo a você o que penso: nunca senti ódio pessoal contra os outros. Não quer dizer que eu ame os inimigos, não cheguei a tanto, realmente não os amo. Ao analisar as leis da história e a posição social do indivíduo, verifico quantos favores predeterminaram sua condição de inimigo e a razão por que é inimigo. Pode haver explicações genéticas, biológicas, para o comportamento de um indivíduo que nasce com taras ou determinadas enfermidades. Creio que muitos criminosos são inteiramente psicopatas. Suponho que Hitler era doente, não consigo imaginá-lo como uma pessoa sã. Todos aqueles que conduziram milhões de pessoas aos crematórios eram doentes mentais. Portanto, concordo com o ódio ao nazismo e àqueles métodos repudiáveis. Acho que os responsáveis tinham que ser condenados, encarcerados ou até mesmo fuzilados, já que ocasionaram uma terrível desgraça ao ser humano. Entretanto, muitas vezes eu já disse: quando castigamos uma pessoa que cometeu um crime de sangue ou um contrarrevolucionário, ou um traidor da Revolução, não o fazemos por espírito de vingança, pois a vingança não tem sentido. De quem se vinga? Da história, da sociedade que criou aqueles monstros, das enfermidades que teriam levado aqueles indivíduos a fazer coisas terríveis? Portanto, não estamos nos vingando de ninguém. Lutamos e combatemos muito nesses anos e, no entanto, não podemos dizer que haja aqui um sentimento de ódio ou de vingança contra o indivíduo, pois muitas vezes ele é fruto, infelizmente, de um conjunto de situações e circunstâncias, e há um considerável grau de predeterminação em sua conduta. Lembro quando, no curso secundário, tivemos as primeiras aulas de filosofia. Uma das coisas que se discutiam era se o indivíduo estava predeterminado a fazer certas coisas ou se agia de modo absolutamente consciente da gravidade e da desgraça do que fazia, e se os atos eram de sua total responsabilidade. Discutíamos muito sobre isso. A tendência, na época, de acordo com o que se ensinava nos jesuítas, era de que não há predeterminação, e tudo é responsabilidade pessoal. Acredito que, muitas vezes, há uma mistura das duas coisas: há um importante fator que predetermina a conduta dos homens e há fatores de responsabilidade e culpabilidade, excetuando os casos de evidente enfermidade mental, pois há indivíduos que, como doentes mentais, matam. É muito difícil atribuir responsabilidades nesse caso. Há pessoas que receberam uma educação ou determinada ideologia que as impele a atitudes que são, de certo modo, predeterminadas. Assim, para nós — ao menos para mim, pessoalmente —, qualquer caso de atividade contrarrevolucionária ou reacionária de indivíduos em pleno juízo, ou quando se faz necessário condenar um sabotador, um traidor ou assassino, não o fazemos com espírito de ódio ou vingança, mas por exigência de defesa da sociedade e de sobrevivência da Revolução, e o que ela significa de justiça, bem-estar e benefícios para o povo. É como vejo a questão.

Se analisarmos as pregações de Martí e toda a sua história — e ele era um grande, brilhante e nobre lutador —, veremos que nunca falou de ódio. Nunca disse: "Devemos odiar o espanhol que nos oprime". E sim: "Vamos combater com todas as nossas forças, mas não devemos odiar o espanhol". A luta não é contra ele, é contra o sistema. Creio que nisso está a essência de nosso pensamento político. Penso que tampouco Marx odiou algum homem, nem Lênin odiou sequer o tsar. Odiava o sistema imperial tsarista, a exploração dos proprietários de terras e dos burgueses. Engels também odiava o sistema. Não pregaram o ódio contra os homens, mas contra o sistema. São esses os critérios e os princípios da luta de classes e do chamado ódio de classe, que não é o ódio de uns homens contra outros, mas sim ao sistema de classes, o que é diferente.

Democracia cubana

Comandante, em alguns ambientes cristãos há admiração pelas conquistas sociais e econômicas da Revolução Cubana, como a educação e a saúde. Mas dizem que em Cuba não há democracia como nos Estados Unidos e na Europa Ocidental, onde o povo participa das eleições e muda o governo. O que o senhor tem a dizer sobre isso? Há ou não há democracia em Cuba?

Olha, Frei Betto, sobre isso poderíamos falar longamente, mas acho que a nossa entrevista já se alongou bastante, e não devo abusar de seu tempo nem da paciência dos leitores. Realmente penso que toda essa suposta democracia é uma imensa e gigantesca fraude, literalmente. Recentemente, um entrevistador me perguntou...

De que país?

Norte-americano. De fato eram dois entrevistadores, um parlamentar e um professor universitário, que se propunham a publicar vários artigos e um livro. Diziam: "Há quem pense que o senhor é um ditador cruel", e afirmaram ainda mais do que isso... Para responder, recorri à lógica. Perguntei, primeiro, o que é um ditador. Respondi: "É alguém que toma decisões exclusivamente pessoais e governa por decreto". E acrescentei: "Reagan poderia ser acusado de ditador". Disse algo mais, com todo o respeito: "Inclusive o papa poderia ser acusado de ditador, pois ele governa por decreto, decide a nomeação de embaixadores, cardeais e bispos. São todas decisões exclusivamente pessoais do papa e ninguém até agora disse que é um ditador". Já ouvi críticas ao sistema interno da Igreja, mas nunca ouvi alguém dizer que o papa é um ditador. Expliquei o caso de Cuba: não nomeio ministros, embaixadores ou o mais humilde funcionário deste país; não tomo decisões unilaterais ou exclusivamente pessoais, e não governo por decreto. Como lhe falei anteriormente, temos uma direção coletiva, onde discutimos, desde que se iniciou o nosso Movimento, todos os problemas fundamentais. Frisei ainda mais: "O que eu tenho direito é de falar e argumentar no Comitê Central, no Birô Político, no Comitê Executivo do Conselho de Ministros e na Assembleia Nacional. E não quero mais direitos". Não neguei que tenho autoridade e prestígio junto ao partido e ao povo, assim como muitos outros companheiros, que são ouvidos em nosso país. Àqueles companheiros, sou eu quem primeiro os escuta. Salientei: "Realmente gosto de ouvir os demais e levar em conta seus pontos de vista". Depois de explicar tudo, indaguei: "Então, o que é crueldade?". Não podem ser cruéis homens que dedicaram toda a sua vida a lutar contra a injustiça, o crime, o abuso, a desigualdade, a fome, a miséria, a pobreza; a salvar vidas de crianças e doentes, a conseguir emprego para todos os trabalhadores, a assegurar alimento para todas as famílias. Falei ainda: "O que é cruel? Cruel realmente é o sistema capitalista, responsável pela existência de tanta miséria, tanta calamidade. Cruéis são o egoísmo e a exploração capitalista. Cruel é o imperialismo, que leva à morte milhões de pessoas. Quantas pessoas morreram na Primeira Guerra Mundial? Não sei se 14, 18 ou 20 milhões. E quantas morreram na Segunda Guerra? Mais de 50 milhões. E quem promoveu essas mortes e catástrofes? Além dos mortos, há os mutilados, os cegos, os inválidos, que somam outros milhões de pessoas. E quantos ficaram órfãos, quantos bens destruídos, quanto trabalho humano arrasado da face da Terra? Quem teve a culpa de tudo isso? O sistema capitalista, em sua luta pela divisão dos mercados e das colônias. Foi ele o responsável por milhões de mortos. Quem são realmente cruéis: os que lutam pela paz e para pôr fim a tanta miséria, tanta pobreza, tanta exploração, os que lutam contra o sistema, ou os que o apoiam e o mantêm? No Vietnã, os ianques mataram milhões de seres humanos e lançaram, contra aquele pequeno país, que lutava por sua independência, mais bombas que todas as utilizadas na Segunda Guerra, como já disse antes. Isso não é de fato cruel? Por acaso se pode chamar de democrático um sistema assim?

Expliquei ainda que Reagan foi eleito por apenas metade dos norte-americanos, com 30% dos votos daquela suposta democracia. E ele dispõe de poderes que jamais tiveram os imperadores romanos, pois um louco como Nero podia incendiar Roma — não sei se era verdade ou mentira de Suetônio,* se era histórico ou uma fábula do historiador, que diz que ele incendiou Roma e ficou tocando lira. Parece certo que os imperadores participavam dos jogos no circo, nos quais os lutadores se matavam e os cristãos eram devorados pelos leões. Os imperadores de hoje têm mais poderes, porque Reagan pode desencadear uma fogueira nuclear muito pior do que teria ocorrido em Roma sob Nero. Em uma fogueira nuclear, serão incinerados católicos, budistas, muçulmanos, hindus, partidários de Confúcio,** na China, e também os de Deng Xiao Ping*** e de Mao Tsé-tung.**** Cristãos, protestantes e católicos, ricos e pobres, mendigos e multimilionários, jovens e velhos, crianças e adultos, mulheres e homens, camponeses e latifundiários, operários e empresários, intelectuais, profissionais liberais, todos podem desaparecer nessa fogueira nuclear. Não creio que, nesse caso, Reagan tivesse tempo para tocar lira enquanto o mundo ardesse na fogueira nuclear, porque os cientistas já constataram que a vida humana desaparecerá da face da Terra em poucas horas ou minutos, exceto alguns insetos em condições de resistir às radiações nucleares. Dizem que as baratas têm grande resistência. Portanto, Reagan pode fazer deste mundo um mundo de baratas. Possui uma maleta com códigos nucleares e sabe que, se der uma ordem, desencadeará a guerra nuclear. De modo que os atuais imperadores têm muito

---

* Caio Suetônio Tranquilo (69 d.C.-141 d.C.), escritor romano, escreveu em 121 d.C. o célebre *A vida dos doze Césares*.

** Confúcio (551 a.C.-479 a.C.) foi pensador e filósofo chinês.

*** Deng Xiao Ping (1904-97) participou da Longa Marcha liderada por Mao Tsé-tung. Chefiou o Comitê Central do Partido Comunista da China entre 1982 e 1987. Foi quem introduziu na China o socialismo de mercado.

**** Mao Tsé-tung (1893-1976) liderou a Revolução Chinesa e dirigiu o país da data da vitória, em 1949, até sua morte.

mais poder que os de outrora. E chamam isso, que aparentemente nada tem de cruel, de democracia. Todos esses países que fazem tanta apologia da democracia — Inglaterra, Alemanha, Itália, Espanha, todos são membros da Otan [Organização do Tratado do Atlântico Norte]. Democracia que se caracteriza pelo desemprego: 3 milhões de desempregados na Espanha, 3 milhões na França, 3 milhões na Inglaterra e, na Alemanha, 2,5 milhões. Mas não quero entrar em muitos detalhes e admito que houve progressos; a Europa atual não é a da Idade Média das conquistas, a Europa que queimava vivos os dissidentes religiosos, a Europa das colônias. É a Europa do neocolonialismo e do sistema imperialista. Mesmo admitindo que houve progressos, não sei de que se orgulham tanto, se é dos progressos alcançados há alguns anos, quando ficaram livres do fascismo e dos massacres das últimas duas guerras mundiais que deflagraram. Entretanto, não os vi fazer, de forma clara e decidida, a crítica histórica dos séculos de escravidão, exploração e atrocidades a que submeteram o mundo. E vejo que ainda o submetem a uma grande opressão, a começar por terem um desenvolvimento financiado pelo ouro que roubaram das antigas colônias, além do sangue e suor de homens, mulheres e crianças, às custas dos quais instalaram a sociedade capitalista que, como disse Marx, nasceu jorrando sangue por todos os lados. Não sei de que podem se orgulhar tanto e como podem se considerar mais democratas do que nós — os escravos de ontem, os colonizados de ontem, os explorados de ontem, os sobreviventes dos que ontem foram exterminados, os que vivemos nestas terras apropriadas pelas grandes empresas dos Estados Unidos e de outras potências imperiais, que também tomaram conta das minas e dos demais recursos de vida dos nossos países. Em Cuba, lutamos e nos libertamos de tudo aquilo; hoje, somos donos de nossas riquezas e do fruto de nosso trabalho, dos quais não só desfrutamos, mas partilhamos com outros países. Já não somos escravos, colonizados, neocolonizados, explorados; nem os analfabetos de ontem, os doentes de ontem e os mendigos de ontem. A partir de uma verdadeira revolução social, unimos todo o povo: operários, camponeses, trabalhadores manuais e intelectuais, estudantes, jovens e idosos, homens e mulheres. Por consagrar nossa vida aos interesses do povo, sempre contamos com o apoio decidido e a confiança da imensa maioria de nossos compatriotas. Não se pode dizer, desses governos ocidentais tão badalados, que contam com a maioria do povo. Talvez alguns dias depois das eleições. Geralmente se elegem graças a uma minoria. Reagan, por exemplo: em sua primeira eleição, votaram cerca de 50% dos eleitores; como havia três candidatos, ele obteve os votos de menos de 30% do conjunto de eleitores norte-americanos. Assim conseguiu vencer. Mas a metade dos norte-americanos não votou por não acreditar naquilo. Agora, na segunda eleição, Reagan não conseguiu muito mais de 30% dos que têm direito a votar nos Estados Unidos. Outros se elegem com a maioria de 50% mais um dos que têm direito ao voto; em geral, esse apoio não dura mais que um ou dois anos e logo começa a declinar. É o caso da primeira-ministra da Inglaterra, do presidente da França, dos primeiros-ministros da Itália, da Alemanha, da Espanha ou de qualquer outro país do Ocidente. Poucos meses depois de eleitos, passam a governar com o apoio da minoria do povo. No entanto, são tidos como modelos.

Eleições em Cuba

Uma eleição a cada quatro anos! Os que há quatro anos votaram em Reagan já não podem intervir na política dos Estados Unidos, simplesmente porque Reagan faz o orçamento de guerra, prepara a guerra nas estrelas, fabrica todo tipo de foguetes e de armas, cria toda espécie de complicações, intervém e invade países, envia os marines a qualquer parte, sem ter que consultar absolutamente ninguém. Com suas decisões exclusivamente pessoais, sem pedir nenhuma opinião a seus eleitores, ele pode levar o mundo à guerra. Eu lhe asseguro que, neste país, sobre questões importantes jamais se tomam decisões exclusivamente pessoais, porque temos uma direção coletiva, na qual elas são discutidas e analisadas. Em nossas eleições, participam mais de 95% dos eleitores. Os candidatos são indicados pela base, pelos delegados das circunscrições eleitorais. Nas grandes cidades, cada circunscrição reúne cerca de 1500 cidadãos, em outras cidades, mil, e na zona rural, ou em circunscrições especiais, menos de mil. Esses cidadãos elegem um delegado (vereador), indicado pelos próprios vizinhos. Há no país cerca de 11 mil circunscrições, ou seja, um delegado para cada 910 cidadãos. Esses delegados não são indicados pelo partido, e sim diretamente pela assembleia de vizinhos, que pode indicar, em cada circunscrição, um mínimo de dois e um máximo de oito. Elege-se quem obtém a metade mais um dos votos; caso contrário, há um segundo escrutínio. São esses delegados que elegem os que integram o Estado em Cuba: o poder municipal, o poder provincial (estadual) e os deputados da Assembleia Nacional. Mais da metade dos membros da Assembleia Nacional são deputados indicados e eleitos por delegados da base popular. Eu, por exemplo, pertenço à Assembleia Nacional, pois fui indicado e eleito pelos delegados de base do município de Santiago de Cuba, onde iniciamos a nossa luta revolucionária. Esses delegados de base são escravos do povo, pois trabalham arduamente em horas extras, nada ganham pelo exercício da política. Recebem apenas o salário de suas atividades profissionais habituais. A cada seis meses devem prestar conta a seus eleitores e podem ser cassados, em qualquer momento, pelos que os elegeram. Isso supõe a maioria do povo. Se a Revolução não tivesse a maioria do povo, o poder revolucionário não se manteria. Todo o nosso sistema eleitoral se sustenta na maioria do povo. Também as nossas concepções revolucionárias partem da premissa de que os que lutam e trabalham pelo povo, os que assumem a tarefa de construir uma revolução, terão sempre o apoio imensamente majoritário do povo porque, apesar do que se diz, não há ninguém mais gratificado e que reconheça mais o esforço que se faz do que o povo. Se em muitos países o povo vota em uma porção de gente que não merece, em uma revolução que se identifica com ele, em um poder que é seu poder, o povo assegura o mais completo apoio. Como já lhe falei, em Cuba o cidadão pode dizer: "O Estado sou eu", porque ele é o responsável, a autoridade, o exército, o que tem armas e poder. Quando se cria tal situação, é impossível que uma revolução não conte com a maioria do povo, quaisquer que sejam os erros cometidos pelos revolucionários — desde que saibam retificá-los rápida e oportunamente, se são homens e mulheres íntegros, e se se trata de uma verdadeira revolução. Por isso, afirmo que tudo isso que se fala é uma imensa e gigantesca mentira, já que não pode haver democracia e liberdade sem igualdade e fraternidade. O resto é ficção, é metafísica, como muitos dos supostos direitos democráticos, a exemplo da liberdade de imprensa, quando, na verdade, o que existe é a liberdade de propriedade dos meios de difusão. No mais famoso jornal dos Estados Unidos, seja o *Washington Post* ou o *New York Times*, um autêntico dissidente do sistema não pode escrever. Você pode analisar qualquer um dos dois partidos que alternadamente governam os Estados Unidos e monopolizam e postulam todos os cargos: não encontrará neles um só comunista. Como também não o encontrará escrevendo em nenhum dos jornais ou revistas importantes dos Estados Unidos. Nem o escutará falando por rádio ou televisão, nem em programas de costa a costa, pois jamais têm acesso aos meios de divulgação os que realmente divergem do sistema capitalista. Essa é uma liberdade para quem, dentro do sistema, está de acordo com ele. São os que formam, fabricam a opinião pública, inclusive as convicções políticas da população. No entanto, se chamam democratas. Somos um pouco mais honestos, aqui não há propriedade privada de meios de difusão. Estudantes, operários, camponeses, mulheres e demais organizações de massa, bem como o partido e o Estado, têm seus órgãos de difusão. Desenvolvemos a democracia por meio de nossos métodos de eleição do poder e, sobretudo, da constante crítica e autocrítica, da direção coletiva e da mais ampla e permanente participação do povo. Como já lhe falei, não nomeio nem um embaixador — embora possa opinar quando o propõem — ou um funcionário, pois existe todo um sistema de promoção a cargos e responsabilidades, baseado na capacidade e no mérito. Não tomo, não posso nem quero tomar decisões exclusivamente pessoais para designar um modesto funcionário do Estado. Com toda a franqueza, considero realmente o nosso sistema mil vezes mais democrático do que o dos países capitalistas avançados, incluindo os da Otan, que saqueiam o mundo e nos exploram do modo mais descarado. Nosso sistema é muito mais justo e democrático. É o que posso lhe dizer sobre isso e lamento se ofendi a alguém, mas você me obriga a falar com clareza e sinceridade.

Isso é bom, comandante, são virtudes cristãs.

Magnífico, concordo plenamente e assino embaixo.

Cuba exporta revolução?

Cuba exporta revolução?

Disso já lhe falei muitas vezes, Frei Betto. Mas farei uma síntese. Não é possível exportar as condições que favorecem uma revolução. Como exportar uma dívida externa de 360 bilhões de dólares? Como exportar um dólar supervalorizado a 30% ou 50%? Como exportar altas de juros equivalentes a mais de 10 bilhões de dólares? Como exportar medidas do Fundo Monetário Internacional? Como exportar o protecionismo, o dumping, o intercâmbio desigual, a miséria e a pobreza que existem nos países do Terceiro Mundo? E são esses precisamente os fatores que determinam as revoluções. De fato, elas não podem ser exportadas, ao menos por um país revolucionário. A política dos Estados Unidos, Reagan, o Fundo Monetário Internacional e o injusto sistema de relações econômicas internacionais são fatores fundamentais de subversão na América Latina e no Terceiro Mundo. Creio que é simplista, superficial e idealista falar de exportação da revolução. Podem-se gerar ideias, critérios, opiniões e divulgá-las pelo mundo. Quase todas as ideias que há no mundo foram geradas em um lugar e difundidas para outros.

Você falava das democracias. Esse conceito de democracia burguesa nasceu na Europa com os enciclopedistas franceses e, mais tarde, se estendeu pelo mundo. Aquelas não eram as ideias dos astecas, incas ou siboneys de Cuba. Bem, o próprio cristianismo não era a religião dos astecas, dos incas ou dos siboneys, e hoje é a religião de muita gente neste hemisfério. Nem sequer era nosso o idioma que falamos. E é justo lamentarmos a perda quase total da riqueza dos idiomas indígenas. Porém, uma das poucas coisas boas da colonização foi dotar-nos de um idioma por meio do qual falamos do México à Patagônia, inclusive entre brasileiros, cubanos, argentinos e venezuelanos, pois, apesar de pequenas diferenças, mais ou menos todos nós, latino-americanos, nos entendemos bem. Por acaso são autóctones o espanhol, o português ou o inglês falado nas ilhas do Caribe? Não, são importados, assim como todas as ideias filosóficas, políticas, religiosas e literárias que se espalharam pelo mundo. Não só as ideias, mas até o café, que veio de outro hemisfério, ou os produtos que se originaram aqui, como o tomate e o milho, e até um veneno, o tabaco, espalharam-se pelo mundo. Os cavalos que existem na América Latina, as vacas e os porcos, que hoje constituem importante fator de alimentação, vieram de outros continentes. Admito que as ideias se espalham, isso é histórico e ninguém pode negá-lo. Mas é infantil e ridículo falar da propagação de ideias exóticas. Estou convencido de que os reacionários têm um medo enorme dessas ideias. Se não ficassem tão aterrorizados, não fariam tantas campanhas antissocialistas, antimarxistas e anticomunistas. Podem-se divulgar ideias, mas não se podem exportar revoluções. As crises é que geram ideias e não as ideias que geram crises. Portanto, é uma prova de ignorância falar em exportar revolução. Pode-se manifestar simpatia, solidariedade e dar apoio político e moral a uma revolução. Até mesmo fornecer ajuda econômica, como Cuba recebeu quando triunfou a Revolução. Porém, por acaso alguém exportou a revolução para Cuba? Ninguém! Para fazer a Revolução, ninguém nos mandou um centavo do exterior, nem uma arma, exceto uns poucos fuzis na fase final, procedentes de um governo democrático da América Latina, recém-instaurado, quando a guerra já estava ganha.* Fizemos a guerra sozinhos, o que demonstra que só se pode fazê-la de forma au-

* Fidel jamais revelou o nome do país, mas tudo indica que se trata do México, onde se refugiaram os sobreviventes de Moncada e, ali, prepararam o embarque do *Granma* e a guerrilha de Sierra Maestra. Quando os Estados Unidos, através da Organização dos Estados Americanos (OEA), induziram todos os países da América Latina a romperem relações com Cuba, o México foi o único que não aceitou a imposição.

tônoma e não pode ser exportada, embora possa ocorrer o fenômeno da divulgação e da expansão das ideias revolucionárias, que não são mães das crises e sim filhas. É o que temos argumentado. Realmente, acho graça quando ouço alguém falar da tese de exportar revolução.

Relações com o Brasil

Comandante, já abusei muito de seu precioso tempo, mas, se o senhor permitir, faço-lhe mais duas perguntas. A primeira: o governo cubano deseja estabelecer relações com o governo brasileiro?*

Penso que entre nós e o Brasil há muitos interesses em comum. Entretanto, não pressionaremos para que sejam restabelecidas as relações diplomáticas. No que concerne às relações formais, temos dito aos brasileiros o mesmo que dissemos aos uruguaios e a outros, ou seja, façam o que mais convenha a seus interesses econômicos imediatos. Sabemos que estão em renegociações de suas dívidas e os ianques, que são os principais credores, ficam malucos ao pensar nessas possíveis relações. Não queremos que tenham dificuldades por causa de Cuba. Não temos o mesmo problema, e os Estados Unidos já não conseguem nos criar grandes dificuldades. Podemos esperar sem ansiedade e pressa que esses países escolham o momento mais oportuno para restabelecer as relações. Creio que assim demonstramos como é, de fato, sincera e desinteressada a política de nosso país. Não nos prejudica esperar. Eles devem conduzir a questão das relações com Cuba da forma mais conveniente a seus processos democráticos e à solução de seus problemas econômicos mais urgentes. Essa é a nossa posição.**

---

* O Brasil reatou relações diplomáticas com Cuba em 25 de junho de 1986.
** Estados Unidos e Cuba reataram relações diplomáticas em 2015, e reabriram suas respectivas embaixadas em 20 de julho do mesmo ano.

Ernesto Che Guevara

Faço a última pergunta, pensando na juventude brasileira. No Brasil, cerca de 80 milhões de habitantes têm menos de 25 anos. Entre esses jovens, há uma grande admiração por dois companheiros e irmãos seus: Camilo Cienfuegos e Ernesto Che Guevara. Peço suas impressões pessoais sobre os dois revolucionários.

É difícil sintetizar, mas posso dizer em poucas palavras que o Che era um homem de grande integridade pessoal, política e moral.

Quantos anos o senhor tinha quando o conheceu?

Conheci o Che quando saí da prisão e fui para o México, em 1955. Ele já tinha entrado em contato com os nossos companheiros que se encontravam lá. Vinha da Guatemala, onde vivera o drama da intervenção da CIA e dos Estados Unidos na derrubada do governo Arbenz,* e presenciado os crimes que lá se cometeram. Creio que conseguiu sair por meio de uma embaixada. Ele era recém-formado em medicina e havia deixado a Argentina uma ou duas vezes para percorrer a Bolívia e outros países. Vive aqui em Cuba um companheiro argentino que saiu com ele, o Granado, que trabalha conosco em pesquisa científica.** Foi quem o acompanhou em uma das viagens, quando estiveram em um

---

* Jacobo Arbenz (1913-71), eleito presidente da Guatemala em 1951, introduziu reformas estruturais no país, inclusive a agrária. Em 1954, foi derrubado por golpe de Estado monitorado pela CIA. Che Guevara, que atuava como médico no país, refugiou-se no México.

** Alberto Granado (1922-2011), médico e escritor, foi companheiro de Che Guevara em suas viagens pela América Latina na década de 1950. Radicou-se em Cuba depois da vitória da Revolução.

abrigo de hansenianos na Amazônia, como uma dupla de missionários, já médicos.

Ele era mais jovem que o senhor?

Creio que o Che nasceu em 1928, era mais jovem do que eu, talvez uns dois anos. Era autodidata, estudava muito o marxismo-leninismo e era convicto. Foi aprendendo com a vida, com a experiência do que via em muitos lugares, de modo que, quando encontramos com o Che, ele já era um revolucionário formado. Além disso, tinha muito talento, muita inteligência e grande capacidade teórica. É verdadeiramente lamentável que tenha morrido jovem, sem poder registrar em obras seu pensamento revolucionário. Escrevia muito bem, de forma realista e expressiva, assim como Hemingway, com poucas palavras e as palavras exatas. A tudo isso se somavam atributos humanos excepcionais, como companheirismo, desinteresse, altruísmo e coragem pessoal. É claro que, ao conhecê-lo, não sabíamos disso, mas tínhamos simpatia por aquele argentino — por isso o chamavam "Che" — que falava da conjuntura da Guatemala. Como ele mesmo já contou, conversamos um pouco e imediatamente concordamos que se integrasse à nossa expedição.

Vocês é que passaram a chamá-lo de Che ou ele já era conhecido por esse apelido?

Bem, eram os cubanos que o chamavam de Che, como chamariam qualquer outro argentino. Ocorre que o Che adquiriu tanta fama e prestígio que se apropriou do apelido. Assim o chamavam os companheiros, e foi por esse nome que o conheci. Foi como médico que se integrou à nossa expedição, e não como combatente. Claro, recebeu treinamento, algumas instruções de luta guerrilheira, e era disciplinado, um bom atirador. Gostava de atirar, assim como de esportes. Quase toda semana tentava subir o monte Popocatépetl,* embora nunca conseguisse chegar ao cume. Ele sofria de asma, o que tornavam meritórios seus esforços físicos.

---

* Com 5426 metros de altitude, o monte Popocatépetl se situa a setenta quilômetros da capital mexicana. Seu nome significa "montanha fumarenta".

Era bom cozinheiro como o senhor?

Bem, acho que sou melhor cozinheiro do que ele. Não digo que sou melhor revolucionário, mas cozinho melhor do que o Che.

No México ele preparava boas carnes. Claro, ele sabia preparar assados à moda argentina. Fazia-os em pleno campo ou nas prisões do México, onde estivemos juntos por nossas atividades revolucionárias. Já o arroz, o feijão, o espaguete, preparados de diversas maneiras, eram comigo. Embora ele soubesse um pouco de culinária,* o especialista era eu. Sou obrigado a defender meu orgulho profissional, como você faria ou como faria sua mãe, que é uma verdadeira cientista da cozinha. Che foi se revelando: qualidades humanas, intelectuais e — mais tarde, na guerra — militares. Era corajoso, tinha capacidade para chefiar. Às vezes era temerário, o que me forçava a exercer certo controle sobre ele, para evitar que fizesse algumas operações. Chegava a proibi-lo, pois quando começavam os combates, ele, que era muito persistente, se excitava muito. Ao perceber seu valor e sua capacidade, fiz com ele o mesmo que fizera com outros quadros: à medida que adquiriam experiência, eram reservados às operações estratégicas, deixando as missões táticas para os novos combatentes. Havia momentos em que, para certas operações simples, embora perigosas, eram destacados os novos combatentes, para que adquirissem experiência no comando de pequenas unidades, reservando-se os mais experientes para as missões estratégicas. Che tinha grande integridade moral. Demonstrou ser um homem de ideias profundas, trabalhador infatigável, cumpridor rigoroso e metódico de seus deveres e, sobretudo, ensinava com o próprio exemplo, o que é muito importante. Era sempre o primeiro em tudo, adequava-se estritamente às normas que pregava e tinha muito prestígio e influência com os companheiros. É uma das grandes figuras dessa geração da América Latina, e ninguém sabe o que teria realizado se houvesse sobrevivido. Desde o México, quando se incorporou ao nosso Movimento, ele me fez prometer-lhe que, depois da vitória da Revolução em Cuba, eu permitiria que ele fosse lutar por

---

* Foi Che Guevara quem introduziu a pizza em Cuba.

sua pátria ou pela América Latina. Assim, durante os vários anos em que assumiu aqui importantes responsabilidades, aquilo ficou sempre pendente. No fim, cumprimos o compromisso de não o reter, de não impedir seu regresso e de ajudá-lo naquilo que ele considerava seu dever. Naquele momento, não pensamos se a opção dele podia nos prejudicar. Cumprimos fielmente a promessa que lhe fizemos. Quando ele disse: "Bem, quero partir para cumprir uma missão revolucionária", respondi: "Correto, cumpriremos a promessa". Tudo foi feito em total sintonia conosco. O que depois se disse sobre supostas divergências com a Revolução Cubana eram infames calúnias. Ele tinha personalidade e seus critérios, discutíamos fraternalmente diversos temas, mas sempre houve uma sintonia, uma união completa em tudo e excelentes relações, pois era um homem de grande espírito de disciplina. Quando deixou Cuba, durante muito tempo circularam boatos de que havia problemas com o Che, e por isso ele estava desaparecido. De fato, ele se encontrava lutando na África, no Zaire, no antigo Congo Belga, em companhia de um grupo de internacionalistas cubanos, apoiando os seguidores de Lumumba,[*] após a morte desse importante dirigente africano. Che ficou lá vários meses. Procurava ajudar no que fosse possível, pois tinha muita simpatia e solidariedade para com os países africanos onde, além do mais, adquiria experiência adicional para suas futuras lutas. Ao fim daquela missão internacionalista, enquanto aguardava que se criasse um mínimo de condições na América do Sul, passou certo tempo na Tanzânia, e depois em Cuba.

Quando partiu, escreveu-me a famosa carta de despedida. Durante meses eu não quis divulgá-la, por uma simples razão: esperá-lo sair da África. Regressou a Cuba e, naquele período, com a nossa autorização, convocou um grupo voluntário de combatentes da Sierra Maestra. Depois de rigoroso treinamento junto a seus companheiros, foi para a Amé-

---

[*] Patrice Lumumba (1925-61) foi primeiro-ministro do Congo, eleito em 1960, e abraçou uma política anti-imperialista e pan-africana. Foi assassinado no ano seguinte pela CIA, que patrocinou o golpe de Estado encabeçado pelo coronel Mobutu.

rica do Sul.* Tinha a intenção de lutar não somente na Bolívia, mas em outros países, inclusive na Argentina. Essa é a razão pela qual escolheu aquele ponto. Todavia, durante aquele período foram promovidas muitas campanhas de intrigas contra Cuba, porém suportamos tudo e não divulgamos a carta. Só o fizemos quando se assegurou que Che entrara na região da Bolívia que escolhera. Para resumir, eu diria que, se o Che fosse católico e pertencesse à Igreja, teria todas as virtudes para que se fizesse dele um santo.**

---

* Ernesto Che Guevara, ao retornar da África para Cuba, passou por intensivo treinamento de disfarce, em Cuba, antes de se dirigir à Bolívia, via Brasil. Fidel promoveu um jantar, supostamente em homenagem a um empresário argentino, para o qual foi convidada Aleida Guevara, mulher do Che, que não o reconheceu.

** Na região boliviana de La Higuera, onde foi morto, Che Guevara é cultuado como santo.

Camilo Cienfuegos

Você quer saber ainda sobre outro companheiro, Camilo. Foi um homem do povo, um típico cubano, inteligente, animado, corajoso, que iniciou bem jovem sua missão revolucionária. Nos primeiros anos da luta contra Batista, teve contatos com os estudantes universitários e participou de algumas manifestações, nas quais foi ferido. Quando estávamos no México organizando a expedição, ele fez contato conosco, uniu-se ao nosso Movimento e retornou como combatente. Foi um dos sobreviventes do desembarque e logo se destacou por sua coragem e iniciativa, desde o nosso primeiro combate. Nosso primeiro combate vitorioso foi a 17 de janeiro de 1957, quando, com 22 homens, atacamos uma unidade combinada de soldados e marinheiros, que resistiram fortemente, até que foram mortos ou feridos. Socorremos os feridos, aplicamos neles os nossos medicamentos e os curamos. Naquele combate, Camilo sobressaiu como um grande soldado. Tinha um caráter diferente do Che: era um homem de ação, menos intelectual, mais alegre, mais brincalhão, mais caboclo. Contudo, era muito inteligente e muito político; apesar de ser menos rigorosamente asceta que o Che, também ensinava com o próprio exemplo. Como chefe, distinguiu-se em muitos combates por sua iniciativa, capacidade e coragem. Na fase final da guerra, o destacamos para uma missão estratégica: a invasão da província de Las Villas. Ele tinha, do mesmo modo, um carisma especial. Se você olha a estampa de Camilo, seu rosto e sua barba, é a mesma imagem que aparece na estampa de um apóstolo. Embora fosse capaz de enfrentar qualquer desafio, não chegava a ser temerário. É possível que o Che tivesse mais predestinação à morte, um certo fatalismo. Camilo não era assim, se bem que não temia qualquer missão e não oferecia nenhuma chance ao inimigo. Era um guerrilheiro nato e excelente. Foi o primeiro que desceu a Sierra Maestra com um pequeno grupo de guerrilha.

Nos primeiros meses da Revolução, Camilo fazia o mesmo que todos nós: andava em qualquer carro, viajava em qualquer avião ou helicóptero, sem nenhuma segurança. Camilo viajara comigo a Camagüey quando ocorreu a traição de Huber Matos,* que se uniu ao imperialismo, deixou-se envolver pelas classes reacionárias e promoveu uma conspiração contrarrevolucionária, que derrotamos sem disparar um tiro, graças ao povo. Eu ia pela rua em direção ao quartel de Camagüey, sem armas, acompanhado pelo povo, para desarmar os conspiradores. Sem nada me dizer e com a intenção de poupar-me de riscos — pois eu estava seguro de que os conspiradores, desmoralizados, não dispariam um só tiro —, Camilo se adiantou com a sua escolta, chegou ao regimento onde se encontrava Huber Matos, desarmou os chefes e assumiu o comando. Quando cheguei, ele já se encontrava lá. Como Camilo comandava o Exército Rebelde, devido à situação criada pela traição de Huber Matos, fez posteriormente outra viagem a Camagüey, em um avião pequeno. Regressou em uma tarde, no fim do verão, numa época de muitas tempestades, em condições meteorológicas inadequadas mesmo para aviões melhores.

Isso em que ano?

No primeiro ano da Revolução, em outubro de 1959.

Quantos anos ele tinha?

Era mais jovem do que eu. Tinha 27 anos ao morrer. Atualmente dispomos de aviões executivos, radares, uma eficiente organização e segurança nos voos; é possível saber o movimento das nuvens e acompanhar

---

* Comandante da Revolução Cubana, Huber Matos (1918-2014), dez meses depois da vitória dos guerrilheiros, se opôs aos caminhos da Revolução e liderou uma guerrilha visando a derrubada de Fidel. Preso, ficou vinte anos encarcerado em Cuba, tendo se refugiado posteriormente em Miami.

da terra cada voo. Naquele pequeno avião, Camilo regressou ao anoitecer, pelo norte da ilha. No dia seguinte, soube-se que ele havia decolado e não chegara. Aqui, todos nós tivemos acidentes de avião ou de helicóptero nos primeiros anos da Revolução. Eu tive, Raúl teve e muitos dirigentes tiveram. Quando soubemos que ele desaparecera, como todo o povo, fomos tomados por uma profunda consternação, uma imensa dor e uma grande tristeza. Eu mesmo percorri de avião todas as ilhotas ao redor de Cuba, o procuramos por terra, mar e ar; nunca apareceu. Surgiram infames calúnias e intrigas contra a Revolução, disseram que, por rivalidade, por ciúme, havíamos assassinado Camilo. O povo sabe, pois jamais se deixou enganar e nos conhece, as nossas normas, a nossa vida e os nossos princípios. Disse-lhe o que teria sido o Che se tivesse pertencido à Igreja, e posso lhe dizer de Camilo o que expressei por ocasião da morte dele, ao referir-me à sua origem humilde, à sua intensa atividade nos breves anos de sua vida revolucionária, revelando o infinito potencial do povo. Como mensagem de consolo e de alento ao povo, eu disse: "Há muitos Camilos no povo". Creio que a história desta Revolução e estes 26 anos demonstram que, de fato, há muitos Camilos no povo, assim como no povo argentino há muitos Ches, e em toda a América Latina há milhares de homens como Camilo e Che.

De nossa expedição de 82 homens que desembarcamos em Cuba, a 2 de dezembro de 1956, depois dos primeiros e difíceis revezes, reagrupamos uns catorze, quinze ou dezesseis homens, entre os quais havia brilhantes chefes, incluindo Camilo e Che. Onde se unem cem ou mil homens por uma causa nobre e justa, pode estar certo de que, entre eles, há muitos Camilos e muitos Ches.

Antes de encerrar esta entrevista, comandante, quero agradecer sua imensa generosidade em conceder-me tantas horas de seu precioso tempo, apesar de todas as suas tarefas. E quero expressar-lhe que estou pessoalmente convencido de que suas palavras, opiniões, ideias e experiência servirão, especialmente aos leitores cristãos, não somente de alento à esperança política deles, mas também de força para a sua vida cristã. Obrigado, comandante!

Muito obrigado.

*

Já era dia seguinte quando encerramos a longa entrevista. A certeza de ter em mãos um material inusitado e de grande interesse internacional e histórico fez com que me sentisse pequeno, como se carregasse um peso superior às minhas forças. Inundam-me uma fraternal admiração por Fidel e uma silenciosa oração de louvor ao Pai/Mãe.

Obras de Frei Betto

EDIÇÕES NACIONAIS

1. *Cartas da prisão: 1969-1973*. Rio de Janeiro: Agir, 2008. Essas cartas foram publicadas anteriormente em duas obras: *Cartas da prisão* e *Das catacumbas*, ambas publicadas pela Civilização Brasileira, no Rio de Janeiro. *Cartas da prisão*, editada em 1974, teve a sexta edição lançada em 1976. Fontanar, no prelo.

2. *Das catacumbas*. Rio de Janeiro: Civilização Brasileira, 1976 (3. ed., 1985) — esgotada.

3. *Oração na ação*. Rio de Janeiro: Civilização Brasileira, 1977 (3. ed., 1979) — esgotada.

4. *Natal: A ameaça de um menino pobre*. Petrópolis: Vozes, 1978 — esgotada.

5. *A semente e o fruto: Igreja e Comunidade*. Petrópolis: Vozes, 1981 — esgotada.

6. *Diário de Puebla*. Rio de Janeiro: Civilização Brasileira, 1979 (2. ed., 1979) — esgotada.

7. *A vida suspeita do subversivo Raul Parelo* (contos). Rio de Janeiro: Civilização Brasileira, 1979 (esgotada). Reeditada sob o título *O aquário negro* (Rio de Janeiro: Difel, 1986). Há uma edição do Círculo do Livro, de 1990. Em 2009, foi lançada nova edição revista e ampliada pela Agir, no Rio de Janeiro.

8. *Puebla para o povo*. Petrópolis: Vozes, 1979 (4. ed., 1981) — esgotada.

9. *Nicarágua livre: O primeiro passo*. Rio de Janeiro: Civilização Brasileira, 1980. Dez mil exemplares editados em jornalivro (São Bernardo do Campo: ABCD Sociedade Cultural, 1981) — esgotada.

10. *O que é Comunidade Eclesial de Base*. 5. ed. São Paulo: Brasiliense, 1985. Coedição com a Abril (São Paulo, 1985) para bancas de jornal — esgotada.

11. *O fermento na massa*. Petrópolis: Vozes, 1981 — esgotada.

12. *CEBs: Rumo à nova sociedade*. 2. ed. São Paulo: Paulinas, 1983 — esgotada.

13. *Fogãozinho: Culinária em histórias infantis* (com receitas de Maria Stella Libanio Christo). Rio de Janeiro: Nova Fronteira, 1984. (3. ed., 1985). Nova edição Mercuryo Jovem (7. ed. São Paulo, 2002).

14. *Fidel e a religião: Conversas com Frei Betto*. São Paulo: Brasiliense, 1985 (23. ed., 1987); São Paulo: Círculo do Livro, 1989; São Paulo: Fontanar, 2016.

15. *Batismo de sangue: Os dominicanos e a morte de Carlos Marighella*. Rio de Janeiro: Civilização Brasileira, 1982 (7. ed., 1985); Rio de Janeiro: Bertrand do Brasil, 1987 (10. ed., 1991); São Paulo: Círculo do Livro, 1982. Em 2000, foi lançada a 11ª edição revista e ampliada: *Batismo de sangue: A luta clandestina contra a ditadura militar — Dossiês Carlos Marighella & Frei Tito* (São Paulo: Casa Amarela), e, em 2006, a 14ª (Rio de Janeiro: Rocco).

16. *OSPB: Introdução à política brasileira*. São Paulo: Ática, 1985 (18. ed., 1993) — esgotada.

17. *O dia de Angelo* (romance). 3. ed. São Paulo: Brasiliense, 1987; São Paulo: Círculo do Livro, 1990 — esgotada.

18. *Cristianismo & marxismo*. 3. ed. Petrópolis: Vozes, 1988 — esgotada.

19. *A proposta de Jesus*. São Paulo: Ática, 1989 (3. ed., 1991). Catecismo Popular, v. I — esgotada.

20. *A comunidade de fé*. São Paulo: Ática, 1989 (3. ed., 1991). Catecismo Popular, v. II — esgotada.

21. *Militantes do reino*. São Paulo: Ática, 1990 (3. ed., 1991). Catecismo Popular, v. III — esgotada.

22. *Viver em comunhão de amor*. São Paulo: Ática, 1990 (3. ed., 1991). Catecismo Popular, v. IV — esgotada.

23. *Catecismo popular* (versão condensada). São Paulo: Ática, 1992 (2. ed., 1994) — esgotada.

24. *Lula: Biografia política de um operário*. São Paulo: Estação Liberdade, 1989. (8. ed., 1989). *Lula: Um operário na presidência*. ed. rev. e atual. São Paulo: Casa Amarela, 2003.

25. *A menina e o elefante* (infantojuvenil). São Paulo: FTD, 1990. (6. ed., 1992). Em 2003, foi lançada nova edição revista pela Mercuryo Jovem (São Paulo, 3. ed.).

26. *Fome de pão e de beleza*. São Paulo: Siciliano, 1990 — esgotada.

27. *Uala, o amor* (infantojuvenil). São Paulo: FTD, 1991 (12. ed., 2009).

28. *Sinfonia universal: A cosmovisão de Teilhard de Chardin*. 5. ed. rev. e ampl. São Paulo: Ática, 1997; 6. ed., Rio de Janeiro: Vozes, 2011.

29. *Alucinado som de tuba* (romance). São Paulo: Ática, 1993 (20. ed., 2000).

30. *Por que eleger Lula presidente da República* (cartilha popular). São Bernardo do Campo: FG, 1994 — esgotada.

31. *O paraíso perdido: Nos bastidores do socialismo*. São Paulo: Geração, 1993 (2. ed., 1993) — esgotada. *O paraíso perdido: Viagens ao mundo socialista*. Nova ed. rev. Rio de Janeiro, rocco, 2015.

32. *Cotidiano & mistério*. São Paulo: Olho d'Água, 1996 (2. ed., 2003) — esgotada.

33. *A obra do artista: Uma visão holística do Universo*. São Paulo: Ática, 1995 (7. ed., 2008); Rio de Janeiro: José Olympio, 2011.

34. *Comer como um frade: Divinas receitas para quem sabe por que temos um céu na boca*. Rio de Janeiro: Francisco Alves, 1996 (2. ed. 1997); nova ed. rev. e ampl. Rio de Janeiro: José Olympio, 2003.

35. *O vencedor* (romance). São Paulo: Ática, 1996 (15. ed., 2000).

36. *Entre todos os homens* (romance). São Paulo: Ática, 1997 (8. ed., 2008); *Um homem chamado Jesus*. ed. atual. Rio de Janeiro: Rocco, 2009.

37. *Talita abre a porta dos evangelhos*. São Paulo: Moderna, 1998.

38. *A noite em que Jesus nasceu*. Petrópolis: Vozes, 1998 — esgotada.

39. *Hotel Brasil* (romance policial). 2. ed. São Paulo: Ática, 1999; Rio de Janeiro: Rocco, 2010.

40. *A mula de Balaão*. São Paulo: Salesiana, 2001.

41. *Os dois irmãos*. São Paulo: Salesiana, 2001.

42. *A mulher samaritana*. São Paulo: Salesiana, 2001.

43. *Alfabetto: autobiografia escolar*. 4. ed. São Paulo: Ática, 2002.

44. *Gosto de uva: Textos selecionados*. Rio de Janeiro: Garamond, 2003.

45. *Típicos tipos: Coletânea de perfis literários*. São Paulo: A Girafa, 2004.

46. *Saborosa viagem pelo Brasil: Limonada e sua turma em histórias e receitas a bordo do Fogãozinho*. Com receitas de Maria Stella Libanio Christo. São Paulo: Mercuryo Jovem, 2004.

47. *Treze contos diabólicos e um angélico*. São Paulo: Planeta, 2005.

48. *A mosca azul: Reflexão sobre o poder*. Rio de Janeiro: Rocco, 2006.

49. *Calendário do poder*. Rio de Janeiro: Rocco, 2007.

50. *A arte de semear estrelas*. Rio de Janeiro: Rocco, 2007.

51. *Diário de Fernando: Nos cárceres da ditadura militar brasileira.* Rio de Janeiro: Rocco, 2009.

52. *Maricota e o mundo das letras.* São Paulo: Mercuryo Jovem, 2009.

53. *Minas do ouro.* Rio de Janeiro: Rocco, 2011.

54. *Começo, meio e fim* (infantojuvenil). Rio de Janeiro: Rocco, 2014.

55. *Aldeia do silêncio.* Rio de Janeiro: Rocco, 2013.

56. *O que a vida me ensinou.* São Paulo: Saraiva, 2013.

57. *Fome de Deus: Fé e espiritualidade no mundo atual.* São Paulo: Paralela, 2013.

58. *A arte de reinventar a vida.* Petrópolis: Vozes, 2014.

59. *Oito vias para ser feliz.* São Paulo: Planeta, 2014.

60. *Um Deus muito humano: Um olhar sobre Jesus.* São Paulo: Fontanar, 2015.

EM COAUTORIA

1. *Ensaios de complexidade.* Com Edgar Morin, Leonardo Boff e outros. Porto Alegre: Sulina, 1977 — esgotada.

2. *O povo e o papa: Balanço crítico da visita de João Paulo II ao Brasil.* Com Leonardo Boff e outros. Rio de Janeiro: Civilização Brasileira, 1980 — esgotada.

3. *Desemprego: Causas e consequências.* Com dom Claudio Hummes, Paulo Singer e Luiz Inácio Lula da Silva. São Paulo: Paulinas, 1984 — esgotada.

4. *Sinal de contradição.* Com Afonso Borges Filho. Rio de Janeiro: Espaço e Tempo, 1988 — esgotada.

5. *Essa escola chamada vida.* Com Paulo Freire e Ricardo Kotscho. São Paulo: Ática, 1988 (18. ed., 2003) — esgotada.

6. *Teresa de Jesus: Filha da Igreja, filha do Carmelo.* Com Frei Cláudio van Balen, Frei Paulo Gollarte, Frei Patrício Sciadini e outros. São Paulo: Instituto de Espiritualidade Tito Brandsma, 1989 — esgotada.

7. *O plebiscito de 1993: Monarquia ou república? Parlamentarismo ou presidencialismo?* Com Paulo Vannuchi. Rio de Janeiro: Iser, 1993.

8. *Mística e espiritualidade.* Com Leonardo Boff. Rio de Janeiro: Rocco, 1994 (4. ed., 1999); 6. ed. rev. e ampl. Rio de Janeiro: Garamond, 2005; Rio de Janeiro: Vozes, 2009.

9. *A reforma agrária e a luta do MST.* Com vários autores. Petrópolis: Vozes, 1997 — esgotada.

10. *O desafio ético.* 4. ed. Com Eugenio Bucci, Luis Fernando Verissimo, Jurandir Freire Costa e outros. Rio de Janeiro; Brasília: Garamond; Codeplan, 1997.

11. *Direitos mais humanos* (coletânea organizada por Chico Alencar). Com textos de Frei Betto, Nilton Bonder, d. Pedro Casaldáliga, Luiz Eduardo Soares e outros. Rio de Janeiro: Garamond, 1998.

12. *Carlos Marighella: O homem por trás do mito* (coletânea de artigos organizada por Cristiane Nova e Jorge Nóvoa). São Paulo: Editora Unesp, 1999 — esgotada.

13. *7 pecados do capital* (coletânea de artigos organizada por Emir Sader). Rio de Janeiro: Record, 1999 — esgotada.

14. *Nossa paixão era inventar um novo tempo: 34 depoimentos de personalidades sobre a resistência à ditadura militar* (coletânea organizada por Daniel Souza e Gilmar Chaves). Rio de Janeiro: Rosa dos Tempos, 1999.

15. *Valores de uma prática militante.* Com Leonardo Boff e Ademar Bogo. São Paulo: Consulta Popular, 2000. Cartilha n. 9 — esgotada.

16. *Brasil 500 anos: Trajetórias, identidades e destinos.* Vitória da Conquista: Uesb, 2000. (Série Aulas Magnas) — esgotada.

17. *Quem está escrevendo o futuro? 25 textos para o século XXI* (coletânea de artigos organizada por Washington Araújo). Brasília: Letraviva, 2000 — esgotada.

18. *Contraversões: Civilização ou barbárie na virada do século.* Com Emir Sader. São Paulo: Boitempo, 2000 — esgotada.

19. *O indivíduo no socialismo.* Com Leandro Konder. São Paulo: Fundação Perseu Abramo, 2000 — esgotada.

20. *O Decálogo* (contos). Com Carlos Nejar, Moacyr Scliar, Ivan Angelo, Luiz Vilela, Jose Roberto Torero e outros. São Paulo: Nova Alexandria, 2000.

21. *As tarefas revolucionárias da juventude.* Reunindo também textos de Fidel Castro e Lênin. São Paulo: Expressão Popular, 2000 — esgotada.

22. *Diálogos criativos.* Com Domenico de Masi e José Ernesto Bologna. São Paulo: DeLeitura, 2002; Rio de Janeiro: Sextante, 2006.

23. *Democracia e construção do público no pensamento educacional brasileiro.* Org. de Osmar Favero e Giovanni Semeraro. Petrópolis: Vozes, 2002 — esgotada.

24. *Por que nós, brasileiros, dizemos não à guerra.* Com Ana Maria Machado, Joel Birman, Ricardo Setti e outros. São Paulo: Planeta, 2003.

25. *A paz como caminho* (coletânea de textos organizada por Dulce Magalhães). Com

José Hermogenes de Andrade, Pierre Weil, Jean-Yves Leloup, Leonardo Boff, Cristovam Buarque e outros. Rio de Janeiro: Quality Mark, 2006.

26. *Lições de gramática para quem gosta de literatura*. Com Moacyr Scliar, Luis Fernando Verissimo, Paulo Leminsky, Rachel de Queiroz, Ignácio de Loyola Brandão e outros. São Paulo: Panda, 2007.

27. *Sobre a esperança: Diálogo*. Com Mario Sergio Cortella. Campinas: Papirus, 2007.

28. *40 olhares sobre os 40 anos da Pedagogia do oprimido*. Com Mario Sergio Cortella, Sergio Haddad, Leonardo Boff, Rubem Alves e outros. São Paulo: Instituto Paulo Freire, 2008.

29. *Dom Cappio: Rio e povo*. Com Aziz Ab'Saber, José Comblin, Leonardo Boff e outros. São Paulo: Centro de Estudos Bíblicos, 2008.

30. *O amor fecunda o Universo: Ecologia e espiritualidade*. Com Marcelo Barros. Rio de Janeiro: Agir, 2009.

31. *Oparapitinga: Rio São Francisco*. Com Walter Firmo, Fernando Gabeira, Murilo Carvalho e outros. Fotos de José Caldas. Rio de Janeiro: Casa da Palavra, 2002.

32. *Conversa sobre a fé e a ciência*. Com Marcelo Gleiser. Rio de Janeiro: Agir, 2011.

33. *Bartolomeu Campos de Queirós: Uma inquietude encantadora*. Com Ana Maria Machado, João Paulo Cunha, José Castello, Marina Colassanti, Carlos Herculano Lopes e outros. São Paulo: Moderna, 2012.

34. *Belo Horizonte: 24 autores*. Com Affonso Romano de Sant'Anna, Fernando Brant, Jussara de Queiroz e outros. Belo Horizonte: Mazza, 2012.

35. *Dom Angélico Sândalo Bernardino: Bispo profeta dos pobres e da justiça*. Com d. Paulo Evaristo Arns, d. Pedro Casaldáliga, d. Demétrio Valentini, frei Gilberto Gorgulho, Ana Flora Andersen e outros. São Paulo: ACDEM, 2012.

36. *Depois do silêncio: Escritos sobre Bartolomeu Campos de Queirós*. Com Chico Alencar, José Castello, João Paulo Cunha e outros. Belo Horizonte: RHJ, 2013.

37. *Nos idos de março: A ditadura militar na voz de dezoito autores brasileiros*. Com Antonio Callado, Nélida Piñon, João Gilberto Noll e outros. São Paulo: Geração, 2014.

38. *Mulheres*. Com Affonso Romano de Sant'Anna, Fernando Fabbrini, Dagmar Braga e outros. Belo Horizonte: Mazza, 2014.

39. *Advertências e esperanças: Justiça, paz e direitos humanos*. Com frei Carlos Josaphat, frei Henri Des Roziers, Ana de Souza Pinto e outros. Goiânia: PUC Goiás, 2014.

40. *Marcelo Barros: A caminhada e as referências de um monge*. Com d. Pedro Casaldáli-

ga, d. Tomás Balduino, Caralos Mesters, João Pedro Stédile e outros. Recife: Edição dos Organizadores, 2014.

EDIÇÕES ESTRANGEIRAS

1. *Dai soterranei della storia*. Milão: Arnoldo Mondadori, 1971 — esgotada.

2. *Novena di San Domenico*. Brescia: Queriniana, 1974.

3. *L'Église des prisons*. Paris: Desclée de Brouwer, 1972.

4. *La Iglesia encarcelada*. Buenos Aires: Rafael Cedeño, 1973 — esgotada.

5. *Brasilianische Passion*. Munique: Kosel, 1973.

6. *Fangelsernas Kyrka*. Estocolmo: Gummessons, 1974.

7. *Geboeid Kijk ik om mij heen*. Bélgica; Holanda: Gooi en sticht bvhilversum, 1974.

8. *Creo desde la carcel*. Bilbao: Desclée de Brouwer, 1976.

9. *Against Principalities and Powers*. Nova York: Orbis Books, 1977 — esgotada.

10. *17 días en Puebla*. México: CRI, 1979.

11. *Diario di Puebla*. Brescia: Queriniana, 1979.

12. *Lettres de prison*. Paris: Du Cerf, 1980.

13. *Lettere dalla prigione*. Bolonha: Dehoniane, 1980.

14. *La preghiera nell'azione*. Bolonha: Dehoniane, 1980.

15. *Que es la Teología de la Liberación?* Lima: Celadec, 1980.

16. *Puebla para el pueblo*. México: Contraste, 1980.

17. *Battesimo di sangue*. Bolonha: Asal, 1983; Nova ed. rev. ampl. Milão: Sperling & Kupfer, 2000.

18. *Les Frères de Tito*. Paris: Du Cerf, 1984.

19. *Comunicación popular y alternativa*. Com Regina Festa e outros. Buenos Aires: Paulinas, 1986.

20. *El acuario negro*. Havana: Casa de las Americas, 1986.

21. *La pasión de Tito*. Caracas: Dominicos, 1987.

22. *El día de Angelo*. Buenos Aires: Dialectica, 1987.

23. *Il giorno di Angelo*. Bolonha: Editrice Missionaria Italiana (EMI), 1989.

24. *Los 10 mandamientos de la relación fe y política*. Cuenca: Cecca, 1989.

25. *Diez mandamientos de la relación fe y política*. Panamá: Ceaspa, 1989.

26. *De espaldas a la muerte: Dialogos con Frei Betto*. Guadalajara: Imdec, 1989.

27. *Fidel y la religion*. Havana: Oficina de Publicaciones del Consejo de Estado, 1985. Até

1995, editado nos seguintes países: México, República Dominicana, Equador, Bolívia, Chile, Colômbia, Argentina, Portugal, Espanha, França, Holanda, Suíça (em alemão), Itália, Tchecoslováquia (em tcheco e inglês), Hungria, República Democrática da Alemanha, Iugoslávia, Polônia, Grécia, Filipinas, Índia (em dois idiomas), Sri Lanka, Vietnã, Egito, Estados Unidos, Austrália e Rússia. Há uma edição cubana em inglês (Austrália: Ocean Press, 2005).

28. *Lula: Biografía política de un obrero*. Cidade do México: MCCLP, 1990.

29. *A proposta de Jesus*. Gwangju (Coreia do Sul): Work and Play, 1991.

30. *Comunidade de fé*. Gwangju (Coreia do Sul): Work and Play, 1991.

31. *Militantes do reino*. Gwangju (Coreia do Sul): Work and Play, 1991.

32. *Viver em comunhão de amor*. Gwangju (Coreia do Sul): Work and Play, 1991.

33. *Het waanzinnige geluid van de tuba*. Baarn (Países Baixos): Fontein, 1993.

34. *Allucinante suono di tuba*. Celleno (Itália): La Piccola, 1993.

35. *Uala Maitasuna*. Tafalla (Espanha): Txalaparta, 1993.

36. *Día de Angelo*. Tafalla (Espanha): Txalaparta, 1993.

37. *Mística y espiritualidad*. Com Leonardo Boff. Buenos Aires: Cedepo, 1995. Cittadella Editrice, Italia, 1995.

38. *Palabras desde Brasil*. Com Paulo Freire e Carlos Rodrigues Brandao. Havana: Caminos, 1996.

39. *La musica nel cuore di un bambino* (romance). Milão: Sperling & Kupfer, 1998.

40. *La obra del artista: Una visión holística del Universo*. Havana: Caminos, 1998. Nova edição foi lancada em 2010 pela Editorial Nuevo Milênio.

41. *La obra del artista: Una visión holística del Universo*. Córdoba (Argentina): Barbarroja, 1998.

42. *La obra del artista: Una visión holística del Universo*. Madri: Trotta, 1999.

43. *Un hombre llamado Jesus* (romance). Havana: Caminos, 1998.

44. *Uomo fra gli uomini* (romance). Milão: Sperling & Kupfer, 1998.

45. *Hablar de Cuba, hablar del Che*. Com Leonardo Boff. Havana: Caminos, 1999.

46. *Gli dei non hanno salvato l'America: Le sfide del nuovo pensiero politico latino-americano*. Milão: Sperling & Kupfer, 2003.

47. *Gosto de uva*. Milão: Sperling & Kupfer, 2003.

48. *Hotel Brasil*. Éditions de l'Aube, Franca, 2004.

49. *Non c'è progresso senza felicità*. Com Domenico de Masi e Jose Ernesto Bologna. Milão: Rizzoli-RCS, 2004.

50. *Sabores y saberes de la vida: Escritos escogido*. Madri: PPC, 2004.

51. *Dialogo su pedagogia, etica e partecipazione politica*. Em parceria com Luigi Ciotti. Turim: EGA, 2004.

52. *Ten Eternal Questions*: Wisdom, Insight and Reflection for Life's Journey. Com Nelson Mandela, Bono Vox, Dalai Lama, Gore Vidal, Jack Nicholson e outros. Org. de Zoe Sallis. Londres: Duncan Baird, 2005; Santa Marta de Corroios: Plátano, 2005.

53. *50 cartas a Dios*. Com Pedro Casaldáliga, Federico Mayor Zaragoza e outros. Madri: PPC, 2005.

54. *Hotel Brasil*. Roma: Cavallo di Ferro, 2006.

55. *El fogoncito*. Havana: Gente Nueva, 2007.

56. *The Brazilian Short Story in the Late Twentieth Century: A Selection from Nineteen Authors*. Vancouver: The Edwin Mellen Press, 2009.

57. *Un hombre llamado Jesus* (romance). Havana: Caminos, 2009.

58. *La obra del artista*: Una visión holística del Universo. Havana: Editorial de Ciencias Sociales, 2009.

59. *Increíble sonido de tuba*. Madri: SM, 2010.

60. *Reflexiones y vivencias en torno a la educación*. Com outros autores. Madri: SM, 2010.

61. *El ganhador*. Madri: SM, 2010.

62. *La mosca azul: Reflexiones sobre el poder*. Austrália: Ocean Press, 2005.

63. *Quell'uomo chiamato Gesù*. Bolonha: Editrice Missionaria Italiana (EMI), 2011.

64. *Maricota y el mundo de las letras*. Havana: Gente Nueva, 2012.

65. *El amor fecunda el universo: Ecología y espiritualidad*. Com Marcelo Barros. Madri: PPC, 2012; Havana: Editorial Ciencias Sociales, 2012.

66. *La mosca azul: Reflexión sobre el poder*. Havana: Nuevo Milenio, 2013.

67. *El comienzo, la mitad y el fin*. Havana: Gente Nueva, 2013.

68. *Un sabroso viaje por Brasil: Limonada y su grupo en cuentos y recetas a bordo del Fogoncito*. Havana: Gente Nueva, 2013.

69. *Brasilianische Kurzgeschichten*. Com Lygia Fagundes Telles, Marisa Lajolo, Menalton Braff e outros. Alemanha: Arara, 2013.

70. *Hotel Brasil: The mistery of severed heads*. London: Bitter Lemon Press, 2014.

71. *La niña y el elefante*.

72. *Minas del Oro*. Havana: Arte y Literatura, 2015.

TIPOGRAFIA Adriane por Marconi Lima
DIAGRAMAÇÃO Verba Editorial
PAPEL Pólen, Suzano S.A.
IMPRESSÃO Gráfica Bartira, setembro de 2024

A marca FSC® é a garantia de que a madeira utilizada na fabricação do papel deste livro provém de florestas que foram gerenciadas de maneira ambientalmente correta, socialmente justa e economicamente viável, além de outras fontes de origem controlada.